小寺彰·川合弘造 편 | CASE STUDIES ON THE ENERGY CHARTER TREATY

에너지 투자중재 사례연구

― ISDS의 실제 ―

박덕영

김경우 박지은

이서연 주현수

공역

박영사

이 번역서는 2013년도 정부(교육부)의 재원으로 한국연구재단의 지원을 받아 수행된 기초연구사업입니다. (NRF－2013S1A3A2054969)

유전이나 가스전과 같은 에너지 관련 천연자원의 개발·상업화는 많은 리스크를 수반하며 장기간 동안 많은 투자가 필요한 반면, 일단 그 개발이 성공하면 투자유치국은 개발착수시에 부여한 권익을 수용하고자 하는 유혹에 빠지기 쉽다. 이러한 특징은 이른바 사할린 2 사건의 전개를 상기하면 이해하기 쉽다.

이른바 사할린 2 개발에서는 소비에트연방 시대에 국제입찰을 거쳐 일본계 상사와 로얄더치쉘사의 연합이 권익을 얻어 개발에 착수하였으나, 개발이 순조롭게 진행되는 중에 환경대책이 갑작스럽게 요청되어 총사업비가 배로 증가하였을 뿐만 아니라 러시아 정부는 환경대응의 불비를 지적하여 사할린 2 개발중지를 명하였다. 그 후 러시아 국영기업인 가스프롬(Gazprom)사가 개발회사에 자본참가하여 그 자본의 과반수를 취득하는 것이 결정된 도중에 공사가 재개되었다. 이러한 사태는 환경보호를 이유로 한 일종의 국가수용으로도 생각할 수 있다.

냉전 말기인 1991년, 소련의 붕괴국면에 직면한 구소련 및 동유럽국가들의 에너지분야를 확대하여 유럽경제에 편입하는 '에너지분야의 시장원리에 기초한 개혁의 촉진 및 에너지분야에서의 기업활동(무역 및 투자)을 전세계적으로 촉진할 것 등을 선언'하는 유럽에너지헌장이라고 불리우는 정치선언이 구소련, 동유럽국가들을 포함한 유럽 국가들, 미국, 캐나다, 호주 및 일본에 의해 책정되었다. 그리고 이 선언의 목적 및 원칙을 이행하기 위한 규범으로 '에너지헌장에 관한 조약'이 1994년 12월에 체결되어, 1998년에 발효되었다. 이 조약의 목적은 에너지원료의 무역이나 통상의 법적 규범을 정할 뿐만 아니라 에너지분야에서의 투자 자유화 및 보호에 있다고 해도 과언이 아니다. 그리고 이러한 투자보호를 확보(법적으로 강제력을 실현)하기 위한 수단으로 투자자와 투자유치국 간에 분쟁해결절차를 두고 있다.

니시무라 아사히 법률사무소의 연구부문인 니시무라 고등법무연구소에서는 투자자와 투자유치국 간의 에너지분야에서의 투자분쟁에 대하여, 국제법연구자와 니시무라 아사히 법률사무소 실무자의 협력하에 연구회를 설립하여 에너지헌장에 관한 조약에서 다투어지는 각종 분쟁안건에 대하여 분석하였다. 그 성과를 정리한 것이 본서이다. 또한 이러한 연구성과에 더하여 에너지헌장사무국 법무고문에서 니시무라 아사히 법률사무소에 복귀한 요도가와 노리코 변호사에도 특별히 기고를 부탁하였다.

　요즘 양자 또는 다자 투자협정에 포함되거나 이른바 TPP 협정(환태평양 전략적 경제동반자협정)에 포함될 예정인 투자자와 투자유치국 간의 분쟁해결조항이 일본에게도 관심사항이 되고 있는데, 본서는 에너지분야에 한정되어 있기는 하지만 거의 동일한 문제를 다루고 있어 참고가 될 수 있을 것으로 생각한다.

　본서의 기획, 편집에 대하여 有斐閣 편집부의 山宮康弘씨에게 큰 신세를 졌으며 깊이 감사드린다.

2013년 8월

니시무라 고등법무사무소
에너지투자연구회를 대표하여

小寺 彰
川合弘造

편집자 · 집필자

小寺 彰 (코테라 아키라) 전 도쿄대학 대학원 종합문화연구과 교수(2014. 2 작고) ＜편집자·제1장＞

川合弘造 (카와이 코우조우) 변호사(니시무라 아사히 법률사무소) ＜편집자＞

淀川詔子 (요도가와 노리코) 변호사(니시무라 아사히 법률사무소) / 전 에너지헌장사무국 법무고문 ＜제2장＞

一場和之 (이치바 가즈유키) 변호사(니시무라 아사히 법률사무소) ＜제3장＞

細野 敦 (호소노 아츠시) 변호사(니시무라 아사히 법률사무소) ＜제4장＞

西村 弓 (니시무라 유미) 도쿄대학 대학원 종합문화연구과 준교수 ＜제4장＞

森 肇志 (모리 타다시) 도쿄대학 대학원 법학정치학 연구과 교수 ＜제5장＞

西元宏治 (니시모토 코우지) 센슈대학 법학부 준교수 ＜제6장＞

平家正博 (헤이케 마사히로) 변호사(니시무라 아사히 법률사무소) ＜제6장＞

岩月直樹 (이와츠키 나오키) 릿쿄대학 법학부 교수 ＜제7장＞

藤井康次郎 (후지이 코우지로우) 경제산업성 통상기구부 임기부 임용 변호사 ＜제8장＞

菅 悠人 (스가 유우진) 변호사(니시무라 아사히 법률사무소) ＜제8장＞

豊永晋輔 (토요나가 신스케) 변호사(니시무라 아사히 법률사무소) ＜제9장＞

(집필순. ＜ ＞내는 담당부분)

••• 제1부 총론 •••

제1장 에너지헌장조약 • 小寺 彰 (코테라 아키라)

서론 ——————————————————————————— 3

1. 경제분야의 국제규율의 구조 ···························· 3

2. 에너지분야의 국제규율 ································· 4

Ⅰ. ECT의 성립경위 ———————————————————— 4

1. 구상의 시작 ····································· 4

2. 협상경위 ······································ 5

3. 채택 후의 움직임 ································· 6

Ⅱ. 투자를 제외한 ECT의 내용 —————————————— 7

1. 전체구성 ······································ 7

2. 무역 ··· 7

3. 그 외 실체적 조항 ······························· 8

4. 분쟁해결절차 ·································· 8

Ⅲ. ECT에서의 투자 ————————————————————— 9

1. 총설 ··· 9

2. 투자자·투자재산의 일반적 대우 ····················· 9

3. 주요직원에 관한 의무 ··························· 10

4. 외국인 재산의 수용 ····························· 10

5. 그 밖의 실체적 의무 ···························· 11

6. 투자자 대 국가 중재 ···························· 11

결론 — ECT에 대한 평가 ———————————————— 12

1. 전체적인 평가 ································ 12

2. 투자협정으로서의 특색 ·························· 13

제2장 에너지헌장프로세스와 투자 • 淀川詔子 (요도가와 노리코)

Ⅰ. ECT 회원국의 투자자 입장에서의 에너지헌장조약의 의의 ———— 15
  1. 체약국 ·· 15
  2. 투자보호의 계속성 ··· 16
Ⅱ. 에너지헌장프로세스와 투자 ——————————————— 16
  1. 에너지헌장프로세스의 구성 ··· 17
  2. 투자그룹의 활동 ·· 17
  3. 법률자문팀(LATF)의 활동 ·· 19
  4. 기업자문패널(IAP)의 활동 ··· 21

제3장 에너지법상 에너지헌장조약의 위치 • 一場和之 (이치바 가즈유키)

Ⅰ. 에너지법 ——————————————————————— 23
  1. 에너지법이란 ·· 23
  2. 에너지산업 개관 ·· 25
  3. 상류부문의 법률문제 ·· 32
  4. 하류부문의 법률문제 ·· 40
  5. 민사(상사)분쟁해결(소송·중재) ······································ 41
Ⅱ. 에너지헌장조약의 지위 ——————————————— 43
  1. 무역의 자유, 투자의 촉진·보호 ······································· 43
  2. 에너지헌장조약에서의 분쟁해결 ····································· 45
  3. 회원국에 관한 문제 ·· 48
  4. 결론 ·· 49

••• 제2부   사례연구 •••

제4장 '투자자'의 정의 • 細野 敦 · 西村 弓 (호소노 아츠시 · 니시무라 유미)
Petrobart Ltd. (Gibraltar) v. Kyrgyzstan

서론 ——————————————————————————————— 53
Ⅰ. 사실관계 ——————————————————————————— 53
Ⅱ. 판정요지 ——————————————————————————— 56
  1. 지브롤터에 대한 ECT의 적용가능성 — ECT 제45조 ···················· 56
  2. 혜택의 부인 조항 — ECT 제17조 ··· 56
  3. 기판력(*Res judicata*) — ECT 제26조 ·· 57
  4. 금반언(Estoppel) ·· 57
  5. ECT의 보호대상이 되는 투자자 · 투자재산의 범위 — ECT 제1조 6항 · 7항 ··· 57
  6. ECT 위반 유무 — ECT 제10조 1항 · 12항, 제13조 1항, 제22조 1항 ········ 58
  7. 손해의 평가 ··· 59
Ⅲ. 투자자 ——————————————————————————— 59
  1. ECT 제1조 7항의 '투자자'의 판단기준 ···································· 59
  2. 후속사안에서의 답습 ·· 61
Ⅳ. 그 외 논점 ————————————————————————— 63
  1. 혜택의 부인 ··· 64
  2. '투자재산'개념의 범위 — 단기매매계약상의 금전채권을 포함하는가 ·········· 65

제5장 '투자'의 정의 • 森 肇志 (모리 타다시)
AMTO LLC (Latvia) v. Ukraine

서론 ——————————————————————————————— 71
Ⅰ. 사실관계 ——————————————————————————— 71
Ⅱ. 판정요지 ——————————————————————————— 73
  1. 관할권 ·· 73
  2. 본안 ·· 76
  3. 우크라이나의 반대청구 ·· 80

Ⅲ. '투자'의 정의 ━━━━━━━━━━━━━━━━━━ 80

　1. 객관적 요건과 주관적 요건 ································· 80

　2. ECT 제1조 6항의 '투자'의 정의 ····················· 82

　3. ECT 중재판정의 '투자'의 정의 ····················· 84

Ⅳ. 그 외의 논점 ━━━━━━━━━━━━━━━━━━ 87

제6장 수용의 금지와 부당하거나 차별적인 조치의 금지
• 西元宏治 · 平家正博(니시모토 코우지·헤이케 마사히로)
Nykomb Synergetics Technology Holdings AB (Sweden) v. Latvia

Ⅰ. 사실관계 ━━━━━━━━━━━━━━━━━━━ 89

　1. 라트비아 공화국의 전력업계 상황 ····················· 89

　2. 국내법 규정 ······································ 91

　3. 사실경과 ·· 93

Ⅱ. 판정요지 ━━━━━━━━━━━━━━━━━━━ 96

　1. 관할권의 유무에 관하여 ·························· 96

　2. 본안에 관하여 ·································· 97

Ⅲ. 해설 ━━━━━━━━━━━━━━━━━━━━━ 103

　1. 수용 및 수용과 동등한 효과를 가진 조치의 금지 ·········· 104

　2. 부당한 또는 차별적인 조치 금지 ····················· 107

　3. 결론 ·· 116

제7장 혜택의 부인 • 岩月直樹 (이와츠키 나오키)
Plama Consortium Ltd. (Cyprus) v. Bulgaria

서론 ━━━━━━━━━━━━━━━━━━━━━━━ 119

Ⅰ. 사실관계 ━━━━━━━━━━━━━━━━━━━ 120

Ⅱ. 판정요지 ━━━━━━━━━━━━━━━━━━━ 125

　1. 관할권 판단 ····································· 125

　2. 본안판단 ······································· 128

Ⅲ. 혜택의 부인 ━━━━━━━━━━━━━━━━━━ 136

　1. 혜택의 부인 조항의 의의와 성질 ····················· 136

2. 혜택의 부인 조항(제17조 1항)의 원용요건 ································ 140

3. 혜택의 부인의 효과 ··· 144

4. 입증책임 ·· 147

Ⅳ. 그 외의 논점 ─────────────────────────── 149

1. 투자시 투자자에게 요구되는 주의의무와 투자유치국이 부담해야 할

투자리스크 ·· 149

2. 위법한 행위로 인해 생긴 투자에 대한 보호 부정 ····················· 150

3. 선결사항에 관한 신청의 인용과 본안판단 ····························· 151

제8장 잠정적 적용 • 藤井康次郎 · 菅 悠人(후지이 코우지로우·스가 유우진)
Yukos Universal Ltd. (UK−Isle of Man) v. The Russian Federation

서론 ─────────────────────────────────── 153

Ⅰ. 사실관계 ──────────────────────────────── 154

1. 신청인 및 Yukos ·· 154

2. 러시아연방공화국 ··· 156

3. 투자중재에 이른 경위 ·· 157

Ⅱ. 판정요지 ──────────────────────────────── 159

1. 준거법에 대하여 ·· 159

2. 쟁점과 판단 ··· 159

3. 결론 ··· 173

Ⅲ. 잠정적 적용 ───────────────────────────── 174

1. 잠정적 적용이 인정된 점의 의의 ·· 174

2. 조약의 잠정적 적용이란 무엇인가 ··· 174

3. ECT와 잠정적 적용 ··· 176

4. 본건 중재판정의 범위 ·· 181

제9장 중재신청의 남용과 중재신청 취소의 취급 • 豊永晋輔 (토요나가 신스케)
Europe Cement Investment and Trade S.A. (Poland) v. Republic of Turkey

서론 ─────────────────────────────────── 183

Ⅰ. 사실관계 ──────────────────────────────── 183

1. 당사자와 중재판정부 ··· 183

2. 신청인이 주장하는 사실개요 ······································· 184

3. 절차 경위 ··· 185

Ⅱ. 쟁점과 쟁점에 대한 당사자 주장 ─────────── 192

1. 쟁점 ··· 192

2. 주장 및 판단 ··· 193

Ⅲ. 중재판정 개요 ─────────────────────── 198

Ⅳ. 소결 ──────────────────────────── 198

1. 본건 중재판정에 대하여 ··· 198

2. 중재신청의 남용에 대한 대응책 ································· 202

에너지헌장조약(영문) ───────────────────── 205

<table>
<tr><td colspan="2">중재사건
일람</td></tr>
</table>

제2부 각 장에서 주로 다루는 중재사건은 다음과 같다.

제4장 Petrobart Ltd. (Gibraltar) v. Kyrgyastan

SCC Case No. 126/2003, Award, 29 March 2005

제5장 AMTO LLC (Latvia) v. Ukraine

SCC Case No. 080/2005, Final Award, 26 March 2008

제6장 Nykomb Synergetics Technology Holding AB (Sweden) v. Latvia

SCC Case No. 118/2001, Award, 16 December 2003

제7장 Plama Consortium Ltd. (Cyprus) v. Bulgaria

ICSID Case No. ARB/03/24, Decision on Jurisdiction, 8 February 2005

제8장 Yukos Universal Ltd. (UK-Isle of Man) v. The Russian Federation

PCA Case NO. AA 227, Interim Award on Jurisdiction and Admissibility, 30 November 2009

제9장 Europe Cement Investment and Trade S. A. (Poland) v. Republic of Turkey

ICSID Case No. ARB(AF)/07/2, Award, 13 August 2009

주요 약어 일람

BIT	Bilateral Investment Treaty	양자투자협정
ECT	Energy Charter Treaty	에너지헌장조약
EPA	Economic Partnership Agreement	경제제휴협정
GATT	General Agreement on Tariffs and Trade	관세 및 무역에 관한 일반협정
ICSID	International Centre for Settlement of Investment Disputes	국제투자분쟁해결센터
NAFTA	North American Free Trade Agreement	북미자유무역협정
PCA	Permanent Court of Arbitration	상설중재재판소
SCC	Arbitration Institute of the Stockholm Chamber of Commerce	스톡홀름 상공회의소 국제중재원
UNCITRAL	United Nations Commission on International Trade Law	UN국제거래법위원회

본서에서 다루는 투자협정·투자중재는 웹사이트에서 공개되어 있는 경우가 많다. 주요 웹사이트는 다음과 같다.

1. 중재판정 그 외

(1) ICSID (국제투자분쟁해결센터) https://icsid.worldbank.org/ICSID/Index.jsp

(2) Investment Treaty Arbitration http://www.italaw.com/

　*중재판정과 각국 모델협정 등이 게재되어 있다.

(3) OUP Investmentclaim http://investmentclaims.com/

　*중재판정과 각국 투자협정이 데이터베이스화되어 있다(유료 사이트). 일부의 자료는 무료로 다운
　로드할 수 있다.

(4) 에너지헌장조약 사무국 http://www.encharter.org/index.php?id=213

(5) (재)공정무역센터·투자협정중재연구회 보고서

　http://www.meti.go.jp/policy/trade_policy/epa/investment.html

2. 각국이 체결한 투자협정

UNCTAD ＞ Investment Instruments Online ＞ IIA Compendium

http://unctadxi.org/templates/DocSearch_780.aspx

3. 일본이 체결한 투자협정·EPA 투자챕터

외무성 http://www.mofa.go.jp/mofaj/gaiko/investment/

경제산업성 http://www.meti.go.jp/policy/trade_policy/epa/

4. 한국이 체결한 투자협정·EPA 투자챕터

외교부 http://www.mofa.go.kr/trade/treatylaw/treatyinformation/bilateral/index.jsp

FTA 포털 (산업통상자원부) http://www.fta.go.kr/main/

Energy Charter Treaty PREAMBLE The Contracting Parties to this Treaty Having regard to the Charter of Paris for a New Europe signed on 21 November 1990; Having regard to the European Energy Charter adopted in the Concluding Document of the Hague Conference on the European Energy Charter signed at The Hague on 17 December 1991; Recalling that all signatories to the Concluding Document of the Hague Conference undertook to pursue the objectives and ...Charter and implement and broaden their co−oper... ...iating in good faith an Energy Charter Treaty and Pr... ...commitments contained in that Charter on a secure ...is: Desiring also to establish the structural frame... ...rinciples enunciated in the European Energy Charter; ...ncept of the European Energy Charter initiative whic... ...y means of measures to liberalize investment and t... ...ntracting Parties attach the utmost importance to th... ...national treatment and most favoured nation treatme... ...be applied to the Making of Investments pursuan... ...g regard to the objective of progressive liberalizatio... ...rinciple of avoidance of discrimination in internat... ...General Agreement on Tariffs and Trade and its Rela... ...rovided for in this Treaty; Determined progressive... ...tive and other barriers to trade in Energy Materials a... ...tech− nologies and services; Looking to the even... ...reement on Tariffs and Trade of those Contracting Pa... thereto and concerned to provide interim trade arrangements which will assist those Contracting Parties and not impede their preparation for such membership; Mindful of the rights and obligations of certain Contracting Parties which are also parties to the General Agreement on Tariffs and Trade and its Related Instruments; Having regard to competition rules concerning mergers, monopolies, anticompetitive practices and abuse of dominant position; Having regard also to the Treaty on the Non−Proliferation of Nuclear Weapons, the Nuclear Suppliers Guidelines and other international nuclear non−proliferation obligations or understandings; Recognizing the necessity for the most efficient exploration, production, conversion, storage, transport, distribution and use of energy; Recalling the United Nations Framework Convention on Climate Change, the Convention on Long−Range Transboundary Air Pollution and its protocols, and other international environmental agreements with energy−related aspects; and Recognizing the increasingly urgent need for measures to protect the environment, including the decommissioning of energy installations and waste disposal, and for internationally−agreed objectives and criteria for these purposes, HAVE AGREED AS FOLLOWS: PART I DEFINITIONS AND PURPOSE ARTICLE 1 DEFINITIONS As used in this Treaty: (1) "Charter" means the European Energy Charter adopted in the Concluding Document of the Hague Conference on the European Energy Charter signed at The Hague on 17 December 1991; signature of the Concluding Document is considered to be signature of the Charter. (2) "Contracting Party" means a state or Regional Economic Integration Organization which has consented to be bound by this Treaty and for which the Treaty is in force. (3)~(5) (6) "Investment" means every kind of asset, owned or controlled directly or indirectly by an Investor and includes: (a) tangible and inter

제1부

총론

제1장 에너지헌장조약

小寺 彰 (코테라 아키라)

서론

1. 경제분야의 국제규율의 구조

경제의 글로벌화는 현재는 당연시되고 있지만 국제사회는 여전히 주권국가로 구성되며 글로벌 기업활동도 각 주권국가에 의해 규율되고 있는 구조는 변함이 없다. 경제의 글로벌화에 의해 각국에서 전개되고 있는 기업활동이 복잡하게 얽혀져서 이루어지기 때문에(공급망의 국제적 전개는 그 현저한 예) 해외에서의 기업활동이 각국 경제에 큰 영향을 미치고 있다. 에너지분야는 그러한 점에서 특히 두드러진다. 예컨대 일본의 석유, 천연가스는 거의 100%를 해외에 의존하고 있으며 해외에서의 공급이 원활하지 않으면 심각한 영향을 받게 되는 것이 불가피하다. 에너지의 안정적인 확보를 포함하여 자국경제를 원활히 운영하기 위해서는 외국과의 무역이나 외국에서의 투자를 안정적이고 원활히 할 수 있는 환경을 만드는 것이 필수적이다.

지금과는 비교할 수 없지만 오래전부터 경제활동은 국제적으로 전개되어 왔으며, 각국은 자국기업이 해외에서 원활하게 활동할 수 있도록 다른 국가들의 행동을 조약에 의해 구속해왔다. 그것이 바로 통상항해조약이다. 여기에는 자국민·자국기업의 상대국에서의 대우(지금의 분류로는 투자분야), 자국에서의 수출품의 취급(지금의 분류로는 무역분야) 등이 규정되어 조약당사국은 상대국 그리고 상대국 국민, 상대국 기업에 부여되어야 하는 대우를 서로 약속하였다.

제2차 세계대전 후 통상항해조약에 규정된 무역은 다자조약인 '관세 및 무역에 관한 일반협정(GATT)'에서 대부분 규율하게 되었다(그 후 서비스무역 및 지적재산권까지 포함하는 WTO

협정으로 발전하였다). 한편 통상항해조약에서 무역과 양립하는 축의 하나였던 투자에 대해서는 몇 번이나 다자조약을 체결하기 위한 시도가 있었지만 결실을 맺지 못하고,[1] 현재까지 양국 간에 그물망과 같이 연결된 양자투자협정(Bilateral Investment Treaty, BIT)으로 규율되고 있다.

2. 에너지분야의 국제규율

GATT나 투자협정은 원칙적으로는 대상품목과 대상업종을 특정하지 않고 품목·분야를 아우르는 일반적인 규정을 두고 있다.[2] 당연히 에너지에 대해서도 GATT나 투자협정상의 규정들이 그대로 적용된다. 그중 '에너지헌장조약(Energy Charter Treaty, ECT)[3]'은 에너지분야에 한정된 국제규범을 만들고 있다는 점에 특색이 있다.

ECT는 냉전 종결 후인 1994년 12월에 에너지분야에 초점을 맞춘 다자조약으로 유럽국가들과 CIS 국가들(구소련 구성국)에 더해 미국, 캐나다, 일본, 호주가 참가하여 체결되었다. 조약의 목적은 에너지분야의 협력을 위한 틀을 마련하는 데에 있으며, 구체적으로는 에너지분야의 투자, 무역 및 수송, 분쟁해결 등이 규정되었다. 이 중에서 무역과 투자가 중심적인 위치를 차지하고 있으며, 에너지라는 특정분야에 한정되어 있기는 하지만 투자협정으로 보자면 최초의 다자조약이었다.

일본은 채택과 동시에 ECT에 서명하여 2002년 7월에 의회의 승인을 얻어, 같은 해 10월 21일에 일본에서 ECT가 발효하였다.

Ⅰ. ECT의 성립경위

1. 구상의 시작

1989년에 동유럽국가들이 사회주의를 버리면서 동서냉전이 종결되었고, 1991년에는

---

1) 최근의 실패사례로는 1998년에 교섭이 교착상태에 빠진 '다자간투자협정(MAI)'이 있다. MAI에 대해서는 小寺彰, 『WTO體制の法構造』(東京大学出版会, 2000), 181면 이하 참조.
2) GATT의 보조협정 중에는 원래 섬유와 관련된 다자간섬유협정(MFA)이 있었는데 2004년 말에 폐지되었다. 일괄수락해야 하는 주요협정 중에는 WTO협정에는 특정분야의 대상으로 한정한 것이 없지만 WTO협정의 하나인 '서비스무역에 관한 일반협정(GATS)'에는 전기통신이나 금융과 같은 업종에 입각한 규정이 있다.
3) Energy Charter Secretariat, *The Energy Charter Treaty and Related Documents* (2004), pp. 39ff. (www.encharter.org/fileadmin/user_upload/document/EN.pdf#page=211).

소련이 해체되었다. 사회주의 국가들의 급격한 움직임에 대응하여 1990년 12월에 열린 유럽공동체(EC, 현재는 유럽연합(EU)) 정상회담에서 네덜란드 수상 Lubbers는 구소련을 구성하고 있던 CIS 국가들이나 동유럽국가들과 서유럽국가들 간에 협력관계를 구축할 것을 목표로 하여 유럽에너지헌장을 체결할 것을 주장하였다.[4]

Lubbers의 주장에 EC 회원국과 러시아를 포함한 동유럽·CIS 국가들은 바로 찬성하였다. 그 이유로 제시되고 있는 것은, ① 서유럽국가에의 에너지공급 확보, ② 서유럽기업의 동유럽·CIS 국가들에 대한 투자기회의 확보, ③ 동유럽·CIS 국가들의 투자·기술유치, 부수적으로 ④ 원자력의 안전성 확보(소련제 핵시설의 수리)와 환경보호였다. ①과 ②는 서유럽국가들이, 그리고 ③은 동유럽·CIS 국가들이 각각 에너지분야에서 목표하고 있었던 것이었다. 또한 ④는 ①, ②, ③과 비교하면 부차적인 것이지만, 1986년의 체르노빌 원자력발전소 사고를 염두에 두고 구소련형의 원자로가 동유럽·CIS 국가들에서 여전히 사용되고 있기 때문에 그 개선을 촉구하고, 아울러 서유럽국가들과 비교하여 환경기준이 상당히 느슨한 동유럽·CIS 국가들의 환경보호정책을 서유럽에 근접하게 하여 유럽에서 전반적으로 환경보호를 향상하는 것을 목표로 하였다.

이상의 네 가지 이유를 다시 말하면, 첫째, 동유럽·구소련국가들의 에너지자원에 대한 투자를 촉진시켜 서유럽국가들과 동유럽·CIS 국가들간의 관계를 강화하고, 둘째, 동유럽·구소련국가들의 에너지개발에 의해 서유럽국가들의 에너지원을 분산시켜 서유럽국가들의 전략적 지위를 안정화시키는 것이 ECT의 목표였다. 그 배경에는 에너지공급과 에너지관련 투자기회의 확보라는 서유럽국가들의 요구와 에너지분야의 투자유치라는 동유럽·CIS 국가들의 요구가 합치했다는 사정이 있었다.

2. 협상경위

유럽에너지헌장 구상에 대하여 에너지시장에서 유럽지역의 블록화를 우려한 미국이 헌장교섭의 참가를 강력히 요구하여 일본, 캐나다, 호주와 함께 협상에 참가하였다. 그 결과 유럽에너지헌장은 Lubbers의 의도와는 달리 동서유럽의 구조에서 시작하여 유럽 이외의 국가들도 포섭하는 글로벌한 구조를 목표로 하게 되었다.

협상의 최초 성과는 1991년 12월에 채택된 '유럽에너지헌장(European Energy Charter)'이었다. 이 헌장은 에너지무역의 발전, 에너지분야에서의 협력, 에너지효율·환경보호 분야에

---

4) *Ibid*., pp. 211-219.

서 참가국이 조치를 채택할 의사가 있다는 것을 선언한 문서로, 에너지분야에서 참가국의 정치적 의사를 나타내는 정치적 성격의 문서였다. 유럽에너지헌장의 작성까지는 그다지 많은 시간이 걸리지 않았지만, 이를 전제로 행했던 이 헌장에 규정된 원칙을 엄밀한 법규칙으로 고치는 작업에서는 협상 참가국간에 좀처럼 일치를 보지 못하고 1994년 12월이 되어서야 겨우 일부를 계속 협상대상으로 남겨둔 채 ECT와 '에너지효율 및 관련 환경상의 측면에 관한 에너지헌장의정서(Energy Charter Protocol on Energy Efficiency and Related Environmental Aspects: PEEREA)'가 채택되었다. 후자는 에너지효율을 높이기 위하여 협력하고 이를 위한 조치의 구조를 정하는 것으로 회원국 중에서 가입을 희망하는 국가만의 참가를 인정하는 형식인 의정서(protocol) 형태로 채택되었다. 이 두 조약은 1998년 4월에 효력이 발생하였다.

3. 채택 후의 움직임

ECT는 일단 조약으로서 채택되었지만, 무역에 관해서는 관세양허에 대하여, 그리고 투자에 관해서는 투자 성립 전의 내국민대우원칙의 적용(즉, 투자자유화)에 대하여 결론을 짓지 못하였고, ECT의 대상도 에너지원료·상품에 한정되어 에너지관련 기자재는 포함되지 않았다.

ECT는 단순한 조약이 아니며, ECT에 참가하는 것은 ECT에 의해 설정된 법체제에 근거하여 협력을 강화하고 에너지분야의 투자를 촉진하며 이웃국가간에 에너지의 안정성을 강화하여 신뢰를 조성하기 위한 프로세스에 참가하는 것을 의미하는 것으로 이해되고 있다. 이것이 '에너지헌장프로세스(Energy Charter Process)'이고, 앞에서 언급한 미해결 문제는 에너지헌장프로세스의 대상이 되었다. 구체적으로는 WTO협정이 1995년에 발효한 것을 시작으로 1998년에 상품무역분야에 대하여 ECT를 WTO협정에 맞추고 ECT의 범위 내에 에너지관련 기자재를 포함시켜 향후 에너지관련 상품의 수출입관세를 현상유지(standstill)하기 위한 메커니즘의 규정을 갖춘 '에너지헌장조약 무역관련 규정의 개정(Amendment to the Trade-related Provisions of the Energy Charter Treaty)'이 채택되었다. 한편 투자자유화에 대한 협상은 정리되지 못하고 좌절되었다.

그 후 수송에 대하여는 ECT를 강화하기 위한 '수송의정서'의 협상이 시작되어 2002년에는 초안의 대부분이 정리되었으나, 2009년에 EU의 제안에 기초한 협상이 다시 시작되어 현재는 협상을 어떻게 진전시킬 것인가에 대한 검토가 이루어지고 있다.

전술한 바와 같이 ECT는 글로벌한 구조를 가지고 있으며, ECT에는 몽골이 가입한 것 외에 ASEAN 국가들도 에너지헌장조약프로세스에 옵저버로 참여하고 있다. 그러나 미국은 협상에는 참여하였지만 ECT에는 서명하지 않은 채 현재에 이르고 있으며, 당사국의 압도적 다수는 유럽국가들과 CIS 국가들이기 때문에 ECT의 중심이 유럽 및 CIS 국가들이라는 점은 틀림없다. 러시아는 ECT에 1995년에 서명하여 잠정적으로 적용하기 시작하였으나, 2010년에 잠정적 적용을 종료하고 에너지헌장프로세스에서 탈퇴하였다. 여태껏 CIS 국가들의 중심은 러시아라고 생각되었기 때문에 러시아의 탈퇴는 ECT의 유럽 주도성을 한층 강화하였다.

Ⅱ. 투자를 제외한 ECT의 내용

1. 전체구성

ECT는 그 목적을 에너지분야에서의 장기협력을 촉진하기 위한 '법적 틀'을 만드는 데 둔다(제2조). ECT는 전문과 8부(part)로 나누어진 조약 본문, 그리고 14개의 부속서로 구성되어 있다. 조약 본문은 제1부: 정의 및 목적, 제2부: 통상, 제3부: 투자의 촉진과 보호 및 대우, 제4부: 부칙, 제5부: 분쟁해결, 제6부: 경과규정, 제7부: 조직 및 기관, 제8부: 최종규정으로 구성되어 있다. 이러한 구성에서 살펴볼 수 있는 바와 같이 무역(수송 및 경쟁을 포함), 투자, 분쟁해결이 ECT의 주요부분을 구성하고 있고, 그 외에 환경이나 과세 등에 관한 규정도 갖추고 있다.

유럽에너지헌장조약 구상이 제안된 당시의 시점에서는 서유럽국가들이 자본을 출자하고 동유럽·CIS 국가들이 에너지원료·상품을 제공하는 상호관계가 성립되었다. 그러나 '법적 틀'을 ECT 작성의 목적으로 두고 있었기 때문에 ECT는 형식적으로는 동서관계를 떠나 중립적인 제도의 성립을 목표로 하였고, 실제로도 ECT는 서유럽국가들 상호간의 투자나 에너지원료·상품의 무역에도 적용되는 구조가 되었다.

2. 무역

ECT에서 투자 외에 중요한 분야는 무역이다. ECT의 무역관련 조항의 첫 번째 목적은 에너지원료·상품의 무역에 대하여 1947년 '관세 및 무역에 관한 일반협정(GATT)'과 관련 규정을 적용하는 것이다. ECT는 WTO협정 채택 전에 성립되었던 관계로 WTO협정의 일

부인 1994년 GATT가 아직 작성되지 않았었기 때문에, 실질상 1994년 GATT를 가리키는 의미로 '1947년 GATT와 관련규정'이라는 표현이 사용되고 있다(또한 1998년 개정에서는 명확히 1994년 GATT의 구속을 받게 되었다). GATT 당사국간 외에는 당초 에너지원료·상품에 대한 관세양허를 목표로 하였지만 ECT 채택시에는 이것이 실현되지 않았다.

ECT 회원국간에는 1947년 GATT와 관련규정, 즉 사실상 1994년 GATT를 적용하는 것은 WTO 회원국간에는 당연한 것(제4조)이지만, ECT의 발효시에는 동유럽·CIS 국가들 중에는 러시아를 비롯하여 WTO에 가입하지 않은 국가도 많았기 때문에, WTO 회원국과 비회원국간 또는 WTO 비회원국 상호간에도 1947년 GATT와 관련규정을 적용한다고 규정한 것에는 큰 의미가 있었다. 그러나 현재 러시아나 동유럽·CIS 국가들의 대부분이 WTO에 가입하였기 때문에(현 시점에서 WTO에 가입하지 않은 ECT 회원국은 9개국), ECT를 통하여 1994년 GATT와 무역관련투자조치(TRIMs)를 ECT 회원국에 적용하는 의미는 거의 없어졌다.

3. 그 외 실체적 조항

통상을 규정하고 있는 제2부에는 무역 이외에도 경쟁(제6조), 수송(제7조), 기술이전(제8조), 자본이용(제9조)이 규정되어 있다. 경쟁이나 환경은 의무의 정도가 약하여 '장식품'이라고도 불린다. 무역·투자 이외의 기타 사항에서 단순한 '장식품'이 아닌 것은 에너지원료·상품의 수송(파이프라인 등)이다.

수송에서는 에너지원료·상품에 대하여 수송의 자유와 비차별적인 대우를 위하여 필요한 조치를 채택할 것, 에너지원료·상품의 수송에 관한 분쟁시에는 그 수송을 방해하는 일 등을 하지 말 것(제7조)과 당사국간의 분쟁을 조정에 의해 해결할 것을 규정한다. 이 규정에 의해 체약국은 수송자유원칙과 비차별주의에 따라 에너지원료·상품의 수송을 촉진하는 것이 의무화된다. 수송의정서의 협상은 이러한 일반적인 수송의무를 강화하기 위하여 시작되었다.

4. 분쟁해결절차

ECT는 분쟁해결절차로서 무역 및 TRIMs를 제외한 ECT 전체의 해석 적용에 관한 것(제27조)을 마련한 다음 투자(제26조), 무역(부속서 D), 경쟁(제6조 5항), 환경(제9조 2항), 수송(제7조 7항)의 각 분야마다 다른 분쟁해결절차를 두고 있다. 이러한 정교한 구조가 고안된 것은 조약의 이행확보와 함께 당사국간의 분쟁이 평화적으로 해결되는 것을 보장하기 위한 것이다. 이 중에서 특히 중요한 것은 투자와 무역에 관한 것이다.

일부 규정을 제외한 조약 전체의 해석 적용에 관한 분쟁은 국가 대 국가의 중재에 의해 최종적으로 처리하게 되어 있다.

무역분야의 분쟁해결절차에 대해서는 동유럽·CIS 국가들의 일부가 GATT에 가입하지 않은 상태임에도 불구하고 무역분야에서는 ECT가 GATT를 적용하는 구조를 채택하였기 때문에 GATT 분쟁해결절차의 패널절차와 거의 동일한 절차가 채택되었다. 이러한 절차는 WTO 회원국간에는 불필요하기 때문에 잠정적인 절차로 자리매김하여, 몇몇 ECT 회원국을 제외한 거의 모든 ECT 회원국이 WTO에 가입한 현재에는 그 의미는 거의 없어졌다.

Ⅲ. ECT에서의 투자

1. 총설

투자에 대해서 ECT는 WTO의 무역관련투자조치(TRIMs)를 모델로 한 규정(제5조)과 함께 1970년대부터 활발하게 체결되어 온 양자투자협정(BIT)을 확장한 내용을 담고 있다.

주요 규정으로는 ① 투자재산에 대한 내국민대우 및 최혜국대우(제10조), ② 주요직원(key personnel)의 사업수행을 위한 입국·체류 요청에 대한 검토의무 및 간부인원의 고용의 자유, ③ 전쟁 등으로 인한 피해보상에 관한 내국민·최혜국대우 및 체약국 군대 등으로 인한 피해의 보상의무(제12조), ④ 투자재산의 수용에 관한 4가지 조건 — (a) 공익성원칙, (b) 비차별원칙, (c) 적정절차원칙, (d) 충분·신속·실효성 있는 보상 —의 충족의무(제13조), ⑤ 자본 및 이익의 송금자유 확보(제14조)가 있다.

2. 투자자·투자재산의 일반적 대우

투자 성립 후의 경우에는 자회사 등을 포함하는 투자재산에 대하여 일반 BIT와 같이 내국민대우 또는 최혜국대우 중에 투자재산에 유리한 대우를 부여할 것과 공정·공평대우를 부여할 것이 요구된다.

한편 투자자유화를 의미하는 투자 성립 전의 경우에는 투자자에 대하여 자유화에 대한 특별한 약속을 하는 경우 이외에는 '안정적이고 공평하며 양호하고 투명한 조건을 조성하는' 노력의무를 부과하는 데 그친다(제10조 1항).

투자 성립 후의 보호는 지금까지의 BIT에서도 넓게 규정되어 왔지만 후자인 투자 성립 전의 투자자 대우, 즉 투자자유화는 과거 BIT에서 미국이 체결한 일부 경우를 제외하고는 실질적으로 대부분의 체약국들에 의무화되어 있지 않다.[5] ECT의 경우도 추상적인 노력의무에 그치는 자유 의무를 부과한다. 즉, 내국민대우를 부여할지 여부는 이후의 협상주제가 되었지만 현재까지 실질적인 협상은 이루어지지 않고 있다.

3. 주요직원에 관한 의무

ECT는 주요직원의 입국 및 단기체류 희망에 대하여 체약국이 성실히 심사할 것, 그리고 노동허가 등을 받는 것을 조건으로 기업이 주요직원을 고용할 수 있도록 체약국이 허가하여야 할 것을 규정한다. 일반국제법상 국가는 외국인의 입국·체류에 대하여 자유로운 재량권을 보유하고 있다. ECT는 이러한 점을 전제로 하여 주요직원의 입국·체류에 대해서는 상당히 완화된 의무를 부과하는 데 그치고, 입국·체류와 같은 국가의 국제법상의 자유와 관계 없는 고용의 자유에 대해서는 체약국에 강한 의무를 부과하였다.

전자에 대하여 체약국에 부과한 의무의 정도는 약하며 상징적인 것이라고 하더라도, 이것이 사람의 이동의 자유를 정면으로 취급하고, 국가에 의무를 부여하는 내용으로 되어 있는 점은 주목할 가치가 있다. 이 의무는 이후 다자간투자협정(MAI)의 협상에 이어져 현재는 일본의 투자협정과 경제제휴협정(EPA) 투자챕터에도 같은 내용이 포함되어 있는 것을 볼 수 있다.

4. 외국인 재산의 수용

외국인 재산의 수용은 전통적인 국제법의 주제이고 투자유치국이 외국인 재산을 수용할 권리를 가지는 것, 수용국이 수용재산에 대하여 보상을 하여야 할 것에 대해서는 학설상 이견이 없다. 논의의 초점은 일반국제법상의 보상기준에 있다.

오랫동안 선진국은 충분성(금액의 조건)·신속성(보상지급까지의 시간)·실효성(지급수단)이 있는 보상을 주장하였고, 이에 대하여 개발도상국은 투자활동이나 수용국의 재정 상태를 감안한 적절한 보상으로 충분하다고 반론하였다.

---

5) Rudolf Dolzer and Margrete Stevens, *Bilateral Investment Treaties* (Martinus Nijhoff Publishers, 1995), p. 57.

BIT는 이러한 불안정한 상황을 개선하여 충분·신속·실효적인 보상조건의 확보를 첫 번째 목적으로 체결되어 왔다. ECT도 이러한 보상의무를 회원국에게 부과하였는데, ECT의 투자에 대한 부(part)가 투자보호조약의 측면을 갖고 있으므로 이러한 대응은 당연한 것이라고 할 수 있다.

5. 그 밖의 실체적 의무

전쟁 등으로 인한 피해보상에 대해서 ECT는 보상이행의 여부를 각국의 자유에 맡기면서도 이행하는 경우에는 자국민과 체약국민 모두를 비차별적으로 대우할 것을 규정한다. 한편 전쟁 등의 경우에도 체약국 군대가 외국인 재산을 파괴하는 등 일반적으로 국가책임이 발생하는 경우에는 체약국이 원상회복 또는 손해배상을 할 의무가 있다.

ECT는 체약국이 이익 등의 해외송금 자유를 보장할 것을 규정하고 있는데, 이것은 지금까지 BIT에서 일반적으로 규정되어 있는 내용을 답습한 것이다.

6. 투자자 대 국가 중재

투자에 대해서는 투자자 대 국가(제26조) 간의 분쟁해결절차가 마련되어 있다. 이것은 투자자의 주도로 국제투자분쟁해결기구(ICSID) 등 세 곳의 상설중재기관의 어느 한 곳에서 중재에 의한 분쟁해결을 도모하는 구조이다. 이 절차의 특징은 대상이 되는 분쟁이 '체약국의 영역 내의 다른 체약국의 투자재산에 관한 …… 분쟁에 있어 …… 당해 체약국의 의무 위반이라고 신고된 것'(제26조 1항)과 같이 범위가 넓고, 준거법이 ECT 및 국제법 원칙 또는 규칙으로 되어 있는 점이다. 중재의 준거법으로서 ECT가 투자유치국의 국내법을 언급하지 않는 것은 동유럽·CIS 국가들이 투자에 관한 국내법제가 충분히 정비되어 있지 않고, 법규의 내용이 명료하지 않다는 점을 의식하였기 때문이라고 생각되지만, 최근에는 투자협정상 명시적으로 국제법을 준거법으로 지정하는 사례가 많아지고 있으며 ECT가 그 선구적인 지위에 서 있다. 그러나 현재는 투자협정 중 투자자 대 국가의 중재절차에서 국내법이 적용되는 일은 거의 없으며, 무조건적으로 투자협정이나 국제법을 적용하는 예가 거의 대부분인 점을 감안하면, ECT가 중재절차에서 국제법 원칙 및 규칙을 준거법으로 지정한 것은 더 이상 큰 특색이라고는 할 수 없다.

준거법을 국제법 원칙 및 규칙으로 한 결과, 투자자 대 국가 중재절차와 투자에 관한 규정도 커버하는 전술한 국가 대 국가의 분쟁해결절차와 대상분쟁의 처리 절차가 중복하게 된다. 현재 일본 등이 체결하고 있는 경제제휴협정(EPA)도 동일한 구조로 되어 있다. 만일 양자에서 동일 사건이 제기되어 ECT의 해석이 문제되면, 분쟁해결기구가 다른 이상 ECT에 관한 해석이 나누어질 가능성이 있다.

결론 – ECT에 대한 평가

1. 전체적인 평가

ECT는 당초 두 가지 측면이 강했다. 첫 번째는 당초 서유럽국가들이 주도하여 동유럽·CIS 국가들을 설득한 것에서 엿볼 수 있듯이, 에너지분야에서 동서유럽을 포함하는 경제구상의 측면이다. 조약의 문언은 일반적으로 쓰여 있으나 ECT의 전문에서 조약 체약국이 고려하여야 할 첫 번째로 '1990년 11월 21일에 서명된 새로운 유럽을 위한 파리헌장'을 들고 있는 점이 상징적이다. 파리헌장은 유럽안보협력회의(CSCE) 참가국 정상이 동유럽 사회주의 정권 붕괴 후의 유럽 신질서의 바람직한 모습을 선언한 것으로, 그 기본은 인권, 민주주의, 법의 지배, 경제적 자유를 기조로 하는 유럽이다. 두 번째는 ECT 협상참가국에 유럽국가들로 한정하지 않고 미국, 캐나다, 일본, 호주가 참여했다는 점에서 드러나듯이 에너지분야에서 유럽을 넘는 국제경제체제 구상의 측면이다.

ECT에서 유럽이라는 단어가 사라진 점에서 단적으로 알 수 있듯이 조약협상이 진전됨에 따라 첫 번째 요소는 희미해지고 두 번째 요소가 강해졌다. 이는 한편으로는 투자자 대 투자유치국이라는 쌍무적인 관계의 색채를 약화시키고 싶다는 동유럽·CIS 국가들의 바람과 지역블록화를 저지하고자 하는 미국의 움직임이 합쳐진 결과이다. 어쨌든 ECT 채택 당시에 ECT를 국제질서의 구상으로 보는 견해가 강하였다. 그러나 많은 동유럽, 구소련 국가들이 WTO에 가입하여 ECT상의 무역규정의 의미가 없어졌으며, 게다가 ECT에 대하여 미국이 거의 관심을 보이지 않아, 에너지헌장프로세스도 지금까지 거의 성과를 거두지 못하였다. 이러한 점들을 근거로 살펴보면 현재는 ECT를 국제질서의 구상으로 볼 뿐만 아니라 에너지안전보장(energy security)을 위한 조약으로 보아야 할 것이다.[6]

세계의 에너지수요는 해마다 높아지고 있으며 2010년에는 세계 에너지수요는 2000년

---

6) Andrei Konoplyanjk and Thomas Wälde, "Energy Charter Treaty and its Role in International Energy," *Journal of Energy and Natural Resources Law*, vol. 24 (2006), pp. 529–532. 참조.

대비 20% 증가하였는데, 이러한 추세는 이후에도 계속되어 2030년에는 2000년 대비 66% 증가할 것으로 예측되고 있다.[7] 이러한 에너지수요의 증가에 대응하기 위해서는 첫째, 에너지개발을 위한 부단한 투자가 필수적이다. 석유 등의 에너지자원에 대한 투자를 증가시키기 위해서는 안정적인 투자 기반과 함께 이를 위한 인센티브를 확보하기 위해 개발된 에너지를 필요한 국가에 자유롭게 판매할 수 있는 환경이 반드시 요구된다. 이를 위해 자유롭고 원활한 에너지무역이 이루어지기 위한 조건을 정비하여야 한다. 에너지자원의 자유로운 무역과 자유로운 수송의 보장은 이를 위한 필수적인 요건이다. ECT는 에너지에 대한 안정적인 투자를 확보하기 위한 환경정비를 목적으로 하는 조약이라고 하는 것이 타당할 것이다.

회원국의 구성은 체결되었을 당시와 비교하여 거의 바뀌지 않았으며, 유일한 큰 변화는 오랫동안 잠정적용 상태였던 러시아가 ECT에서 완전히 탈퇴한 점이다(다만, 러시아에 대해서도 ECT가 완전히 적용되지 않게 된 시기는 20년 후의 일이다(제45조 3항 (b)). 이에 따라 회원국의 구성에 있어 유럽중심성은 한층 강화되었다고 할 수 있다.

2. 투자협정으로서의 특색

(1) 일반적 성질

에너지분야에서의 안정적인 투자를 실현하기 위해서는 첫째, 투자의 안정성, 둘째, 투자유치국에서 투자자의 거점(투자재산의 문제)에 대한 대우, 그리고 셋째, 투자유치국에서의 투자자유의 확보가 중요하다.

투자자는 투자유치국 내의 투자가 무보상수용 등의 정치적인 리스크에 노출될 가능성이 있거나, 투자수익의 자유로운 이동이 보장되지 않는 국가에 대한 투자에 주저하는 것이 당연하다. ECT에는 투자유치국이 위와 같은 행동을 하지 않을 것이 의무화되어 있다(수용보상규정·송금자유규정).

둘째, 투자유치국에 설립한 자회사나 지점 등의 현지 거점이 투자유치국 기업이나 제3국 기업에 비해 경쟁상 불리한 대우를 받는 환경에서는 투자 인센티브가 저하되고, 나아가 투자액이 상대적으로 감소할 가능성이 높아진다. 투자자가 투자유치국 기업이나 제3국 기업과 동등한 대우를 받으며 활동할 수 있도록 하는 것을 투자유치국의 의무로 하는 것이 필요하다(내국민대우규정·최혜국대우규정).

셋째, 투자유치국에 대한 투자의 자유는 투자유치국에 투자자유화를 의무화하는 것으

---

7) 일본 자원에너지청, 「世界のエネルギー情勢」 1 世界のエネルギー需要見通し (http://www.enecho.meti.go.jp/energy/world/world01.htm).

로 달성할 수 있다. 이러한 요소는 종래의 투자협정에서는 볼 수 없었던 것이며 미국의 투자협정, 특히 NAFTA 투자챕터가 체결된 1990년대 이후부터 고려하기 시작한 것이다. ECT는 자유화 의무규정을 마련하고자 한 투자협정으로서는 가장 초기의 협정 중 하나이다. 당시의 이러한 상황을 반영하여 ECT 채택시에 확고한 의무규정을 만드는 것은 가능하지 않더라도 일반적인 노력의무를 규정하여 강력한 의무화는 이후의 협상에 맡겨졌으나, 현재까지 실현되지 않고 있는 것은 앞서 말한 바와 같다. 종래의 BIT가 투자 성립 후 투자의 대우, 특히 투자재산보호에 중점을 두고 있는 데 대하여, ECT가 투자자유화에 대한 지향을 명료하게 밝히고 주요직원의 입국 등 투자촉진을 위한 신규사항에 대한 규율을 시도하려고 한 점은 주목할 만한 가치가 있다.

　　ECT에도 투자자 대 국가의 중재규정이 있는 것은 앞서 말한 바 있다. 21세기에 들어선 이후 투자협정의 투자자 대 국가간의 분쟁해결절차를 활발히 이용해서 실제상 투자재산 보호나 투자자의 대우에 관한 의무가 강화되었다고 볼 수 있다. ECT상의 투자협정 중재도 비약적으로 빈번히 사용되어 투자부분의 의의를 실제로 보여주고 있다(제2부의 각 장 참조).

(2) 다자성

　　투자협정의 관점에서 ECT를 보면 에너지분야에 그 대상을 한정하고 있지만, ECT만큼 많은 국가 또는 지역이 참여하는 다자간투자협정은 없다. 1995년부터 협상이 시작된 다자간투자협정(MAI)은 1998년에 협상이 좌절된 이후 아직까지 협상이 다시 재개되지 못하고 있다. 2002년부터 시작된 WTO 도하개발아젠다에서 투자규범협상은 2003년에 제외되었고, WTO 도하개발아젠다 자체도 아직까지 타결의 전망이 없어 WTO에서 투자규범이 채택될 가능성은 당분간은 없을 것으로 생각된다. 이러한 의미에서 대상분야가 한정되어 있지만 47개국(기타 잠정적용 5개국)과 EU를 망라하는 다자간투자협정의 의의는 매우 크다.

제2장 에너지헌장프로세스와 투자

淀川詔子 (요도가와 노리코)

I. ECT 회원국의 투자자 입장에서의 에너지헌장조약의 의의

에너지헌장조약에 대하여 그 폭넓은 규정 내용 중에서도 투자보호가 가장 중요하다는 견해가 일반적이다. 이에 대해서 투자보호는 양자투자협정(BIT)이나 경제제휴협정(EPA)의 투자챕터에서 실현될 수 있는 내용이며, 에너지헌장조약의 독자적인 존재의의는 많지 않다는 의문을 가질 수도 있다. 그러나 실제로 에너지헌장조약은 다음과 같은 이유에서 일본 투자자의 에너지분야에서의 투자보호와 관련하여 간과할 수 없는 의의를 지니고 있다.

1. 체약국

에너지헌장조약의 체약국 47개국[1] 및 EU 중에서 일본이 BIT를 체결하고 있는 국가는 몽골, 터키, 그리고 우즈베키스탄 3개 국가뿐이다.[2] 아울러 스위스와는 투자챕터가 있는 EPA를 체결하고 있다.[3] 이상 4개국 이외의 43개국에 대해서는 제1장에서 서술하고 있는 포괄적인 내용의 투자보호를 규정하고 있는 점에서 에너지헌장조약의 중요성이 낮다고 할 수 없다.

그중에서 EU와는 일-EU EPA 협상이 시작되었고(제1차 협상회의는 2013년 4월에 개최),

---

1) 이들 47개국 이외에 에너지헌장조약에 서명은 했지만 비준에 이르지 않은 국가가 5개국 있다. 이 중 러시아는 일본과 BIT를 맺고 있다.

2) United Nations Conference on Trade and Development, Full list of Bilateral Investment Agreements concluded, 1 June 2013, at http://unctad.org/Sections/dite_pcbb/docs/bits_japan.pdf (as of May 29, 2013).

3) 일본 외무성 웹사이트 http://www.mofa.go.jp/mofaj/gaiko/fta/j_swit/pdfs/gaiyo.pdf 및 http://www.mofa.go.jp/mofaj/gaiko/fta/j_svvit/pdfs/mokuji.pdf (as of May 29, 2013).

투자도 협상분야에 포함되어 있다는 점에서, 이 EPA가 체결되면 에너지헌장조약의 체약국 절반 이상에 대하여 이 조약이 일본 투자자의 투자를 보호하는 유일한 수단이라고 할 수 없는 상황이 된다. 그러나 호주와의 EPA 협상이 시작된 지 6개월이 경과된 현시점에도 합의에 이르지 못하고 있는 것을 보면, EU와의 협상에도 상당한 정도의 시간이 걸릴 가능성이 있으며 에너지헌장조약의 독자성은 당분간 지속될 것으로 보인다.

2. 투자보호의 계속성

에너지헌장조약의 투자보호규정에는 BIT에서 볼 수 없는 내용이 포함되어 있다. 예컨대, 체약국은 에너지헌장조약에서 탈퇴하더라도 그 탈퇴가 효력을 발생하는 날까지 이루어진 투자에 대해서는 탈퇴일로부터 20년간은 이 조약을 계속해서 적용할 의무를 진다는 규정이다(제47조 3항).

에너지분야의 투자에는 장기계약을 포함한 사안이 적지 않은 점을 고려하면, 투자유치국이 투자보호 의무를 지키지 않으려는 시도를 하는 경우에도 투자보호가 계속되어야 하는 의의는 크다고 할 것이다.

Ⅱ. 에너지헌장프로세스와 투자

위에서 본 바와 같이 에너지헌장조약에 대해서는 투자보호규정의 중요성이 가장 주목받고 있으나, 체약국에 요구되고 있는 것은 단순히 이 조약의 내용에 국내법을 맞추어 투자보호의 체제를 정비하는 것만이 아니다. 여기에 더하여, 이 조약이 표방한 '보완성 및 상호이익을 기초로 한 에너지분야에서의 장기협력을 촉진하기 위한 법적 구조'[4](제2조)에 참여하는 것으로서 계속적으로 다른 체약국과 협력해 나가는 것을 요구하고 있다. 제1장에서 서술한 바와 같이, 이 구조는 '에너지헌장프로세스'라고 불린다.[5] 이하에서는 에너지헌장프로세스가 투자자에 대해서, 그리고 실무상 어떤 역할을 할 수 있는지에 대하여 검토한다.

---

4) 번역문은 일본 외무성이 작성한 것을 인용하였다. 일본 외무성 웹사이트 http://www.mofa.go.jp/mofaj/ gaiko/treaty/pdfs/t_020415.pdf (as of May 29, 2013).

5) Energy Charter, About the Charter, at http://www.encharter.org/index.php?id=7&L=0 (as of May 29, 2013).

1. 에너지헌장프로세스의 구성

에너지헌장프로세스에서의 의사결정기구는 에너지헌장총회이다(제34조). 에너지헌장총회는 국제기구로 인식되고 있고, 벨기에 브뤼셀에 사무국을 두고 있다(제35조). 에너지헌장총회의 회의는 당초 연 2회 개최되었으나 2005년 이후부터는 연 1회 개최된다.

연 1회라는 낮은 빈도 그리고 회의규모 자체의 대규모로 인해 에너지헌장총회의 회의에서 에너지헌장프로세스상 모든 사항에 대하여 검토하는 것은 현실적이지 않기 때문에 총회는 보다 기능성이 높은 하부조직6)을 보유하고 있다(제34조 5항). 현재 기능하고 있는 하부조직은 7개로 전략그룹, 무역·통상그룹, 투자그룹, 에너지효율 등에 관한 의정서(PEEREA) 워킹그룹, 예산위원회, 법률자문위원회(Legal Advisory Committee) 및 사무총장 선임절차 워킹그룹7)이 이에 해당한다.

에너지헌장총회 및 그 하부조직을 위한 자문기구로는 기업자문패널(Industry Advisory Panel, IAP)이 설치되어 있다. IAP는 에너지헌장총회 및 하부조직과는 달리 체약국의 대표가 아니라 체약국 및 옵저버의 에너지업계 관계자가 모이는 장이다.

또한 에너지헌장사무국이 에너지헌장프로세스의 일환으로 설립된 조직으로 법률자문TF(Legal Advisory Task Force, LATF)가 있다.

이 중에서 투자자 및 실무자가 주목하여야 할 것은 투자그룹, LATF 및 IAP이다.

2. 투자그룹의 활동

(1) 투자 성립 전 내국민대우 및 최혜국대우의 예외와 '블루북'

제1장에서 살펴본 바와 같이 에너지헌장조약의 협상과정에서 협상참가국은 투자 성립 전 내국민대우 및 최혜국대우의 적용을 의무화하는 규정을 포함시키는 것에 대해 합의하지 못하고, 최종적으로 노력규정을 마련하는 데 그쳤다(제10조 2항). 이 노력규정은 투자 성립전 내국민대우 및 최혜국대우에 대한 예외를 최소한도로 하는 노력의무(제10조 5항(a)) 및 기존의 제한조치를 서서히 폐지해 가는 노력의무(제10조 5항(b))로 보강하고 있다.8)

이와 같이 에너지헌장조약은 투자 성립 전 내국민대우 및 최혜국대우 적용에 관한 기

---

6) 일본외무성이 작성한 에너지헌장조약 번역(전게주 4)에서는 '보조기관'이라고 기재되어 있다.
7) 다만, 사무국장선임절차 워킹그룹은 2012년 12월 이후 활동을 사실상 정지했다.
8) Energy Charter Secretariat, *The Energy Charter Treaty: A Reader's Guide* (Energy Charter Secretariat, 2002), p. 23.

존의 제한조치를 조약가입과 동시에 모두 철폐할 의무를 부여하고 있는 것은 아니기 때문에 조약체약국이라 할지라도 이러한 적용에 관하여 예외를 두고 있을 가능성이 있다. 그러나 어떠한 예외가 존재하는지 사전에 알 수 없다면 투자자는 안심하고 투자준비에 들어갈 수 없다.

이 때문에 체약국은 에너지헌장조약 가입 시에 투자 성립 전 내국민대우 및 최혜국대우의 적용에 관한 예외에 대하여 에너지헌장사무국에 보고하여야 한다(제10조 9항(a)). 체약국은 필요에 따라 수정보고를 하고 이 보고의 내용을 최신의 것으로 유지할 의무를 지며, 아울러 에너지헌장총회가 이러한 보고를 정기적으로 검토하도록 되어 있다(제10조 9항(a)).

이러한 보고는 에너지헌장사무국에 의해 정리되어 '블루북'이라고 불리는 문서로 공표되고 있다. 블루북은 각 체약국이 보고한 투자 성립 전 내국민대우 또는 최혜국대우에 관한 예외조치를 토지 · 부동산, 비국유화, 등록 · 심사, 상호주의 및 기타라는 5개의 분야로 분류한 뒤에 각각에 대하여 (1) 해당 조치를 규정하는 법령의 명칭, (2) 대상이 되는 산업분야,[9] (3) 조치의 주체가 중앙정부인지 또는 지방정부인지 여부, (4) 예외조치의 내용 그리고 (5) 당해 조치의 파기가능성 유무를 기재하고 있다.[10] 그리고 블루북에는 예외조치에 관한 보고를 하고 있지 않은 체약국(즉, 예외조치를 보유하고 있지 않다고 추측되는 체약국)의 목록도 등재되어 있다.[11]

블루북은 매년 업데이트되며, 투자자 및 실무자에게 있어 투자를 검토하고 있는 국가의 투자 성립 전 단계에 관한 법제도를 검증할 때 참고가 되는 최초의 자료로서 유용하다고 생각된다.

(2) 투자보호 및 시장구조 평가

앞서 말한 투자 성립 전 내국민대우 및 최혜국대우의 적용에 관한 예외보고(제10조 9항)는 체약국으로부터의 정보를 에너지헌장사무국이 수령하도록 하고 있지만, 이와는 반대로 에너지헌장프로세스 측면에서 체약국 투자환경 및 시장구조에 대하여 에너지헌장사무국이 아래와 같은 형태로 권고하는 일도 이루어지고 있다.

우선, 체약국의 에너지당국에 의해 투자환경 및 시장구조에 대한 심화평가(In-Depth Review of the Investment Climate and Market Structure in the Energy Sector, ICMS 평가)가 이루어진

---

9) 많은 예외조치가 국가 전체의 경제를 대상으로 하고 있다.
10) Energy Charter Secretariat, *The Blue Book: Making Investments in Energy Charter Member Countries —Exceptions to the principle of non-discriminatory treatment* (Energy Charter Secretariat, December 2012), p. 5.
11) *Ibid.*, p. 8.

다. ICMS 평가는 에너지헌장조약상의 의무는 아니고, 체약국이 자발적으로 하는 것으로 보통 2 내지 4개국이 대상이 된다.[12]

　　구체적으로는 대상 체약국의 에너지당국이 에너지헌장사무국과 협력하여 관련된 다른 당국이나 에너지업계와도 협의를 거쳐 ICMS 평가보고서의 초고를 작성한다. 초고가 완성된 시점에 에너지헌장사무의 담당자가 대상 체약국을 방문하여 에너지당국뿐 아니라 에너지기업, 투자자, 금융계의 국제기구 등 폭넓은 관계자와 검토한다. 이와 병행하여 다른 체약국 출신 전문가에 의한 동료평가(peer review)가 실시된다.

　　이상과 같은 과정을 거쳐 ICMS 평가보고서의 초고를 퇴고한다. 이 보고서가 완성되면 투자그룹이 이를 검토하며 대상 체약국에 대한 권고안을 작성한다. 이 권고안을 최종적으로 에너지헌장총회가 채택한다. 에너지헌장총회가 채택한 권고안에 대하여 그 이행상황을 수시로 추적하는 제도는 존재하지 않지만, 후속평가(두 번째의 ICMS 평가)는 거의 5년마다 이루어지고 있다.

　　ICMS 평가는 투자 성립 전 내국민대우 및 최혜국대우의 예외의 대상을 한정시킨 것이 아니라 해당체약국의 투자환경 전반 및 에너지시장의 구조를 검토하는 것이다. 이 중에서 투자환경에 대해서는 투자 성립 전반에 관한 법령·제도, 에너지분야에서의 투자와 특히 관련된 법령, 대상 체약국에 대한 해외직접투자(FDI) 현황, 세제의 개요 및 최근의 변화, 그리고 비국유화 진척상황 등이 ICMS 평가보고서에 포함된다.

　　ICMS 평가보고서는 위와 같이 폭넓은 관련자의 투입 및 검토를 거쳐 완성되며 투자자에게 투자를 검토할 때 유용한 참고자료가 된다고 생각된다.[13]

3. 법률자문팀(LATF)의 활동

　　에너지헌장의 특징은 말할 필요도 없이 에너지분야에 특화된 무역, 수송, 투자 및 분쟁 해결에 관한 법적 구조를 제공하는 것이다. 에너지분야에 특화되어 있다는 점에서, 법적으로 조약의 당사자인 국가 및 지역적인 경제통합을 위한 기구(제1조 3항. 현재까지 에너지헌장조약에 서명 또는 가입을 마친 기구로는 EU가 있다)뿐만 아니라 투자자 및 실무자도 제휴를 도모하는 것이 에너지헌장조약을 보다 유용하게 활용하기 위하여 필요하다.

---

12) 따라서 지금까지 모든 당사국에게 ICMS 평가를 행했던 것은 아니다. 현재까지 진행된 ICMS 평가의 수는 1차 평가와 추가 평가를 합해 39개이며 대상 체약국은 주로 동유럽 및 구소련국가들이다.

13) 근래의 ICMS 평가보고서는 인터넷에서 입수가능하다(http://www.encharter.org/index.php?1d=34&L=0 (as of May 29, 2013)).

이러한 실무자와의 제휴 시도 중 하나가 LATF이다.

(1) LATF의 구성

앞서 말한 바와 같이 LATF는 에너지헌장총회가 아니라 에너지헌장사무국이 설립한 조직이며 그 구성원은 민간의 변호사들이다. 구성원이 되기 위해서 정부의 추천이 필요한 것은 아니며 스스로를 추천하는 것도 가능하지만, LATF에서는 에너지법분야에 경험이 있는 변호사일 것을 기대하고 있다. 또한 LATF에서의 활동은 별도의 보수를 받지 않고 프로보노(pro bono)로 이루어진다.[14]

(2) LATF의 활동 (모델협정 및 표준계약서)

LATF 활동의 최대 성과는 에너지분야의 사업에 필요한 협정 및 표준계약서(model agreement) 작성에 공헌한 점이다. 표준계약서의 작성은 당초 아제르바이젠이 제안하여 에너지헌장총회가 이를 실행에 옮길 것을 결정하고 2000년에 공무원 및 업계관계자로 이루어진 전문가그룹을 설립하였다.[15] 다음 해인 2001년 실제적인 법적 문서 양식을 작성할 즈음에 법적 관점에서 검토를 해야 하는 에너지헌장사무국이 조직한 것이 LATF이다.[16] 따라서 LATF는 에너지헌장총회의 정식 하부조직은 아니다.

최초의 표준계약서는 국경을 넘는 파이프라인 사업에 관하여 작성되었다. 이것은 2000년 당시 표준계약서가 수송의정서 협상[17]과 병행하여 에너지원료 및 상품의 수송분야에서 에너지헌장조약의 규정을 보강하기 위한 시도로서 시작되었다.

이 국경을 넘는 파이프라인 사업에 관한 표준계약서는 2003년에 완성되었다. 이 표준계약서는 대상이 되는 파이프라인이 위치하는 국가들의 정부간 협정인 Intergovernmental Agreement와 각각의 국가와 투자자간에 체결된 계약서인 Host Government Agreement에 대하여, 표준조항과 그에 관한 설명을 드러내는 것이고, 2003년 12월의 에너지헌장총회 회합에서 긍정적인 평가를 받았다.[18]

상기 표준계약서의 목적은 국경을 넘는 파이프라인 사업의 초반에 협상의 기초를 제공함으로써 그 준비기간이나 비용을 축소하고 사업 내 best practice를 집약하는 것 등에 있

---

14) Energy Charter, About the Charter, Legal Advisory Task Force, at http://www.encharter.org/in−dex.php?id=282&L=0 (as of May 29, 2013).

15) Energy Charter Secretariat, *Model Intergovernmental and Host Government Agreements for Cross−Border Pipelines (Second Edition)* (Energy Charter Secretariat, 2008), p. 3.

16) 전게주 14) 웹사이트.

17) 제1장 참조.

18) 전게주 15) p. 4.

으며, 표준계약서가 실제 사업에서 참조된 실적도 있다.[19] 그러한 실적을 바탕으로 이듬해에 상기 표준계약서의 개정판 및 국경을 넘는 전력사업에 관한 표준계약서가 작성되었으며, 각각 2007년과 2008년의 에너지헌장총회 회의에서 긍정적인 평가를 받았다.[20]

당연한 일이지만 어떤 사업도 각각 특유의 사정이 있는 이상, 표준계약서를 모든 사업에서 그대로 사용할 수 있는 것은 아니다. 그러나 표준계약서를 법률사무소 및 에너지기업 법무실을 포함한 많은 변호사에 의한 검토를 거친 조항임을 고려하면, 투자자 및 실무자에게 신규사업을 위한 초안작업을 할 때 최초로 참조하는 자료로서의 이용가치는 충분하다고 생각된다.

4. 기업자문패널(IAP)의 활동

(1) IAP의 구성 및 설립취지

표준계약서의 작성이 에너지헌장프로세스의 측면에서 투자자의 수요를 만족시키려는 시도라고 본다면, 반대로 실무자 측면에서 에너지헌장프로세스로의 활용을 가능하게 하는 장이 IAP이다. 즉, IAP 설립목적은 에너지헌장조약 이행의 실효성을 높이기 위해 체약국과 에너지업계와의 상호관계를 심화시키는 것이며,[21] 특히 리스크 최소화나 비즈니스 환경정비에 관한 업계의 견해 및 조언을 에너지헌장프로세스에 반영시키는 것이 중요시되고 있다.

IAP는 에너지헌장총회에 의해 설립되었지만(2004년), 정부대표자로 구성되는 조직이 아니라 민간 에너지업계 관계자로 구성된다(다만, 구성이 되기 위해서는 정부에 의한 추천이 필요하다). 현재 IAP의 구성원에는 가스·석유 등 에너지기업의 대표자뿐만 아니라 상사나 유럽부흥개발은행(EBRD) 대표자도 포함되어 있다.[22]

(2) IAP의 활동

IAP는 주로 기업이 대표자로 구성되어 있기 때문에 에너지업계에서의 최신 동향에 대하여 주의를 기울이고 있다.

---

19) Energy Charter, Trade & Transit, 표준계약서, at http://wwwencharter.org/index.php?id=38&L=0 (as of May 29, 2013).

20) *Ibid*.

21) Communication from the Industry Advisory Panel to the Energy Charter Conference, November 26, 2012, p. 1, at http://www.encharter.org/fileadmin/user_upload/document/IAP_communication_26_Nov_2012_ENG.pdf (as of May 29, 2013).

22) Composition of the Energy Charter Industry Advisory Panel, January 29, 2013, at http://www.encharter.org/fileadmin/user_upload/document/IAP_list.pdf (as of May 29, 2013).

최근의 예를 들면, IAP는 2012년에 에너지헌장사무국이 실시한 에너지헌장조약 규정을 어떤 식으로 저탄소투자촉진에 기여할 수 있는지에 관한 분석에서 업계의 관점을 제공하였다.[23]

그 외에도 2011년 IAP로부터 에너지헌장총회에 대한 제언에서는 후쿠시마 제1원자력발전소 사고 이후 타국에서의 원자력발전에 대한 전망이나 미국에서의 셰일가스 사용에 대한 전망 등 중요한 논점이 포함되어 있다.[24]

이와 같이 에너지기업의 대표자에게 있어 IAP에 참가하는 것은 많은 국가의 에너지업계 관계자와 정보교환이나 토론을 하는 데 그치지 않고 에너지헌장총회를 통하여 한번에 47개국(옵저버의 존재를 고려하면 그 이상)에 대해 제언을 할 수 있다는 데에 의의가 있다. 더욱이, 앞에서 말한 바와 같이 IAP의 구성원이 되기 위해서는 정부의 추천을 받아야 되는 관문이 있는데, 추천을 받아 구성원이 되지는 못하더라도 IAP의 활동을 추적해가는 것도 의미가 있다고 할 수 있다.

---

23) Energy Charter Secretariat, IAP Insights, December 2012, p. 5, at http://www.encharter.org /fileadmin/ userhupload/document/IAP_Insights_2012.pdf (as of May 29, 2013).

24) Communication from the Industry Advisory Panel to the Energy Charter Conference, November 29, 2011, pp. 2−3, at http://www.encharter.org/fileadmin/user_upload/document/IAP_Communication_29_ Nov_2011_ENG.pdf (as of May 29, 2013).

제3장 에너지법상 에너지헌장조약의 위치

一場和之 (이치바 가즈유키)

Ⅰ. 에너지법

1. 에너지법이란

(1) 에너지산업에 관한 법률문제

에너지법이란 '에너지에 관한 모든 법'을 말한다.[1]

오늘날 대표적인 에너지자원인 석유를 예로 들면, 법적 문제가 생기는 활동은 다음과 같이 정리될 수 있다. 즉, ① 석유를 조사·탐색하는 활동, ② 발견한 석유에 생산설비를 갖춰 원유를 생산하는 활동, ③ 원유를 정제하여 석유제품을 제조하는 활동, ④ 석유제품을 판매하는 활동, ⑤ 구입한 석유제품을 소비하는 활동, ⑥ 이러한 과정에서의 수송·저장하는 활동 등이다(그림 1).

그림 1

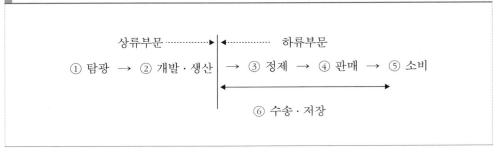

---

1) 藤原淳一郎, 『エネルギー法研究－政府規制の法と政策を中心として』(日本評論社, 2010), 8면.

에너지법은 이러한 에너지의 상류부문(upstream)에서부터 하류부문(downstream)[2]에 이르는 다양한 활동에서 생기는 법률문제에 대하여, 민법, 상법, 행정법, 국제법, 형법, 민사소송법 등의 전통적인 법분야의 성과를 이용하여 종합적인 검토를 하고 있다. 그런데 에너지 그 자체에도 다양한 면이 존재하기 때문에 본 장에서는 오늘날 세계에서 사회생활 및 사업활동에 미치는 영향의 중대성에 비추어 '석유산업, 가스산업 및 전력산업(이하 '에너지산업')과 관련되는 법적 문제'에 주로 초점을 맞춰 에너지법의 기본적인 사고틀을 설명한다.[3][4]

이하에서는 우선, 에너지산업을 대상으로 하는 법률문제를 간략하게 설명하고, 다음으로 상류부문, 하류부문 및 분쟁해결에서의 법률문제를 개관한다.

일반적으로 기업이 영업활동을 할 때에는 이사회나 주주총회를 통한 의사결정 등 회사법에 따라 운영해 나갈 필요가 있다. 또한 종업원과의 관계에서는 노동계약법, 노동기준법, 노동안전위생법 등의 법률을 준수하게 된다. 그리고 기업이 영업양도나 합병을 할 경우에는 회사법의 규율을 받는 것 이외에도 독점금지법상 기업결합규제의 적용유무를 검토할 필요가 생긴다. 아울러 기업이 도산상태가 되어, 사적으로 정리되는 것 외에 기업회생절차에 따른 재건이나 이 절차에서의 사업양도, 이러한 절차가 곤란하면 파산법에 따른 청산이 이루어진다. 에너지산업을 할 때에도 이러한 다른 산업분야와 공통되는 법률문제에 대응하게 된다.

(2) 에너지법의 특징(거액·장기·공익성·국제성) 및 정치적인 개입

에너지산업시에 이루어지는 투자는 필요한 설비의 규모 및 특수성 측면에서 거액이며 투자회수에 오랜 시간을 요하는 경우가 많다. 또한 에너지산업은 사회에 필수적인 인프라로서 사회생활 및 기업활동에 큰 영향을 미치기 때문에 공익에 관한 문제로서 사회전체의 관심을 받고 있다. 아울러 에너지산업은 한 국가의 내부에서 해결되지 않는 경우도 많아 다른 국가의 안보를 위협할 수 있기 때문에 국제분쟁으로 이어지는 경우도 있다.[5] 여기에 에

---

2) 일반적으로 자원개발을 중심으로 한 탐사·개발·생산까지를 상류, 운송·정제·판매 등을 하류라고 한다. 또한 운송의 일부를 상류로 분류하거나 상류·하류의 2분법이 아니라 상류·중류·하류라는 3분법을 취하기도 한다.

3) 이러한 의미에서 본 장은 엄밀하게는 에너지산업법을 다룬다.

4) 일본에서의 민법, 상법, 행정법, 국제법, 형법, 민사소송법은 검토의 대상을 특정한 사업에 한정하고 있지 않다. 이에 반해 에너지법에서는 에너지 사업활동을 할 때 발생하는 법률문제에 초점을 두고, 민법 등의 각 법분야에서 다루어지는 법률문제의 재구성을 하는 것이며, 각 법분야의 경계를 넘어서 횡단적으로 검토하려는 시도이다.

5) 국제분쟁이 되는 경우 외에도 가령 국내정세가 안정되어 있지 않아 반정부조직에 의한 방해활동이 발생한

너지자원을 생산하는 영토의 국민이 이익을 향유하여야 한다는 사고(이른바 자원민족주의)가 점점 자원산출지에서 다수파의 지지를 얻고 있다. 이러한 에너지산업의 특징 때문에 에너지산업에 정치적인 개입을 초래하기 쉽고, 그러한 개입의 위험성은 정권이 교체될 시기에 특히 높아진다.

본 장은 주로 에너지법의 기본적인 사고의 틀을 검토하고 있으나, 현실문제를 해결하는 과정에서 이러한 틀이 정치적인 개입에 의해 어떻게 수정되는지(또는 정치적인 개입이 있어도 수정되지 않은 것인지)에 대해서도 검토할 필요가 있다.

2. 에너지산업 개관

(1) 에너지산업의 흐름

석유사업의 상류부문은 우선 석유가 존재하는지를 탐색 · 조사하는 데서부터 시작한다(① 탐광). 원유는 지하 · 해저에 많이 매장되어 있으며, 소리의 반향 등을 이용한 기술 및 설비를 이용하여 지질탐사를 한다. 그리고 유망한 유전의 존재가 예상되면 시굴을 하며, 채산성이 있는 규모 및 품질을 가진 유전이 발견되면 유전에 생산설비를 건설하여 원유의 생산을 개시한다(② 개발 · 생산).

생산된 원유는 소비목적에 맞추어 정유소에서 정제된다(③ 정제). 그리고 정제된 석유(가솔린 등)는 판매되며(④ 판매), 소비자와 기업에 의해 소비된다(⑤ 소비).

개발 · 생산 · 정제 · 판매 · 소비가 한 곳에서 이루어지는 경우는 드물며, 이러한 과정에서 수송 · 저장이라는 활동이 수반된다(⑥ 수송 · 저장). 수송을 할 때에는 자동차, 철도, 선박, 파이프라인 등이 이용된다. 또한 수송수단의 확립은 도로나 선로, 항만의 정비를 동반하기도 한다.

아울러 이러한 활동을 할 때 많은 경우 거액의 자금이 필요하다. 따라서 각 활동에서 자금조달이 문제가 된다(⑦ 자금조달).

가스사업에서도 거의 같은 활동이 이루어진다. 다만 그 성질상 원유는 상온상압에서 액체이기 때문에, 밀폐성이 낮은 용기(예를 들어 '위스키 통(whiskey barrels)')[6]로도 수송 · 저장이 가능한 데 반하여, 천연가스는 기체이기 때문에 이러한 용기에 의한 수송 · 저장은 곤란하며 원격지에서 이용하기 위해서는 파이프라인이나 액화장치라는 고액의 설비가 필요하게

경우도 있다.

6) D. Yergin, *The Prize: The Epic Quest for Oil, Money and Power* (일본어 제목 「石油の世紀－支配者たちの興亡(上) (下)」(日本放送出版協会, 1991년) (Simon & Schuster, 1991), p. 28.

된다. 따라서 구체적으로 생기는 법률문제는 석유와 천연가스의 특성이나 이용형태에 따라 달라진다(그림 2).

전력사업에서는 연료로 석유, 천연가스, 석탄이나 우라늄 등을 사용하는 경우에는 거의 동일한 활동이 이루어지지만, ⑧ 발전 및 ⑨ 송전이라는 활동이 더해진다(그림 3).

한편, 전력사업에서 수력을 이용하는 경우에는[7] 기본적으로 ⑧ 발전, ④ 판매, ⑤ 소비, ⑨ 송전이라는 흐름을 따르게 된다(그림 4).

에너지법을 검토할 때는 대상이 되는 구체적인 에너지에 대하여 어떠한 활동이 이루어지고 있는가를 파악하여,[8] 이를 근거로 검토하게 된다.[9]

여기에서 사용되는 용어가 무엇을 의미하는지, 또는 어떤 활동을 어떻게 분류·정리할지는 그 용어가 해석되는 방식이나 사용되는 문맥에 따라 다르다. 예를 들어, ③ 정제(제조)와 ⑧ 발전, ⑥ 수송과 ⑨ 송전을 각각 비슷한 활동이라고 한다면 발전 사업에서의 ⑧ 발전 및 ⑨ 송전이라는 개념을 독립시켜 검토할 필요는 없다. 이 점에서 에너지헌장조약 제1조 5항은 '에너지분야에서의 경제활동을 '에너지원료 및 에너지상품 …… 의 탐사, 채굴, 정제, 생산, 저장, 육상운송, 수송, 분배, 무역, 마케팅 또는 판매 그리고 복수의 시설에 대한 열공급에 대한 경제활동(an economic activity concerning the exploration, extraction, refining, production, storage, land transport, transmission, distribution, trade, marketing, or sale of Energy Materials and Products … or concerning the distribution of heat to multiple premises)'[10]으로 분류·정비하고 있다. 여기에서 사용되는 용어가 구체적으로 어떠한 활동을 가리키는지는 개별적이고 구체적으로 검토할 필요가 있다.

---

7) 전력사업에 관해서는 이외에도 지열, 태양광, 풍력, 조력, 바이오매스 등의 에너지를 이용하기도 한다.
8) 활동내용을 이해하기 위해서는 자원에너지청의 에너지백서 (http://www.enecho.meti.go.jp/topics/hakusho/), JX日鉱日石Eエネルギー株式会社의 石油便覽(http://www.noe.jx−group.co.jp/binran/index.html), 獨立鑛物資源機構(JOGMEC)의 석유·천연가스용어사전(http://oilgas−info.jogmec.go.jp/dicsearch.pl), Maverick Energy, Inc. (http://www.maverickenergy.com/) 등의 웹사이트가 도움이 된다. 또한 법률문제도 다루면서 MBA 학생용으로 저술된 개설서로서 Gajlle, *International Energy Development* (Amazon, 2012)가 있다. 또한 본 장에서 인용하는 URL은 모두 2013년 6월 11일 현재의 것이다.
9) 석유는 석유 그 자체로서 에너지로 소비되기도 하고 전력사업자의 손을 거쳐 전력으로 변환되어 에너지로서 소비하는 것도 가능하다. 이 때문에 석유사업과 전력사업은 일부 중첩되는 관계에 있다. 또한 석유는 플라스틱이나 섬유의 원재료로서 이용하는 것도 가능하기에 화학사업이나 섬유사업과도 중첩되는 부분이 있다.
10) 에너지헌장조약의 정문은 영·불·독·이·러·스페인어이다. 본장에서의 동 조약의 일본어 번역은 2002년 조약 제9호로서 공포된 것에 의한다 (http://www.mofa.go.jp/mofaj/gaiko/treaty/treaty_020415.html).

그림 2   석유·천연가스

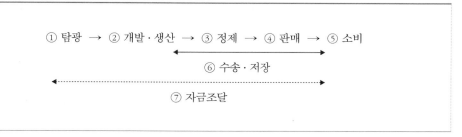

그림 3   전력사업(석유·천연가스)

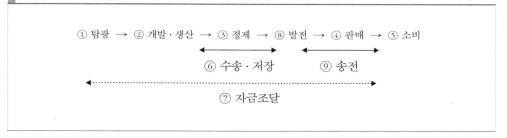

그림 4   전력사업(수력)

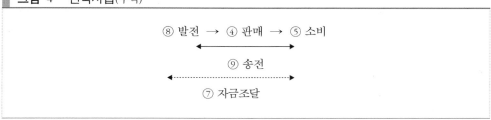

(2) 일본의 에너지산업

일본은 국내에서 에너지자원이 거의 산출되지 않아,[11] 수입에 의존하고 있다.[12] 따라서 현재 일본은 상류부문은 해외의 산업, 하류부문은 국내의 산업으로 볼 수 있으며,

---

11) 2010년의 수력·지열·태양광·바이오매스 등에 의한 일본 에너지 자급률은 4.8%이다(『エネルギー―白書 2012』, 97면).

12) 전력사업에 관해서는 '자원'이 아니라 외국에서 발전되어 온 '전력'을 수입하는 방법도 고려되고 있다. 일본에서도 기술적·경제적·정치적 상황이 허락된다면 이웃국가에서 해저송전을 받는 것(송전선으로 연결)도 있을 수 있다. 또한 러시아에서 일본으로 전력을 공급하는 계획에 대해서는 日本經濟新聞 2013년 5월 31일 조간 7면 참조.

일본법은 주로 하류부문을 중심으로 적용된다.13) 또한 에너지자원을 일본의 주권이 미치지 않는 외국에서 어떻게 안정적으로 조달할 것인지가 일본의 에너지산업의 중요한 과제가 된다.

(3) 에너지산업의 이해관계인

에너지산업을 할 때 ① 중앙정부·지방정부, ② 거래처, ③ 투자자·금융기관, ④ 환경보호단체, ⑤ 이웃주민, ⑥ 임직원, ⑦ 경쟁 에너지기업, ⑧ 국영석유회사 등이 이해관계자로 등장한다.

① 중앙정부·지방정부는 일반적으로 공익적 관점에서 에너지산업에 대한 관심을 가지고 있다. 그리고 사업활동을 할 때 허가나 특허14) 등의 행정적 규제를 하는 것 외에 조세 또는 로열티를 부과하며, 아울러 위법행위에 대해 행정벌이나 형벌에 의한 제재를 한다. 여기에 보조금 교부나 세금우대조치 등을 제공하여 사업활동을 정책적으로 유치·촉진하기도 한다.

② 거래처와 관련하여 에너지기업이 상품 또는 서비스의 제공을 받아 대금을 지불하는 경우(사는 입장)와 상품 또는 서비스를 제공하여 대금을 받는 경우(파는 경우)가 있다. 또한 에너지자원을 산출할 토지의 권리자(소유자)에 대하여 일정한 대금을 지불하기도 한다.

③ 투자자·금융기관은 에너지기업의 주식 등의 지분(equity)을 보유하는 경우와 대출(loan/debt)을 제공하는 경우가 있다. 후자의 경우에는 어떻게 우선권(담보)을 설정하여 확실히 자금을 회수할지가 문제가 된다.

④ 환경보호단체는 에너지산업의 시행이 환경에 악영향을 미칠 경우 산업활동에 반대하게 된다.

⑤ 이웃주민은 에너지산업에 의해 생활환경을 해치는 경우 보상을 요구하는 것 외에 에너지산업으로 생기는 고용창출을 기대한다. 바라는 바가 받아들여지지 않는 경우에는 에너지산업에 대한 반대운동으로 발전할 가능성도 있다. 또한 에너지산업을 하는 장소가 빈곤지역이나 정세가 불안정한 지역인 경우에는 도난·강도나 유괴, 해적행위 등의 피해가 있는 경우도 있다.

⑥ 자사의 임직원과의 관계에서도 노무관리가 문제된다. 특히, 에너지산업은 계속적으로 위험을 수반하기 때문에 안전위생의 관점에서 주의를 요한다. 아울러 에너지산업은 거액의 투자자금을 필요로 하는 경향이 점점 강해지고 있으며 기업결합도 가속되는 경향이

---

13) 藤原, 전게주 1)에서도 일본의 국내법을 중심으로 사업규제를 논하고 있다.
14) 일본의 광업법에서도 특허라고 이해되는 광업권을 취득하지 않으면 채굴할 수 없다.

있다. 이런 와중에 사업을 재편할 때는 고용이나 임금인하도 문제가 된다.

⑦ 어느 경쟁 에너지기업의 이익은 다른 경쟁 에너지기업의 불이익이 되는 경우가 있다. 따라서 경쟁 에너지기업도 이해관계인으로 등장한다. 이러한 국면에서는 특히 경쟁법 (독점금지법)의 적용이 문제될 수 있다.

⑧ 최근에는 국영석유회사(national oil company, NOC)가 국제 에너지시장에서 큰 역할을 담당하고 있다. 이들 회사는 에너지기업인 동시에 국가의 의도를 실현하기 때문에 국영석유회사와 어떠한 관계를 구축할지가 문제된다.

(4) 에너지자원의 가격과 이용가능한 자원량과의 관계, 개발에 대한 인센티브

에너지산업도 다른 산업과 같이 채산성을 확보할 필요가 있다. 따라서 장기적으로 볼 때 채산성이 없는 에너지자원을 이용한 산업활동은 하지 않는 것이 원칙이다.[15] 그러나 에너지산업을 할 때 필요한 자원의 가격이 상승하면, 이전에는 채산성이 없던 사업을 하는 것이 가능해질 수 있다.

예를 들어, 원유의 가격이 1배럴당 80달러라면, 생산비용이 1배럴당 90달러의 유전에서 생산하는 것은 1배럴당 10달러의 손실을 발생시키기 때문에, 경제적 합리성 관점에서는 생산활동이 힘들다.[16] 이에 반해, 원유의 가격이 1배럴 100달러로 상승하면 생산비용이 1배럴당 90달러의 유전에서 생산하는 것도 경제적 합리성 관점에서 충분히 수용가능하다. 그리고 원전뿐만 아니라 이전에는 채산성이 없다고 여겼던 다른 에너지자원(예를 들어, 바이오에탄올)을 이용하는 선택지도 원유가격 상승에 따라 고려할 수 있게 된다.

한편, 자원의 가격이 여의치 않으면 개발 및 생산하는 비용이 조달되지 않아, 프로젝트가 일정기간 방치되는 경우도 있다.

그리고 관계자가 가지는 인센티브에도 차이가 있다는 것을 이해할 필요가 있다. 미국의 리스계약을 예로 들면, 석유가 매장되어 있을 가능성이 있는 토지의 소유자는 석유회사와 리스계약을 체결한다. 일반적으로 토지소유자는 생산이 신속하게 개시되어 산출량의 5분의 1[17]에 해당하는 로열티를 받기를 희망하며, 리스계약의 상대방인 석유회사가 생산을

---

15) 단기적(사업의 초기단계)으로는 채산이 맞지 않아도 장기적으로는 채산을 맞출 수 있다면 사업활동을 할 수는 있다. 한편 정책상의 이유로 장기적으로 봐도 채산이 맞지 않는 사업이 실시되기도 한다(가령 환경보호를 위해서 환경에 대한 부담이 보다 적은 사업을 하고, 장래의 기술혁신을 기대하는 경우 등).
16) 특히 엄밀히 말하자면 에너지기업이 외부에 지불하는 비용이 80달러보다 훨씬 적으면 적자가 되어도 유휴의 생산설비·인원을 두는 것보다는 낫다는 판단에서 생산활동을 할 가능성이 있다. 또한 이러한 경제적 합리성을 무시하고 적자생산을 하는 경우도 있다.
17) 개개의 계약에 따라 다르지만 1/6, 3/16, 1/5 등이 많다(John S. Lowe, *Oil and Gas Law in a Nutshell*, 5th Ed. (West, 2009), p. 278). 다만, 석유의 소재지나 계약이 체결된 연대에 따라 다르다.

하지 않으면 (다른 석유회사와 계약하려고) 기존의 계약을 해지하기를 원한다.[18] 한편, 석유회사는 토지(이권)의 확보를 원하면서도 생산단계를 진행하면서 생기는 투자 리스크는 낮게 억제하기를 원한다. 그래서 리스계약에는 석유회사가 시굴하지 않더라도 권리금(Delay Rental)을 지불하는 것으로 하여 조정이 이루어진다.

(5) 에너지산업상의 분쟁

에너지산업은 거액·장기·공익성·국제성이라는 특징을 가지며 정치적인 개입을 초래하기 쉽다. 특히, 에너지산업에는 이권이 수반되기 때문에, 경제적 합리성이 아닌 정치가의 이권을 확보·극대화하기 위하여 정치적인 개입이 이루어질 가능성이 있다.

또한 에너지자원을 보유하는 국가(host country, 이하 '투자유치국') 중에는 국민간에 고독감과 무력감이 감돌고 있는 개발도상국이 있다. 이러한 투자유치국에서는 에너지기업이 투자유치국의 부를 수탈하고 있다고 선전하여, 외국기업인 에너지기업을 희생양으로 삼아 투자유치국 정부(정치가)의 구심력을 높이려는 일이 자주 일어난다. 이러한 리스크는 정권이 교체되는 시기에 특히 심각하며 투자유치국의 계약불이행으로 연결되는 경우도 있다.

투자유치국의 제도 자체의 결함은 아니라고 하더라도 담당자가 사사로운 의도로 에너지기업에 방해활동을 하였고, 이를 투자유치국의 제도가 방지할 수 없는 경우도 있다. 예를 들어, 담당자가 에너지기업에 악의를 품고 경쟁상대인 다른 에너지기업 등으로부터 뇌물을 수수하여 이제까지의 방침을 변경하거나 담당자가 스스로 정책실적을 만들어 승진을 도모하는 등의 이유로 에너지기업의 활동이 방해되는 경우가 있다.

게다가 에너지산업의 채산성이 없는 경우에는 가격인상을 하는 것이 경제합리성에 맞는 행동이지만, 공익성의 관점에서 정부가 가격인상을 허락하지 않는 경우도 있다.

구체적인 투자유치국 정부의 행위의 종류로는 ① 투자유치국에 설립된 법인이나 생산설비의 국유화·강제수용이 이루어지는 경우가 있다. 이에 대하여 국유화 자체의 적합성이나 강제수용의 대가에 대한 타당성이 다투어지게 된다. 또한 투자유치국이 노골적으로 국유화나 강제수용을 하지 않더라도, ② 조세·로열티·임대료의 인상이나 신설, 보조금이나 세금우대조치의 감액이나 폐지 등의 형식을 빌려 에너지기업으로부터 금전을 이전시키는 경우가 있다. 그리고 직접 금전의 지불을 요구할 뿐만 아니라, ③ 행정처분(개발정지·조업정지, 면허취소·위법한 부작위(정부공무원의 태업))이나 ④ 신병구속이나 공정한 재판을 거치지 않은

---

18) 다만, 원유 가격의 향방에 대한 예상으로서는 원유가격이 높아진 경우에 생산이 이루어질 것을 희망하는 경우도 있을 수 있다. 또한 에너지 분야에 관한 경제분석의 기초로서 芥田知至, 『エネルギーを読む(日經文庫 1214)』(日本經濟新聞出版社, 2009), 132면 이하가 있다.

형사벌·몰수(생명·신체·재산에 대한 침해)라는 방법으로 에너지기업에 압력을 가해 보상을 요구하는 경우도 있다.

에너지산업은 일정 기술력이 필요하기 때문에 기술을 보유한 에너지기업(외국기업)에 대한 상기 ①~④와 같은 방해행위는 당해 투자유치국에서 에너지기업의 퇴출을 초래한다. 그리고 최첨단 기술을 도입하는 것이 불가능하여 장기적으로 보면 투자유치국의 생산성 저하로 연결되어 투자유치국에 불이익을 초래하는 경우가 많다. 그렇지만 투자유치국 정부가 반드시 합리적으로 행동한다고 볼 수 없기 때문에 이러한 방해행위가 일어날 수 있다. 이에 대하여 에너지기업은 자신이 입은 손해를 회복할 뿐만 아니라 다른 투자유치국으로부터 같은 방해행위를 받는 경우를 방지하기 위해서도 의연하게 대응할 것이 요구된다.[19]

그 밖에 에너지산업에 있어서도 다른 많은 사업과 마찬가지로 관계자의 자금부족에 의한 지불거절이 분쟁으로 연결될 수 있다. 에너지에 관한 사업은 장기간인 경우가 많기 때문에, 그동안의 사업환경 변동에 대응하지 못하고 자금부족에서 헤어나지 못하기도 한다. 또한 사업자금이 거액이기 때문에 부족한 자금의 대체자금을 조달하는 것이 어렵고 분쟁으로 연결되는 경우도 있다. 다만, 자금부족이라는 이유만으로 지불거절을 정당화하는 것은 일반적으로 곤란하기 때문에 자금부족 이외의 이유도 제시하는 경우가 많다.

여러 관계자가 관여하고 있는 이상, 관계자간에 사업방침이나 조약·계약해석의 차이, 사업지배권이나 인사를 둘러싼 분쟁이 생기는 것은 피할 수 없다. 다만 모든 관계자가 합리적인 사고를 지니고 분쟁을 전향적으로 해결하려고 하는 의사가 강하면 분쟁이 심각해지기 전에 합의에 의해 해결할 수도 있을 것이다. 또한 당사자만의 분쟁해결이 곤란하더라도 조정을 통해 중립적인 제3자의 의견을 참조하여 타협점을 찾아내는 것도 생각할 수 있다.

아울러 에너지산업에서 물리적으로 생기는 환경문제·공해문제, 이웃주민과의 마찰이나 대우개선을 둘러싼 노동쟁의가 발생할 수도 있다. 문제가 심각해질 때에는 파업으로 그치지 않고 시설파괴행위나 폭동이 발생할 수도 있다. 이러한 사태에 대해서는 불법행위를 한 자에 대하여 보상을 요구하는 것은 무자력의 문제 등으로 곤란한 경우가 많기 때문에, 현지 사정에 정통한 전문가의 조언을 얻어 문제의 발생을 방지·회피하면서 부당한 요구에 대해서는 의연한 조치를 강구하여야 한다.

---

19) 일단 의연한 반응을 하지 않는 기업이라고 여겨지면, 마찬가지의 방해행위를 일방적으로 당하기만 할 가능성이 높아진다. 특히 항상 강경한 대응을 하는 경우에는 거래비용이 상승하기 때문에 강약조절이 중요하다.

3. 상류부문의 법률문제

(1) 상류부분에 참가할 때

(a) 투자유치국과의 관계

현재 지구상의 모든 토지는 어떠한 국가의 영토에 속해 있다.[20] 따라서 어느 토지에 존재하는 에너지자원을 개발할 때 당해 토지에 주권을 행사하는 국가와 법률관계를 구축할 필요가 있다. 또한 당해 토지에 주권을 행사하는 국가가 분명하지 않은 경우에는 관련된 모든 국가의 동의를 얻어야 한다. 석유, 천연가스, 석탄이나 우라늄 등의 탐광·개발·생산(이하 '생산활동')에 해당하는 상류부문에서의 핵심적인 문제는 그 토지에 주권을 행사하고 있는 투자유치국과 에너지기업과의 관계이다.

많은 국가에서는[21] 매장된 에너지자원을 국가에 독점적으로 귀속시키고 있다.[22] 따라서 생산활동을 할 때 투자유치국과 어떠한 법률관계를 구축할 것인지, 그리고 더 구체적으로는 어느 쪽의 주도로 활동하여야 하는지가 중요한 문제가 된다(그림 5).

그림 5

에너지기업 주도

• 양허계약(Concession)
• Production Sharing Agreement
• Participation Agreement
• 서비스제공계약(Service Agreement)

투자유치국 주도

---

20) 보다 정확히는 남극을 제외한다. 또한 복수의 국가가 영유권을 주장하는 사태(영토문제)도 존재한다. 또한 바다에 대해서는 영해나 배타적 경제수역에 속하지 않는 해역(공해)이 존재한다.

21) 이에 대한 예외로 토지소유자가 그 토지에 매장되어 있는 자원에 대한 권리를 가지는 것을 원칙으로 하는 미국이 있다. 또한 석유·천연가스와 같이 유동성이 있는 자원에 대해서는 채굴의 과정에서 인접지에 매장되어 있던 석유·천연가스도 유입될 수 있는데, 이 경우에는 인접지소유자가 아니라 채굴한 토지소유자가 석유·천연가스의 소유권을 갖는다(Rule of Capture(무주물선점/먼저 잡으면 임자)). 엄밀하게는 채굴되고 나서야 비로소 소유권이 취득된다고 생각하는 방식과 매장되어 있는 단계에서 소유권을 가지지만 인접지에 유출되어 채굴되면 소유권을 잃게 된다고 생각하는 방식이 있다. Lowe, *supra* note 17, pp. 9－11, 30－32; Owen L. Anderson *et al.*, *Hemingway Oil Gas Law and Taxation*, 4th Ed. (West, 2004), pp. 29－36. 이러한 권리관계를 감안하면 미국에서는 ① 석유매장지의 소유자와 석유회사와의 관계 및 ② 당해 토지소유자와 인접지소유자와의 관계를 어떻게 규율할 것인가가 주된 문제로 된다. 이러한 문제를 다룬 로스쿨학생용 사례집으로서 John S. Lowe *et al.*, *Cases and Materials on Oil and Gas Law*, 6th Ed. (West, 2012)가 있고 물권법(Property)의 응용문제로서 다루어지고 있다.

22) 일본에서도 광업법 제2조는 '국가는 아직 채굴되지 않은 광물에 대해서 이를 채굴 및 취득할 권리를 부여할 권한을 가진다'고 규정한다. '광물'에는 석유, 가연성 천연가스, 석탄, 우라늄광석을 포함한다(광업법 제3조).

역사적으로 양허계약(concession), production sharing agreement(PSA, 생산물분배계약), participation agreement(사업참가계약), 서비스제공계약(service agreement)이라는 계약이 체결되어 왔다.

컨세션은 투자유치국이 에너지기업에 생산활동의 거의 모든 것을 위임하고 소액의 대가를 받는 방식이다. 고전적인 컨세션에서는 에너지기업이 장기간 광대한 토지의 자원개발권을 취득하고 스스로의 개발계획에 기초한 개발을 하며, 투자유치국은 로열티를 받는다.[23]

PSA는 에너지기업에서 생산활동을 하지만 생산된 자원의 일정 비율을 투자유치국이 취득하는 방식이며 인도네시아 사례가 가장 유명하다.[24] 일본기업이 개발한 사할린 석유·천연가스에서도 PSA가 채택되고 있다.[25]

사업참가계약은 투자유치국과 에너지기업이 합작회사를 만들어 공동으로 생산활동을 하는 방식이다.[26]

서비스제공계약은 투자유치국이 생산활동을 하지만 그때 필요한 서비스를 에너지기업이 제공하는 방식이다.[27]

일반적으로는 컨세션, PSA, 사업참가계약, 서비스제공계약의 순으로 에너지기업의 주도권이 약해지며 투자유치국의 주도권이 강해진다. 또한 투자유치국이 계약을 체결할 때는 입찰을 통하여 가장 좋은 조건을 제시한 에너지기업을 계약 상대방으로 선택하는 경우가 많다.

일본의 광업법은 굳이 말하자면 양허계약으로 분류될 수 있을 것으로 보인다.[28]

(b) 자원이 복수국의 국경선에 걸쳐진 경우

자원의 매장지와 국가의 경계는 반드시 일치하는 것은 아니기 때문에 자원이 복수국의 국경선에 존재하는 경우가 자주 생긴다.

이러한 경우의 법원칙을 보면, 에너지기업은 당해 토지에 주권을 행사하는 각 국가와 법률관계를 구축하여 상류부문의 활동을 하게 된다. 예를 들어, A국과 B국의 국경선에 걸

---

23) Ernest E. Smith *et al.*, *International Petroleum Transactions*, 3rd Ed. (Rocky Mountain Mineral Law Foundation, 2010), p. 429 이하 참조.

24) *Ibid.*, p. 463.

25) http://www.pref.hokkaido.lg.jp/kz/ksk/russia/russia/r-spro/project/outline/outline-1.htm

26) Smith *et al.*, *supra* note 23, p. 492 이하 참조.

27) Smith *et al.*, *supra* note 23, p. 482 이하 참조.

28) 광업권을 취득하기 위해서는 자격제한이 있으며, 조약에 별도로 규정이 있는 경우를 제외하고 '일본국민 또는 일본법인이 아니면 광업권자가 될 수 없다'고 되어 있다(광업법 제17조). 더욱이 일본에 자회사를 설립하면 외국기업도 광업권을 취득하는 것이 가능하다고 해석되고 있다(我妻榮＝豊島陞, 『鑛業法』(有斐閣, 1958), 31면).

처진 자원이 존재하는 경우, 국경선을 기준으로 A국측의 개발에 대해서는 A국과 법률관계를 구축하고 B국측의 개발에 대해서는 B국과 법률관계를 구축한다.

그러나 환경에 관해서 관계국의 견해가 일치하고 있다고 볼 수 없고 영토·영해·대륙붕의 귀속이나 배타적 경제수역(exclusive economic zone, EEZ)을 둘러싼 관계국간의 다툼이 존재하는 경우도 있다. 에너지기업은 관련되는 모든 투자유치국과 계약을 체결(법률관계를 구축하는 것을 포괄적으로 이렇게 부른다)하는 것이 가능하면, 국경선에 관한 분쟁 없이 개발하는 것이 가능하다. 반대로 A국과 계약이 체결되더라도 B국과 계약이 체결되지 않으면 B국에서는 법령위반행위로서 형사처벌의 대상이 될 수 있는 등의 방식으로 리스크를 수반하게 된다.

관련 투자유치국의 입장에서도 개발을 인정할 것인지, 인정한다면 타국의 동향에 얽매이지 않는 태도를 취할 것인지 아니면 관련된 복수의 투자유치국이 공동으로 개발할 것인지,[29] 그러한 경우 채굴한 자원의 분배는 어떻게 할 것인지의 문제가 있다. 아울러 에너지자원 안보의 관점에서 보면 누가 개발을 할 것인지, 누가 어느 정도의 분배를 받을 것인지, 투자유치국간 협정의 실효성은 얼마나 있는지의 문제뿐만 아니라, 최종적으로는 어떤 국가에 당해 에너지자원이 수송되어 소비되는지와 같은 문제가 있다.[30]

아울러 경계에 다툼이 없는 경우에도 석유나 천연가스와 같은 유동성 있는 자원에 대해서는 A국측에서 자원개발을 하면 원래 B국측에 있었던 자원이 A국측으로 유출되는 현상이 생길 수 있다.[31] 미국의 국내법에서는 A가 소유하는 토지와 B가 소유하는 토지의 지하에 걸쳐진 형태로 석유가 존재하는 경우, 채굴한 토지소유자가 석유의 소유권을 취득한다(이른바 '빠른 자가 승리' 각주 21 참조). 국제공법에서는 이 문제를 해결하는 법원칙이 아직 확립되어 있지 않은 것으로 보이며, 개발이 늦은 국가는 본래 자국 지하에 매장되어 있는 자원을 잃어버릴 가능성이 있다. 이 때문에 무질서한 개발이 생길 수 있는데, 이는 인류 전체 이익의 최대화라는 관점에서 보아도 이익을 해하는 것이기 때문에 관련국간에 합의를 하여 공동개발을 하는 것(cross-border unitization)이 바람직하다(그림 6).

---

29) 또한 Joint Development Zones 및 후술하는 Cross-Border Unitization에 대해서는 Smith *et al.*, *supra* note 23, p. 167 이하 참조.

30) 이 외에 자국에 개발할 기술이 없는 경우에는 외국기업에 대한 대응 여하에 따라서 외국기업에 의한 개발에 대한 인센티브가 저하되기 때문에 그러한 협력을 얻을 수 없고 결과적으로 개발을 할 수 없게 된다는 문제가 있다. 또한 배타적인 정책을 취하는 경우, 타국의 보복을 받을 가능성도 있다. 그러한 의미에서 자국의 이익과 외국기업·타국의 이익과의 조화가 중요하다.

31) 발생하는 분쟁의 구조는 컵에 넣은 주스를 두 사람이 각각의 빨대로 마시는 경우에 한 사람이 기세 좋게 거의 대부분의 주스를 마셔버리는 경우와 유사하다. 또한 어업자원이나 수자원에 대해서도 마찬가지의 문제가 발생할 수 있다.

그림 6

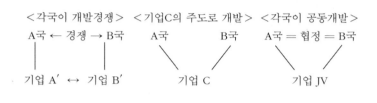

(c) 각국 법제도의 차이

상류부문에 참가할 때 투자유치국의 법제도를 검토할 필요가 있다.

현재 세계의 법제도는 로마법을 기원으로 하는 대륙법계 법제도(civil law)와 영미법계 법제도(common law)로 크게 나누어진다.[32] 또한 이슬람 국가들에는 이슬람법에 적합한 법제도가 있다. 아울러 연방국가(예를 들어 미국)에서는 중앙정부의 법령(연방법) 외에 각 지방정부의 법령(주법)이 존재한다. 연방국가가 아닌 경우에도 지방정부가 일정한 자치권을 보유하여 독자적인 법령(조례)을 제정하는 경우가 있다. 반대로 EU와 같이 중앙정부의 법률에 추가적으로 가입하는 지역통합체의 법제도가 존재하는 경우도 있다. 그리고 각국의 법제도 외에 그 토지에 고유한 관습이 법적 효과를 가질 가능성도 있다.[33]

상류부문에 참가할 때 투자유치국의 법제도를 검토하여 예상하지 못한 사태가 생길 리스크를 가능한 한 줄이는 것이 중요하다.

(2) 공동개발·산출량의 규제, Unitization/Pooling

미국의 국내법에서는 채굴된 석유 및 가스에 대하여는 '빠른 자가 승리'라는 법리가 타당하다(각주 21, 전술 (1)(b)). 따라서 좁은 지역에 소유자가 다른 몇 개의 유정이 건설되는 사태를 초래한다. 전통적인 석유채굴에서는 매장되어 있는 석유 자체에 걸려 있는 압력을 이용하여 석유를 회수하기 때문에 다수의 유정이 건설되면 압력이 내려가고 전체적으로 회수량이 저하되는 문제가 생겼다.[34] 그래서 회수하는 석유를 최대화하여 쓸데없는 낭비를 없

---

32) 가령 일본의 물권법에서는 물권법정주의가 채택되고 있는 외에, 공시제도인 등기도 정비되어 있다. 반면 미국에서는 물권법정주의를 채용하고 있지 않기 때문에 무수하고 각양각색의 지역권이 성립되어 있을 가능성이 있으며 또한 공시제도가 체계적으로 정비되어 있지 않은 지역이 존재한다. 이 때문에 미국의 부동산거래는 일본과는 다른 위험요소를 내포하고 있다.

33) 일본의 법의 적용에 관한 통칙법 제3조 참조.

애고 인접지간의 권리관계를 조정하며(fair share doctrine) 아울러 환경을 보호하기 위하여 공동개발에 관한 정부규제가 존재한다.

규제로서는 토지이용규제(spacing/density rule)로 유정의 수를 일정한 범위의 구획(40 에이커 또는 사방 1/4 마일(약 400 미터))마다 1개의 유정으로 한정하는 방법이 있는데, 유정의 위치(중앙으로 할지 아니면 이웃 구획과의 경계선에 따르는 것이 좋은지)와 일정기간 동안에 채굴하는 석유량의 상한을 정하는 방법이 있다.

이러한 점을 받아들여 소규모 면적만을 보유하고 있는 권리자들은 공동개발(pooling/unitization)을 하고,[35] 채굴한 석유를 각 권리자간에 분배한다.

이러한 공동개발의 구조는 자원이 하나의 투자유치국 영역 내에 있는 경우의 문제이다. 자원이 복수의 투자유치국의 국경선에 걸쳐 있는 경우(전술 (1)(b))에 대해서도 적용될 수 있다.

(3) 에너지기업간의 계약, 사업·투자형태

탐광·개발·생산이라는 생산활동을 할 때, 장기간 거액의 자금을 필요로 한다. 또한 대상이 되는 자원매장량과의 관계에서 어느 에너지기업이 단독으로 생산활동을 하는 것보다 다른 에너지기업과 공동으로 생산활동을 하는 방법이 효율적인 경우가 있다. 그리고 하나의 에너지기업이 단독으로 생산하기보다 복수의 에너지기업이 공동으로 생산하여 리스크를 분산시키는 경우도 자주 있다.[36]

구체적으로는 예컨대, 탐광시에는 study and bid group agreement, 개발 및 생산시에는 joint operating agreement(JOA)를 체결하여 에너지기업간의 관계를 규율한다.[37]

에너지기업이 관여하는 경우의 형태로는 ① 조업 및 출자(operator)를 모두 하는 경우, ② 출자만 하는 경우, ③ 조업만 하는 경우, ④ 대출(은행 등)하는 경우를 생각할 수 있다. 출자(equity)의 경우에는 생산활동에서 얻어지는 이익의 일정 비율을 수령(손실이 생기면 일정 비율을 부담한다)하는 데 반해, 대출(loan/debt)의 경우에는 손익에 상관없이 대부금 원금 및

---

34) 잘 흔든 탄산음료 캔에 구멍을 내는 경우를 상상해보라. 구멍을 많이 뚫으면 구멍이 한 개 있는 경우에 비해 압력이 저하되어 뿜어져 나오는 음료의 양은 줄어든다.

35) Danielle Beggs and Justyna Bremen, "Unitisation and Unitisation Agreements," in *Oil and Gas: A Practical Handbook* (Globe Law and Business, 2009), pp. 58-59.

36) 나아가 투자유치국과의 양호한 관계를 위해 이른바 unitization이 개발기업의 의무가 아닌 경우에도 투자유치국의 기업에 생산활동에 참가하게 하는 경우도 종종 보인다.

37) 국제적인 석유업계단체인 AIPN(Association of International Petroleum Negotiators)은 에너지기업간의 힘의 균형을 배려한 모형을 만들기 위해서 노력하고 있으며 일반에도 공개하고 있다(유료) (https://www.aipn.org/mcvisitors.aspx).

이자를 받는 것이 원칙이다. 그리고 대출의 경우에는 생산활동에 의해 얻어지는 이자로부터 우선회수가 가능하도록 담보권을 설정하는 등을 생각해 볼 수 있다. 또한 자금의 갹출은 에너지기업뿐만 아니라 투자펀드에 의해 이루어질 수도 있다. 그리고 이러한 계약이 투자유치국 정부와는 관계없이 이루어지는 경우도 있는 반면 계약조항 중에 투자유치국 정부의 동의를 요하는 조항을 넣은 경우도 있다.[38]

또한 관여하는 에너지기업간의 관계를 (i) 계약상의 관계로 남기는 경우[39]와 (ii) 해당 생산활동을 위하여 법인을 설립하는 경우가 있다(각 에너지기업은 주주가 되며 정관 외에 주주간계약에 의해 에너지기업과의 관계를 규율한다). 어느 쪽을 선택할 것인가는 의사결정시 operator가 단독으로 하는 것을 중시하는가,[40] 구성원인 에너지기업이 생산물을 취득하는가, 그렇지 않으면 배당을 받을 것인가, 유한책임으로 할 것인가 하는 점이 고려된다.[41] 아울러 관여하는 형태에 따라 조세가 미치는 영향도 중요한 고려요소이다.

그리고 에너지기업간의 관계를 해소하는 경우에 대한 규율도 검토해 둘 필요가 있다. 어느 에너지기업이 철수하려 하는 경우에, 함께 사업을 하고 있던 다른 에너지기업이 지분을 양수하는 경우와 제3자인 에너지기업이 양수하는 경우가 있다. 다른 에너지기업이 구입할 권리가 있는지, 구입조건이 정리되지 않은 경우는 어떻게 할 것인지, 반대로 철수하는 에너지회사가 다른 에너지기업에 강제적으로 매각하는 것이 가능한가라는 점이 문제된다.

또한 ① 에너지기업이 스스로 사업활동을 하는 경우 이외에, ② 제3국에 설립된 자회사를 통하여 사업활동을 하는 경우, ③ 투자유치국에 현지법인(자회사)을 설립하여 사업활동을 하는 경우가 있다.

굳이 ② 제3국에 자회사를 설립할 것인지 여부에 대하여는 조세조약이나 투자보호협정을 통하여 이익을 얻을 수 있는지 여부가 고려된다.

아울러 투자유치국에서 현지법인을 설립할 때 전액을 에너지기업 스스로가 출자할 것인지, 그렇지 않으면 현지의 민간자본에도 출자를 요청할지가 선택지로 나온다. 투자유치국의 법제도에 따라 현지의 민간자본에 의한 출자가 필요한 경우도 있지만, (특히 정치적인 영향력이 있는) 현지의 민간자본에 의한 출자를 받는 것이 투자유치국 정부와의 협상에서 불

---

38) Beggs and Bremen, *supra* note 35, p. 65.
39) 일본법상으로는 조합계약(민법 제667조 이하), 익명조합계약(상법 제535조 이하), 기타 무명계약으로 하는 것을 생각할 수 있다.
40) 若尾幸史・紺野博靖, 「石油天然ガス開発JV契約の要點(上)-JOAの單獨操業條項」, NBL921호(2010년), 24면.
41) Peter Roberts, *Joint Operating Agreements: A Practical Guide*, 2nd ed. (Globe Law and Business, 2012), pp. 21-27.

리하게 취급되지 않는다는 것을 기대할 수 있는지가 고려요소로 된다.[42]

예를 들어, 사할린 II 프로젝트를 위하여 1994년에 설립된 사할린에너지사는 현재 가즈프롬(Gazprom)이 50%＋1주(과반수), 쉘(Shell)이 27.5%, 미쯔이 물산이 12.5%, 미츠비시 상사가 10%의 지분을 보유하고 있다. 그리고 사할린에너지사는 러시아와 PSA를 체결하여 생산활동을 하고 있다.[43]

아울러 무역보험 등의 보험제도를 이용할 수 있는지 검토할 필요가 있다. 다만, 투자유치국의 리스크가 크다면 보험료가 높아지며, 지불받게 되는 보험금액도 사업규모에 비하여 소액인 점 등의 이유로 보험에 가입하지 않고 에너지기업이 스스로 리스크를 부담하는 경우도 있을 수 있다.

(4) 토지소유자와의 관계

투자유치국으로부터 개발허가를 받은 경우에도 그 개발허가가 개발대상지역의 토지사용허가까지를 포함한다고 볼 수 없다. 즉, 투자유치국의 허가를 취득하는 외에 토지소유자와 토지이용에 관한 계약을 체결할 필요가 있다. 또한 토지이용의 대가를 채굴하는 자원의 일부로 할지(현물을 지급하는 경우와 현물을 매각할 때, 대가의 상당액을 지급하는 경우를 생각할 수 있다), 또는 일정액의 현금으로 할지를 선택하여야 한다.

아울러 토지의 권리와 자원의 귀속이 대립하고 있는 경우에는 채굴한 자원의 귀속을 둘러싼 인접지 소유자와의 사이에서 분쟁이 발생할 가능성이 있다. 예를 들어, 석유처럼 유동성을 지닌 자원에 대해서는 지상의 토지경계는 명확하더라도 채굴되어 나오는 과정에서 인접지로 유출될 가능성이 있다.[44]

(5) 환경보호

에너지산업은 환경을 악화시키는 경우가 자주 있다. 따라서 투자유치국으로부터 개발허가를 취득할 때 환경보호를 위한 조건이 붙는 경우가 있다. 또한 투자유치국 정부가 개발을 허가한 경우에도 환경보호단체가 법적 내지 사실상의 반대운동을 할 가능성이 있다. 이웃주민도 환경변화의 영향을 받기 때문에 동일하게 반대운동을 할 가능성이 있으며 이들의 이해를 구하는 것이 중요하다. 그리고 만일 환경오염이 발생한 경우에는 피해를 입은 주민

---

42) 특히 현지의 민간자본의 출자를 받게 되면(특히 사업이 궤도에 오른 시기에) 당해 민간자본과의 분쟁이 발생할 가능성이 있다는 것을 고려하여 미리 현지의 민간자본을 받지 않는다는 선택지도 있을 수 있다.

43) http://www.sakha.linenergy.ru/en/aboutus.asp.

44) 이 문제는 국가의 경계에 자원이 존재하는 경우와 마찬가지의 구조이다.

에 대하여 보상을 하게 된다.

투자유치국의 규제가 느슨한 경우나 이웃주민의 반대가 없는 경우에도 금융기관으로부터 개발프로젝트에 대한 자금을 제공받을 때 적도원칙(equator principles)45)을 준수하는 것이 조건이 되는 경우가 있다.

또한 에너지산업활동에서 생기는 폐기물처리는 투자유치국의 법령에 따를 필요가 있다는 것 외에도 국경을 넘는 폐기물을 수송할 때에는 바젤협약46)의 규제를 받을 가능성이 있다.

개발활동을 한 후 정화, 폐기물의 처리 등의 원상회복에는 비용이 들어간다. 그러나 기업들은 개발을 하는 단계에서는 비용을 적극적으로 부담하더라도 원상회복과 같이 그 자체로는 별다른 이익이 발생하지 않는 활동에 대해서는 자금을 투입하기를 꺼려한다. 이에 사전에 비용을 어떻게 부담할지를 정하는 것이 원활한 프로젝트를 수행을 위하여 중요하다.

아울러 사업활동을 할 때, 예기치 못한 손해가 발생할 가능성이 있다. 예를 들어, 2010년에 멕시코만에서 석유굴착으로 생긴 틈 때문에 사고가 발생하여 대량의 원유가 유출되었다. 이러한 비용은 사고원인을 발생시킨 자가 부담하는 것이 원칙이지만, 대규모의 사고를 처리하기 위한 재정적인 기반이 부족한 경우가 있다. 한편, 사고를 일으킨 자가 법인격을 가지고 있는 경우에는 채무는 그 법인에 귀속되고 주주(모회사)에게는 귀속시키지 않는 것이 원칙이다. 따라서 이러한 활동을 할 때에는 현지법인의 설립이 필수적이지 않더라도 자회사를 설립하여 손해를 한정하고 하고 있다(한편, 굳이 법인격을 가지지 않는 unincorporated라는 선택지도 존재한다). 그러나 이러한 대규모 사고가 일어난 경우에는 자회사의 자산만으로 원상회복비용이 조달되지 않는 경우가 많다. 그래서 법인격부인 법리(alter ego, piercing the corporate veil)나 정치적 압력에 의하여 모회사가 부담을 할 의무가 있는지가 문제된다.

(6) 투자유치국의 공무원에 대한 뇌물제공금지

상류부문에서 생산활동을 할 때 투자유치국의 법령을 확인하여 준수하려고 노력하여야 한다. 그런데 투자유치국에서는 (사실상) 허용되더라도 투자유치국 밖에서 자주 문제가 되는 행위로는 투자유치국 공무원에 대한 뇌물이 있다.47) 상류부문에서의 권익은 거대한 이권이

---

45) 프로젝트 파이낸스에서 환경리스크 및 사회리스크를 평가하기 위한 규범으로 수십 개 회사의 글로벌 금융기관이 채택하고 있다.(http://www.equator-principles.com/).

46) Basel Convention on the Control of Transboundary Movements of Hazardous Wastes and their Disposal (유해폐기물의 국가간 이동 및 그 처분에 관한 바젤협약).

47) 참고로 일본 형법에서는 공무원에 대한 뇌물(형법 제198조)에 대해서 국외범 규정이 없으며 일본공무원에 대한 뇌물행위가 일본국외에서 완결되면 처벌되지 않는다(大塚仁외 編『大コンメンタール刑法(10)［第2

며 이러한 이권을 둘러싸고 부정부패가 발생하기 쉽다.

이러한 문제를 취급하는 국제조약으로는 '국제상거래에 있어서 외국공무원에 대한 뇌물제공방지를 위한 협약(OECD 외국공무원뇌물제공방지협약)'이 존재하며 약 40개국이 가입하고 있다.[48] 이를 받아들여 일본에서도 부정경쟁방지법이 외국공무원에 대한 뇌물을 금지하고 있다. 이에 따라 일본인·외국인을 불문하고 일본 내에서 외국공무원에게 뇌물을 주거나, 일본인이 일본 밖에서 외국공무원에게 뇌물을 주면 처벌된다.[49] 아울러 미국의 해외부패방지법(Foreign Corrupt Practices Act(FCPA))[50]이나 영국의 뇌물수수법(Bribery Act) 2010[51] 등도 적용될 가능성이 있으며,[52] 투자유치국의 공무원에 대한 뇌물제공은 매우 큰 리스크를 수반한다.

(7) WTO·GATT·GATS·TRIPs협정

현재 세계의 경제질서는 기본적으로 WTO(World Trade Organization)의 틀에서 규율되고 있다. 그리고 WTO 회원국은 상품무역에 대해서는 GATT 1994, 서비스무역에 대해서는 GATS, 지적재산보호에 관해서는 TRIPs협정의 준수를 요청받고 있다. 어느 WTO 회원국이 이러한 협정에 위반하는 조치로 인해 에너지산업시 불이익을 줄 경우에는 WTO를 통하여 당해 회원국에 대한 시정을 요구하는 것이 가능하다. 다만, WTO의 분쟁해결절차는 국가간의 분쟁해결절차이기 때문에 기업이 스스로 투자유치국을 제소하는 것은 불가능하며, 자국정부에 대하여 투자유치국을 제소하도록 하는 형태가 된다.

4. 하류부문의 법률문제

하류부문의 법률문제 검토시에는 ① 인간 및 설비의 안전관리와 환경보호 및 ② 사업규제를 살펴보아야 한다.

하류부문에서는 이미 채굴된 에너지자원을 취급하기 위하여 에너지자원에 대한 권익을 보유하는 투자유치국의 관여는 상대적으로 적다. 그리고 권리의무는 에너지기업과 거래처

版]』(青林書院, 2006년), 83면). 다만 수뢰한 공무원은 처벌된다(형법 제4조, 제197조에서 제197조의4).
48) http://www.mofa.go.jp/mofaj/gaiko/oecd/komuin.html.
49) 부정경쟁방지법 제18조·제21조 2항 7호, 6항.
50) http://www.justice.gov/criminal/fraud/fcpa/.
51) http://wwvmlegislation.gov.uk/ukpga/2010/23/contents.
52) 전게주 47)과 같이 일본의 공무원에 대한 뇌물행위가 일본 국외에서 완료되면 일본에서는 처벌되지 않지만, FCPA나 Bribery Act 2010의 적용을 받을 가능성이 있으며 나아가 일본에서 미국이나 영국으로 신병이 인도되어 처벌되는 사태도 있을 수 있다.

의 거래에 의해 규율되며 기본적으로는 사적 자치가 적용된다.53)

다만, 사적 차치가 타당하다고 하더라도 안전관리의 관점에서 다양한 규제가 존재한다. 일본에서는 안전관리를 위하여 다양한 기준이 정해져 있으며 당해 기준을 준수해야 한다. 예를 들어, 정제플랜트에 대하여는 환경영향평가에 근거한 환경평가를 하고 건축기준법을 준수하여 플랜트를 건축할 필요가 있다. 각 설비에 대해서는 고압가스보안법의 규율을 받는다. 또한, 소비자가 에너지를 사용할 때는 자동차, 전기제품, 가스기구 등을 사용하게 되는데 각각 도로운송차량법, 전기용품안전법, 가스사업법에 따라 안전기준이 정해져 있다. 소비자보호에 관한 규율로는 소비자계약법, 제조물책임법 등도 관련이 있다. 그리고 기업이 에너지를 소비할 때 환경보호에 적합하도록 에너지절약법(에너지사용의 합리화에 관한 법률)이나 지방자치단체의 조례54)를 준수할 필요가 있다. 사고가 발생한 경우 해양오염 및 해상재해방지에 관한 법률, 선박유탁손해배상보장법 등의 규율을 받는다. 또한, 전력은 송전망 등을 이용하여, 가스는 가스관이나 가스봄베(bombe)를 통하여, 석유는 석유파이프라인이나 석유판매점(주유소) 등을 통하여 가정 및 사업소에 공급된다. 여기서는 석유파이프라인사업법, 화물자동차운송사업법, 가스사업법, 전기사업법 등이 문제된다.

여기에 더하여 국경을 넘는 수송에 관해서는 외환법(외국환 및 외국무역법), 관세법 등이 문제된다.

아울러 ② 사업규제의 측면에서는 독점금지법, 가스사업법, 전기사업법상 경제법의 규율을 받게 되며 공정한 경쟁과 사업의 건전성 확보가 중요하다.55)

5. 민사(상사)분쟁해결 (소송·중재)

민사(상사) 사건에 관한 분쟁이 생겨 관련 당사자의 의견 차이가 협상으로도 해결되지 않는 경우에는 제3자의 판단을 받아 분쟁을 해결하는 것이 선택지가 된다.56) 법적 수단을 검토할 때에는 ① 권리확보, ② 권리보전, ③ 권리집행이라는 각 국면을 구별하는 것이 편리하다.

---

53) AIPN에서도 Master LNG Sale and Purchase Agreement(2012)나 Gas Transportation Agreement(2009)과 같은 표준계약(양식)을 제공하고 있다.
54) 예컨대, 유명한 것으로는 도쿄도환경확보조례의 '온실효과가스배출총량삭감의무와 배출량거래제도'가 있다.
55) 일본 경제법의 규율은 국내시장을 주로 염두에 두고 있다고 보는데, 일본의 안정적인 에너지확보를 위해서는 국제시장·국내시장 양쪽에 관심을 둘 필요가 있다.
56) 제3자에게 해결안을 제시받는 조정(mediation, conciliation)에 의한 해결도 있을 수 있다. 이 경우 일방 당사자가 해결안에 합의할 수 없는 때에는 분쟁은 해결되지 않으며 소송이나 중재에 의한 사법적인 해결을 시도할 수밖에 없다.

① 권리확보라는 국면에서의 법적 수단은 소송(litigation)과 중재(arbitration)이다. 소송은 국가권력의 일익을 담당하는 법원에 판단을 요구하는 것이다. 이에 반하여 중재는 당해 사업자간에 중재합의(arbitral agreement)를 체결하고 당사자가 선정한 중재인(arbitrator)에 의해 구성된 중재판정부(arbitral tribunal)가 판단을 내리는 것으로 이루어진다. 어느 절차에 의하든 간에 일방 당사자가 신청을 하고 타방 당사자가 수락한 후에 쌍방이 주장서면·증거를 제출하고 증인심문 등의 심리를 거쳐 판단에 이르며, 당사자에 대한 법적 구속력 있는 결론을 얻게 된다.57)

소송·중재를 통한 권리확보는 시간을 요하기 때문에 소송·중재를 개시하기 전 내지 그 계속 중에 ② 권리보전을 할 필요가 생기는 경우가 있다. 일본의 법원에서는 금전채권의 보전을 위하여 재산의 이동을 금지하며(가압류), 그 밖의 권리보전을 위하여 현재 상황을 고정하거나 임시구제를 부여하는(가처분) 수단이 존재한다. 중재를 할 경우에도 일본 법원에 의한 가압류·가처분을 이용하는 것을 인정하는 것 외에(일본 중재법 제15조), 중재판정부가 일방 당사자에 보전조치를 명하는 경우도 있다(일본 중재법 제24조).

소송·중재에 의한 권리관계가 확정된 후에 패소한 피신청인·상대방이 임의로 채무를 이행하지 않는 경우에는 ③ 권리집행을 하게 된다. 금전채권에 관해서는 원칙적으로 피신청인·상대방이 소유하는 재산을 압류한 후에 매각하며, 매각대금을 배당받게 된다. 이때는 재산소재지국의 사법제도를 따르게 된다.58)

법적 수단에 의한 분쟁해결의 실효성 확보 관점에서는 소송·중재에서 승리한 후에 피신청인·상대방이 보유하는 재산을 집행할 수 있는 것이 중요하며, 재산의 소재지에서의 보전·집행에 대하여 어떠한 법제도가 채택되고 있는지를 검토·확인할 필요가 있다. 또한, 어느 국가에서 판결·중재판정을 얻더라도 재산의 소재지에서 당해 판결·중재판정을 집행할 수 있다고 볼 수는 없다. 일반적으로는 약 150개국59)이 뉴욕협약(외국중재판정의 승인과 집행에 관한 UN협약)에 가입하고 있기 때문에 판결보다도 중재판정이 여러 국가에서 집행될 가능성이 높으나 구체적인 사업마다 확인할 필요가 있다.60)

---

57) 일반적으로 소송에서는 원고(plaintiff), 피고(defendant), 판결(judgement, decision)이라는 용어가 사용되는 것에 반해, 중재에서는 각각 신청인(claimant), 상대방(또는 피신청인)(respondent), 중재판정(award)이라는 용어가 사용된다.

58) 일본의 경우에는 법원 내지는 집행관이 집행을 담당한다(민집 제3조), 또한 중재판정 및 외국의 판결에 대해서는 즉시 일본에서 집행되는 것이 아니라 일본의 법원에 의한 집행결정(중재 제46조)·집행판결(민집 제24조)을 거칠 필요가 있다.

59) http://www.uncitral.org/uncitral/en/uncitral_texts/arbitration/NYConvention_status.html

60) 또한 뉴욕협약의 가입국이라도 법제도가 미정비·미성숙(담당자가 뉴욕협약에 익숙하지 않거나 담당자의 지인에 대한 강제집행에 저항하는 경우)하여 사실상 집행할 수 없는 경우가 있다.

II. 에너지헌장조약의 지위

앞에서 서술한 대로 에너지법은 거액·장기·공익성·국제성이라는 특징을 가지며 정치적인 개입을 쉽게 찾아볼 수 있다. 이에 대하여 에너지기업이 선택할 수 있는 대항수단의 하나가 에너지헌장조약에 기초한 법적 투쟁이다.

법적인 절차로서는 그 외에도 소송에 의한 분쟁해결, 개별 중재합의에 의한 분쟁해결, WTO(World Trade Organization)에 의한 분쟁해결, BIT(bilateral investment treaty)에 의한 분쟁해결 등을 생각할 수 있다. 이하에서는 ① 분쟁에 적용되는 실체법 문제, ② 분쟁해결절차 문제, ③ 이용할 수 있는 체약국의 문제라는 관점에서 비교한다.

1. 무역의 자유, 투자의 촉진·보호

에너지헌장조약은 무역의 자유(제2부)와 투자의 촉진·보호(제3부) 등을 규정하고 있다.

즉 에너지헌장조약은 ① 무역관련투자조치에 대한 수량적 규제금지 및 내국민대우의 적용(제5조), 수송·송전의 자유(제7조), ② 투자에 관한 공정·공평대우의무(fair and equitable treatment), 내국민대우·최혜국대우(제10조), ③ 손실보상(제12조), 수용금지(제13조), ④ 송금의 자유(제14조), ⑤ GATT 적용(제29조)을 규정하여 국가가 기업활동에 개입하는 것을 제약하고 있다.

이러한 에너지헌장조약의 규정은 선진국이라면 기본적으로 준수하여야 할 당연한 원칙이다.[61] 반면, 신흥국이나 개도국, 특히 정세가 불안정한 국가에서는 이러한 원칙을 무시한 정치적 개입이 이루어지기 쉽다.

에너지헌장조약의 회원국에 대해서는 이러한 원칙이 적용되어, 신흥국이나 개도국이 투자유치국일 경우 그 국가 내에서의 에너지산업활동의 예측가능성이 다소 향상된다. 그리고 투자유치국이 충분한 자금이 없는 경우에도 에너지산업에 대한 외부의 투자(투자조달)가 보다 쉽게 이루어질 수 있다.

아울러 분쟁이 발생한 경우에도 이러한 원칙은 분쟁해결의 기준 중 하나가 되며, 기준의 존재는 분쟁을 예방하는 것과도 연관된다.

WTO 분쟁해결에는 내국민대우·최혜국대우라는 규범[62]이 적용되지만, 에너지헌장조

---

61) 다만, 선진국에서도 실제로 이러한 원칙이 반드시 모두 준수되고 있다고는 할 수 없다.

62) 다만, 내국민대우라고 해도 GATT 1994의 경우에는 상품에 중점을 둔 내국민대우인 것과 달리, TRIPs협정

약과 동등한 정도의 상세한 규정이 마련되어 있는 것은 아니다. 아울러 앞서 말한 바와 같이 국가간 분쟁해결절차이기 때문에 기업이 스스로 관련국을 제소할 수는 없다.

BIT의 규범은 당해 BIT에 정해진 개별 규범에 의하기 때문에 개별적인 분석이 필요하다. 일반적으로 BIT는 에너지분야에 한정되어 있지 않으며 에너지분야에 대해서는 에너지헌장조약이 보다 상세하게 규정되어 있다. 예를 들어, 에너지헌장조약과 러일투자보호협정을 비교하면 에너지헌장조약은 수송·송전의 자유(제7조)를 상세히 정하고 있으나, 러일 투자보호협정[63]은 이전의 자유(제8조)는 있지만 수송·송전은 예시의 대상으로 되어 있지 않다. 한편, 러일 투자보호협정은 그 보호의 대상을 에너지와 관련된 투자에 한정하고 있지 않기 때문에[64] 에너지와 관련된 투자에 해당하는지 여부를 둘러싸고 다툴 필요는 없다.

소송의 경우에는 법원소재지의 국제사법 저촉법(conflict of laws, 일본에서는 '법의 적용에 관한 통칙법')에 따라 당해 분쟁에 적용되는 준거법(실체법, 예컨대 일본법)이 결정되어 당해 준거법에 의한 분쟁해결기준(예를 들어, 일본민법 제404조)이 적용된다.

이에 반해, 중재의 경우에는 중재지(place of arbitration, seat)의 중재법[65]에 따라 준거법이 결정된다(일본에서는 중재법 제36조).

소송과 중재의 경우에 일반적으로는 계약서에 준거법에 대한 합의가 있으면 합의된 국가(주)의 법이 준거법이 된다.[66] 투자유치국의 법제도가 정비되어 있지 않은 경우에는 그 분야에 대한 선례가 많은 법(예컨대, 뉴욕주법, 텍사스주법, 영국법)을 준거법으로 하는 것이 바람직하다. 그러나 계약체결시 당사자간 힘의 관계에 의해 준거법이 투자유치국법이 되거나 투자유치국 법원의 법관이 준거법이 된 외국법을 충분히 이해하지 못한 채 재판할 가능성도 있다.[67]

에너지헌장조약과 비교하자면, 만일 투자유치국의 실체법이 선택된 경우에 투자유치국의 실체법이 내국민대우·최혜국대우를 부정하고 있다면 이러한 보호를 받을 수 없다. 즉, 투자유치국의 국민이라면 승소할 수 있는 사안에서, 외국기업이기 때문에 패소하는 사태가 생길 수 있다.[68]

의 경우에는 권리'자'에 착안한 내국민대우라는 등 그 구체적인 내용은 반드시 일치하는 것은 아니기 때문에 개별적으로 검토를 할 필요가 있다.

63) http://www.meti.go.jp/policy/trade_policy/rus__nis/russia/agreement/html/invest_agreement.html.

64) 小寺彰·松本加代, 「投資協定の新局面と日本(제4회) サハリンⅡと投資協定－實際の事例における投資協定の意義」, 國際商事法務 35권 2호(2007), 172면.

65) 중재법에 규정이 없으면 일반적으로는 중재지의 국제사법의 규율에 따르게 된다.

66) 특히 각국의 법제도를 확인할 필요가 있으며 또한 특히 소비자보호나 노동자보호라는 관점에서 합의에 제한이 가해지는 경우가 있다는 점에 유의할 필요가 있다.

67) 이러한 상황은 일본의 법원에서도 마찬가지라고 본다.

68) 일본헌법은 외국인을 일본인과 동등하게 보호하지 않고 있기 때문에, 관념적으로는 동일한 문제가 발생할

한편, 에너지헌장조약의 회원국간에는 내국민대우·최혜국대우를 적용하는 것이 규정되어 있기 때문에 에너지헌장조약이 성실히 이행되는 한, 투자유치국의 국민이기 때문에 승소할 수 있는 사안에서 외국기업이기 때문에 패소하는 사태는 생기지 않는다.

2. 에너지헌장조약에서의 분쟁해결

에너지헌장조약은 제5부에서 분쟁해결을 규정하여 실체규정의 실효성을 향상시키고 있다. 즉 국가가 에너지헌장조약의 규정을 위반한 개입을 한 경우에 투자자가 국가를 상대로 중재를 신청하여 중재에 의해 분쟁을 해결하는 것이 가능하다(제26조).

전통적으로 조약은 국가간의 합의이며, 어느 체약국 B가 조약을 위반하더라도 타방 체약국 A의 국민 A′는 스스로 구제를 구할 수 없고 체약국 A가 조치를 취할 것을 기다려야만 하였다. 앞에서 말한 바와 같이 WTO의 분쟁해결절차도 이러한 형태를 채택하고 있으며 체약국 B가 국민 A′에 대한 내국민대우의무를 위반한 경우에는 체약국 A가 분쟁해결을 요청한다.[69] 따라서 권리를 침해당한 국민 A′로서는 제소하기 위해 체약국 A를 설득할 필요가 있었다.

이에 반해 에너지헌장조약에는 체약국 A의 조치를 기다리지 않고 국민 A′가 스스로 중재를 신청하여 구제를 구할 수 있다.[70](그림 7)

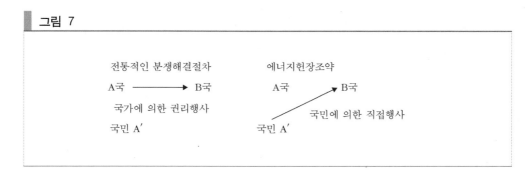

│ 그림 7

전통적인 분쟁해결절차

A국 ──────▶ B국

국가에 의한 권리행사

국민 A′

에너지헌장조약

A국   ▶ B국

국민에 의한 직접행사

국민 A′

수 있다.

69) 세계무역기구 설립에 관한 마라케쉬협정 부속서2 분쟁해결에 관한 규칙 및 절차에 관한 양해각서 제6조 이하.
70) 또한 조약은 쌍방에 적용되기 때문에 일본의 투자자가 다른 가입국정부를 상대로 중재를 신청할 뿐만 아니라 다른 나라의 투자자가 일본을 상대로 중재를 제기할 가능성도 있다. 일본이 조약을 준수하여도 문화적·종교적·역사적인 인식이 계기가 되어 작은 문제가 발생하고 이를 잘 해결하지 못한 경우에는 분쟁이 되어 중재에 이르게 될 가능성도 있다. 이러한 사태를 막는 방법으로서는 대응을 세련되게 하는 수밖에 없을 것이다.

　또한 WTO의 패널 내지 항소기구에 의해 일정한 조치가 취해져야 한다는 권고가 이루어진 경우에도 당해 조치의 이행이 이루어지지 않는 경우가 자주 있으며, 그러한 경우에는 대항조치를 발동하는 것이 가능하다.[71] 이 대항조치는 문제가 된 분야와 다른 분야에서의 대항조치를 포함하기 때문에, 발동되면 그 효과가 매우 강력할 가능성이 있다. 그러나 제재를 정하는 절차는 매우 복잡하며 또한 대상조치의 영향도 외견상 알기 어렵다.

　이에 반해 에너지헌장조약에서의 중재판정은 금액배상에 의한 해결이 마련되어 있는 경우가 많으며 상대적으로 간단하고 그 결과를 알기 쉽다(제26조 8항 참조).

　소송에 의한 분쟁해결을 투자유치국의 법원에 요구하는 경우에는 법원의 중립성이 문제된다.[72] 즉, 에너지산업에 관련된 분쟁은 거액이며 투자유치국의 이해에 크게 얽매이기 때문에 특히 개도국에서는 법관이 매수나 협박 등의 간섭을 받기 쉽다. 또한 매수나 협박이 없는 경우에도 법관 자신이 투자유치국 정부의 일부를 구성하며 투자유치국의 국민이기 때문에 투자유치국 정부와 다른 사고방식을 채택하는 데 주저하기 쉽다. 아울러 투자유치국의 법관이 투자유치국의 이익에 편향된 판단을 하여 국제적인 평판에 손상을 입더라도 당해 법관의 투자유치국에서의 활동에는 영향이 없으며, 투자유치국에서는 오히려 호의적으로 받아들일 가능성이 높다. 따라서 소송과 비교하면 중립적이고 독립적인 제3자인 중재인을 선임하여 그 판단을 구하는 중재가 바람직하다.[73] 국제적으로 저명한 중재인은 수가 한정되어 있으며 그 커뮤니티가 존재하는바(종종, 중재 마피아라고 불린다), 이상한 중재판정을 하면 그 중재판정이 공표될 때에 중재인에 대한 나쁜 평판이 퍼져 그 후의 중재인 활동에도 영향을 받기 때문에(중재인으로 선임되지 않게 된다) 원칙적으로 중재인이 일방에 치우치지 않는 균형적인 판단을 할 인센티브가 존재한다.

　또한 투자유치국 법원이 사용하는 공식 언어에 따라서는 우수한 통역을 확보하지 못하여 압도적으로 불리한 입장에 처해질 가능성이 있다.[74][75] 중재에서는 당사자의 합의 또는

---

71) 세계무역기구 설립에 관한 마라케쉬협정 부속서2 분쟁해결에 관한 규칙 및 절차에 관한 양해각서 제22조.
72) Nigel Blackaby *et al.*, *Redfern and Hunter on International Arbitration*, 5th ed.(Oxford University Press, 2009), p. 468 footnote 12.
73) 일반적으로는 국적에 관하여 당사국 이외의 제3국 국적의 중재인을 단독중재인 내지는 제3의 중재인으로 선임하는 쪽이 중립을 확보할 수 있다. 또한 종교·성별을 고려하는 것은 법영역에 따라서는 특정한 종교·성별의 중재인의 판단이 아니면 중재판정이라고 인정되지 않을 가능성이 있으며, 중재조항의 중재인요건에 특정한 종교·성별을 넣는 것은 종교의 자유·법 앞의 평등에 반한다고 무효가 될 가능성도 있어 유의할 필요가 있다.
74) 일본법원에서는 일본어가 사용된다(일본 중재법 제74조).
75) 예를 들어 도쿄지방법원에서 처리하는 마약에 관한 외국인 형사사건이 막대하고, 여기에서 사용되는 언어는 전문적이기는 하지만 어느 정도는 정형적으로 대응하는 것도 가능하다. 한편 에너지산업을 비롯한 일본기업이 관련된 사업에 관한 분쟁은 그렇게 건수가 많지는 않아 비정형적이기 때문에 영어를 사용하는 경우라도 화자의 의도를 정확하게 통역하도록 하는 것이 쉽지만은 않다. 또한 번역의 정확성을 둘러싸고 가끔 당사자

중재인의 판단에 의해 언어가 선택된다. 아울러 투자유치국에서 소송을 할 경우에는 물리적으로 투자유치국에 갈 필요가 있는데, 이때 방해를 받을 가능성이 있다. 단지 이 점은 중재에서도 같으며, 물리적인 방해를 받을 가능성이 있으면 제3국에서 심리를 선택하는 것이 바람직하다. 소송·중재를 불문하고 금전의 지불을 구하는 청구 이외에는 어떠한 청구를 하는 것이 가능한지(예를 들어, 확인청구·처분취소·작위청구 등)를 확인해 두는 것이 필요하다.

중재는 중재합의를 체결한 당사자간에 이루어지는 것이 원칙이기 때문에 국민 A′가 중재를 신청하기 위해서 국민 A′와 B국간에 중재합의가 존재하는 것이 전제조건이 된다. 국민 A′와 B국의 관계가 계약관계인 경우(예컨대, 국민 A′가 B국에서 프로젝트를 수주받은 경우)에는 당해 계약에 관련된 분쟁을 중재로 해결하는 합의(중재합의)를 체결하는 것을 생각해 볼 수 있다. 그러나 국민 A′와 계약관계가 없는 B국이 수용 등의 수단을 취한 경우 중재에 의한 해결을 구하는 것은 곤란하다.

이에 반해 에너지헌장조약에서는 체약국 A와 체약국 B가 에너지헌장조약의 회원국인 경우 국민 A′와 B국이 계약당사자인지 여부와 관계없이 국민 A′가 체약국 B를 상대로 중재신청을 한다면 체약국 B에는 이에 따를 의무가 부과되고 있다(제26조, 체약국 B가 국민 A′에 대해 중재를 신청하는 것은 원칙적으로 상정되어 있지 않다).

또한 중재는 뉴욕협약(외국 중재판정의 승인 및 집행에 관한 협약)에 의해 동 협약의 체약국 간에 집행이 가능하기 때문에 널리 이용되고 있다.76) 그러나 정부가 중재의 당사자인 경우에는 권리집행의 국면77)에서 곤란할 수 있다. 즉, 중재판정의 집행국면에서는 정부가 국가면제를 명시적으로 포기하지 않는 한, 상업활동에 관한 재산에 대한 것이라고 하더라도 원칙적으로 집행은 곤란하다는 사고가 뿌리깊다.78)

이에 반해 에너지헌장조약의 회원국은 에너지헌장조약에 근거한 중재판정을 집행하도

간에 분쟁이 발생한다.

76) 소송은 중재와 비교하였을 때 다자간 승인·집행의 체제가 존재하지 않는다. 이 때문에 가령 일본의 법원에서 내려진 판결이 중국에서 집행되지 않을 가능성이 높다. 이에 반해 중재지를 일본으로 하는 기관중재의 중재판정은 중국에서도 집행될 가능성이 높다.

77) 또한 권리의 확정과 관련해서는 전통적으로는 국가면제의 사고가 있어, 법원에서 다른 국가를 피신청인으로 하는 소송을 하는 것은 받아들여지지 않았다(가령 일본법원에서 사인이 중화민국정부를 피신청인으로 소송을 제기하였으나 각하되었다(大決 昭和 3·12·28 民集7권 1128면)). 그러나 최근에는 주권에 관한 활동과 상업에 관한 활동을 나누어 후자에 대해서는 재판권이 미친다는 의견이 강하다(最判 平成 18·7·21 民集 60권 6호, 2542면). 이 점에 대해서는 일본에서도 외국 등에 관한 일본의 민사재판권에 관한 법률이 제정되었다.

78) 국가와 그 재산의 관할권 면제에 관한 UN협약(일본은 승낙서를 기탁했지만 발효되지 않음)에서도 다른 국가는 권리의 보전 및 집행에서 원칙적으로 면제된다(동 협약 제18조·제19조) (http://www.mofa.go.jp/mofaj/gaiko/treaty/shomei_23.html).

록 되어 있다(제26조 8항).

　　BIT에서도 에너지헌장조약과 같이 중재에 의한 해결을 정하는 경우가 존재한다. 예를 들어, 러일투자보호협정은 투자자와 체약국간의 분쟁에 대하여, ICSID의 Additional Facility 규칙 또는 UNCITRAL 중재규칙에 의한 해결을 정하고 있다(제11조).[79] 또한 최근에는 일본기업에 의한 투자가 현저하게 증가하고 있는 베트남과의 투자협정 제14조도 동일하다.[80] 한편, 미일 우호통상항해조약에는 이와 같은 분쟁해결조항이 존재하지 않는다.

3. 회원국에 관한 문제

　　에너지헌장조약, WTO, BIT 모두 관련국이 체결하고 있지 않다면 조약을 원용할 수 없다.[81]

　　일대일 조약인 BIT를 맺을 때에는 각국의 사업특성에 따라 BIT 체결 여부가 결정된다.[82] 따라서 에너지분야의 BIT를 체결할 필요성이 높더라도 다른 분야에서 합의할 수 없어 BIT를 체결할 수 없는 경우가 있다. 또한 개별적으로 BIT를 체결할 때에는 개별 협상이 필요한데, 이는 많은 노력을 요구하는 작업이다. 아울러 다자조약에서 탈퇴한 경우에는 탈퇴에 따른 불이익이 모든 회원국과의 관계에서 생기기 때문에 탈퇴에 대한 억지력이 작용한다. 이러한 점에서 다자조약에 가입하는 것에는 이익이 있다. 한편, 다자조약의 내용은 회원국 모두가 동의할 수 있는 최대공약수의 내용만을 포함하기 때문에 개별 조약과 비교하면 일반적·추상적인 내용이 된다. 또한 당초 상정하지 않았던 국가가 다자조약에 가입한 경우에도 당해 국가와의 관계에서는 권리를 가질 뿐만 아니라 의무도 지게 된다.

　　에너지헌장조약 체약국은 EU 국가들, 구소련연방국가들(다만, 러시아는 비준하지 않은 채 잠정적 적용을 계속하고 있었으나 그 정지를 표명하였다), 구유고슬라비아의 일부(보스니아 헤르체고비나, 크로아티아, 슬로베니아,[83] 마케도니아), 아이슬란드, 노르웨이, 리히텐슈타인, 스위스, 아르메니아, 터키, 몽골, 호주 및 일본이다.[84] 이 중에서 노르웨이, 아이슬란드, 호주, 벨라루스는

---

79) 또한 러시아는 워싱턴협약(국가와 타방국가 국민간의 투자분쟁의 해결에 관한 협약, Convention on the Settlement of Investment Disputes between States and Nationals of Other States)에 서명하였는데 비준은 하지 않았다(http://icsid.worldbank.org/ICSID/Frontservlet?request'Type=ICSIDDocRH&actionVal=Show Document & language=English).
80) http://www.mofa.go.jp/mofa/gaiko/treaty/shomei_5.html 또한 베트남은 워싱턴조약에 서명하지 않았다.
81) ICSID에 관해서도 마찬가지인데 가입하지 않은 경우에는 Additional Facility 규칙을 이용할 수 있다.
82) 가령 일본은 농업의 자유화에 대해서 소극적이다.
83) 또한 슬로베니아는 EU 회원국이기도 하다.
84) http://www.encharter.org/index.php?id=61&L=0. 또한 아프가니스탄이 가입절차 중에 있다.

이 조약에 서명하였지만 비준하지 않은 상태이다.

이에 반해 WTO 회원국은 약 160개국이며[85] 세계 대다수의 국가가 가입하고 있다. 그렇지만 에너지헌장조약의 회원국인 아제르바이잔, 벨라루스, 보스니아 헤르체고비나, 카자흐스탄 및 우즈베키스탄은 WTO에 가입하지 않고 옵저버의 위치에 있다(에너지헌장조약에 대해서도 전술한 바와 같이 벨라루스는 비준하지 않은 상태이다).

이러한 국가들 중에 에너지산업에 관하여 큰 영향력을 행사하는 러시아가 에너지헌장조약에 서명한 것에는 특히 큰 의의가 있다. 즉 러시아는 최근 에너지헌장조약의 잠정적 적용을 정지하고 이 조약을 비준할 의도가 없음을 표명하였으나, *Yukos Universal Ltd. v. Russian Federation* 사건(제8장)의 중간중재판정에서 볼 수 있듯이 에너지헌장조약의 잠정적 적용의 결과, 러시아에서도 체약국 국민과의 관계에서는 에너지헌장조약 규정을 준수할 것이 요구된다. 또한 잠정적 적용이 정지되기 전에 이루어진 투자에 대해서는 잠정적 적용의 정지 후에도 20년간은 에너지헌장조약의 보호가 계속된다(제45조 3항(b)).

석유자원이 풍부한 아제르바이잔[86] 및 광물자원이 풍부한 카자흐스탄[87]이 에너지헌장조약의 회원국인 점도 의의가 크다.

한편, BRICs라고 불리는 신흥공업국 중에서 러시아만이 서명하였고, 브라질, 인도, 중국은 회원국이 아니다. 또한 남미 각국도 회원국이 아니다. 따라서 일본기업이 이러한 국가에서 에너지산업을 할 때에는 에너지헌장조약에 근거한 보호를 받을 수 없다. 아울러 미국도 가입하고 있지 않아 미국기업은 에너지헌장조약의 보호를 그대로 받을 수 없다.[88] 그래서 미국기업이 에너지헌장조약의 보호를 받는 방법으로 회원국에 법인을 설립하여, 당해 법인을 통하여 투자하는 것을 생각할 수 있다(제4장 *Petrobart Ltd. (Gibraltar) v. Kyrgyzstan* 사건 참조).

4. 결론

치열한 에너지자원 쟁탈 경쟁에 참가할 때에는, 투자유치국의 법제도나 일본과의 조약·협정 유무가 투자를 하는 데 결정적인 요소가 되기는 어렵고 또한 에너지헌장조약의

---

85) http://www.wto.org/english/thewto_e/whatis_e/tif_e/org6_e.htm. 또한 2012년 8월 22일, 러시아가 WTO에 가입하였다.

86) 일본과 아제르바이잔 간의 조약·계약은 일·소 간에 체결한 조약 외에 일·아제르바이잔 기술협력협정뿐이다(http://www.mofa.go.jp/mofaj/area/azerbaijan/data.html).

87) 일본과 카자흐스탄 간의 조약·계약은 일·소 간에 체결한 조약 외에 일·카자흐스탄 기술협력협정, 일·카자흐스탄 조세조약, 일·카자흐스탄 원자력협정뿐이다(http://www.mofa.go.jp/mofaj/area/azerbaijan/data.html).

88) 단, 중국, 미국, 한국은 옵저버의 지위에 있다.

존재를 간과하기 쉽다.

그러나 일본은 에너지헌장조약에 가입되어 있으며 에너지헌장조약 가입국에 대한 일본
기업의 투자는 자동적으로 에너지헌장조약의 보호를 받는 위치에 있다. 그러나 에너지헌장
조약의 가입국이 아닌 미국에 설립된 자회사를 경유해 투자를 한 경우에는 에너지헌장조약
에 의한 보호를 받지 못할 가능성이 있다. 그리고 일본기업은 에너지헌장조약을 원용하여
투자유치국을 상대로 중재절차에서 최혜국대우·내국민대우의무 및 공정·공평대우의무 등
을 주장하고, (사안에 따라서는) 손해배상청구를 할 수 있다. 이는 일본기업이 WTO에 가입하
지 않은 정세가 불안정한 국가간의 분쟁에 직면한 경우에는 하나의 유력한 해결책이며, 외
교적·정치적인 방법에 의한 해결과 함께 반드시 검토되어야 하는 것이다.

한편, 에너지헌장조약은 일본정부도 구속한다. 따라서 외국기업과의 관계에서 분쟁이
발생할 경우 외교적·정치적 협상, 법원에서의 소송 외에도 에너지헌장조약을 원용한 중재
를 제기당할 가능성이 있다. 아울러, 실질적으로는 일본정부와 일본기업간의 분쟁에서도
외국법인을 경유하여 에너지산업에 관한 투자가 이루어진 경우에는 일본기업은 외국법인을
통하여 일본정부를 상대로 에너지헌장조약을 원용한 중재를 신청할 여지가 있다.

이러한 의미에서 에너지헌장조약은 일본기업에 새로운 분쟁해결절차를 부여하는 것이
며 관련된 각 제도의 차이에 따라 이들 절차를 이용하는 것이 유익할 것으로 보인다.

제2부

사례연구

제4장 '투자자'의 정의

Petrobart Ltd. (Gibraltar) v. Kyrgyzstan

細野 敦 · 西村 弓 (호소노 아츠시 · 니시무라 유미)

서론

이 사건은 지브롤터 국적의 기업이 키르기스 공화국의 국영기업과의 사이에서 대가의 상환으로 가스콘덴세이트를 공급하는 계약을 체결하고 실제로 그 일부를 공급하였으나, 국영기업이 대금을 지불하지 않은 것이 발단이 된 분쟁이다. 지브롤터 기업이 국영기업을 상대로 제기한 키르기스 국내재판절차에서 승소하자, 키르기스 정부는 채무를 국영기업에 남겨 둔 채 그 자산만을 다른 국영회사로 이전하여 국영기업을 파산하게 만들었다. 키르기스 국내법에 근거한 국내구제 절차에서는 공급계약상의 채권이 보호대상인 '투자재산'에 해당하지 않는다는 것을 이유로 구제를 얻을 수 없었던 지브롤터 기업은 에너지헌장조약(이하 'ECT')상의 중재를 제기하여 공정·공평대우 의무 위반이 인정되어 배상을 받았다.

이 중재판정에서는 ECT상 보호되는 '투자자'나 '투자재산'의 범위가 핵심적인 쟁점이 되며, 이러한 점에 대한 중재판정부의 판정을 볼 수 있다.

Ⅰ. 사실관계

키르기스 공화국의 국유회사 3사는 1997년 1월 29일, 석유·가스 부문의 관리를 맡은 국영주식회사 Kyrgyzgazmunaizat(이하 'KGM')를 설립하였다. 영국령 지브롤터에 설립된

Petrobart사는 1998년 2월 23일 KGM과 20만 톤의 가스콘덴세이트를 1톤당 143.50 US달러의 가격에, 목적물 도착 후 10일 이내에 판매자가 발행한 청구서에 따라 구매자가 대금을 지급하는 약정으로, 1년에 걸쳐 공급하는 계약을 체결하였다.

그런데 Petrobart사가 1998년 2월부터 3월까지 5회 동안 합계 17,205톤의 가스콘덴세이트를 KGM에 대금합계 2,457,620 US달러로 매도하고 청구서를 발행하였음에도 불구하고 KGM은 최초 2회 청구분 971,976 US달러만을 지급하고 남은 3회의 대금청구분은 지급하지 않았다. 이에 Petrobart사는 같은 해 11월에 키르기스 공화국의 Bishkek시 중재판정부(Bishkek City Court of Arbitration)에 KGM을 상대로 하는 대금지급을 구하는 신청을 하였고, 이 법원은 같은 해 12월 25일 KGM의 Petrobart사에 대한 미지급대금 약 1,499,143 US달러와 국가부과금 약 301,123 솜(som)의 지급의무를 인정하는 판단을 내렸다.

Bishkek시 중재판정부는 다음 해인 1999년 2월 10일, 상기의 인용된 청구와 관련하여 Petrobart사의 KGM사 재산에 대한 집행을 인정하였으나, 이에 대하여 KGM사는 집행정지 청구를 하였다. 중재판정부는 같은 해 2월 16일, 3개월간의 재판 집행정지를 결정하였는데, 당해 결정에는 키르기스 공화국 부총리가 중재판정부에 대하여 KGM의 재정이 위기상태에 있음을 이유로 중재재판의 집행정지를 서한으로 요청한 사실이 언급되어 있다.

그 사이 키르기스 정부는 석유·천연가스 공급시스템을 개편하기 위하여 대통령령(presidential decree)으로 새로운 회사 Kyrgyzgaz를 설립하여 KGM의 가스부문 관련자산을 이 회사에 이전하는 계획을 결정하였고 당해 이전은 같은 해 3월 4일 KGM 주주총회 결정에서 이행되었다. 또한 키르기스 정부는 같은 해 3월 9일에는 부령(decree)에 의해 국영회사 Munai에 키르기스 공화국의 석유부문의 정책입안·실행을 위탁하였다. 이에 따라 같은 해 3월 13일에 KGM과 Munai간에 Kyrgyzgaz에 이전되지 않고 남아 있던 토지·건물·석유제품저장탱크·설비 기타 KGM의 자산을 1개월당 50만 솜, 임대기간 3년, Munai의 희망에 따라 기간의 연장이 가능한 약정으로 Munai에 임대하는 취지의 계약이 성립되었다. 한편, 부령은 1998년 10월 1일 이전에 이루어진 매매에서 발생한 채무(Petrobart사에 대한 대금채무 포함)에 대해서는 KGM으로부터 승계되지 않는다는 취지를 규정하고 있었다. 이와 같은 일련의 처리가 있은 후에 KGM사는 같은 해 4월 2일 법원에 파산신청을 하고 4월 15일에 파산선고결정을 받았다. 이 일은 정지 중이었던 Bishkek시 중재판정부의 집행이 이미 불가능하게 되었다는 것을 의미하였다.

Petrobart사는 2000년 3월 2일 키르기스 공화국에 대하여 키르기스 공화국 '외국인투자법'에 근거하여 UNCITRAL 중재통지를 하였다. 키르기스 공화국은 절차계속 중인 같은 해 5월 30일 '외국인투자에 관한 법률 제1조의 "외국인투자"의 해석에 관한 법률'(이하 '외국인투자해석법')을 제정하고 상품이나 서비스 공급에 관한 계약은 '외국인투자'의 정의에 해당하지 않는다는 취지를 규정하였다. 이에 키르기스 정부는 같은 해 12월 2일, Bishkek시 중재판정부에 대하여 이유개시명령(The show cause case)을 신청하였다. Bishkek시 중재판정부는 같은 해 12월 26일 키르기스 정부의 신청을 인용하고 Petrobart사가 외국인투자법상의 '외국인투자'를 하지 않았다는 점을 확인하였다(이하 '이유개시명령소송'). 한편, UNCITRAL 중재판정부는 2003년 2월 13일, 상기 외국인투자해석법을 원용하지 않았지만, Petrobart사와 KGM 간의 계약은 외국인투자법상의 '외국인투자'에 해당하지 않는다는 동일한 결론에 도달하여 관할권의 흠결을 이유로 Petrobart사의 신청을 각하하였다(이하 'UNCITRAL 중재').

이렇게 키르기스 국내법에 근거한 구제에 실패한 Petrobart사는 같은 해 9월 1일 키르기스 공화국을 상대로 ECT에 근거하여 스톡홀름상업회의소 중재판정부에 중재신청을 하였다. Petrobart사는 이 중재신청에서 Petrobart사가 ECT상의 투자자이며 이 조약체결국인 키르기스 공화국에서 투자를 하고 있는 점을 주장하였고 키르기스 공화국이 이 조약상의 의무를 이행하지 않았기 때문에 Petrobart사가 손해를 입었다는 등의 이유로 손해배상을 구하였다. 이에 대하여 키르기스 공화국은 관할권 흠결이나 본안상 이유가 없다는 등 다양한 이유를 주장하여 Petrobart사의 청구를 다투었다.

중재판정부는 다음과 같이 Petrobart사의 주장을 인용하여 1,130,859 US달러 및 이자를 배상액으로 명하였다. 그러나 키르기스 공화국은 당해 중재가 당사자간의 유효한 합의에 근거한 것이라고 볼 수 없기 때문에 스웨덴 중재법에 근거하여 중재판정의 무효를 주장하면서 스웨덴 국내절차에 호소하였으나 스웨덴 Svea 항소법원은 이를 부정하는 판단을 하였다.[1]

---

[1] "English Translation of the Svea Court: Petrobart Decision: Judgment Case no. T 5208-05," *Transnational Dispute Management*, vol. 4, issue 5, 2007. 키르기스공화국의 주된 주장은 지브롤터에 대해서 ECT의 잠정적용이 없다는 것, 본건은 ECT상의 '투자'요건을 갖추고 있지 못하였기 때문에 P사는 ECT하의 중재합의로 보호될 수 없다는 것이었다. 그러나, 항소법원은 쌍방에 대하여 ECT중재의 판단내용을 긍정하고 키르기스공화국의 주장을 배척하였다.

Ⅱ. 판정요지[2]

1. 지브롤터에 대한 ECT의 적용가능성 – ECT 제45조

ECT 제45조는 서명국은 ECT가 '자국에 대한 효력을 생기게 할 때까지 자국의 헌법 또는 법령에 저촉하지 않는 범위에서 이 조약을 잠정적으로 적용하는 데 합의한다'고 규정한다(제1항). 다만, '서명국은 서명시에 잠정적 적용을 받아들일 수 없다는 취지의 선언을 기탁자에 송부할 수 있다'(제2항(a)). 잠정적 적용은 조약을 비준하든지 '체약국이 되고자 하는 의도가 없음을 기탁자에게 서면으로 통보함으로써' 종료한다(제3항(a)).

영국은 ECT 서명시에 '영국 및 지브롤터'에 대한 잠정적 적용에 합의하였지만 비준시에는 '영국·저지섬·만섬'에 관한 비준으로 특정하여 지브롤터를 비준의 대상지역에 포함시키지 않았다. 키르기스 공화국은 이 점을 파악하여 지브롤터에 대해서는 ECT가 적용되지 않는다고 주장하였다. 그러나 문언에 대해 해석하면 제45조 3항(a)에 기초한 잠정적용 종료통지가 이루어지지 않은 이상, 비준의 대상지역에 지브롤터를 포함하고 있지 않다는 것만으로 영국이 지브롤터에 대한 잠정적용을 종료하는 것을 의도하고 있었다는 결론을 도출할 수 없다. 이 점과 관련하여 지브롤터 기업의 보호뿐만 아니라 지브롤터에서의 외국인 투자자 보호도 ECT 잠정적용의 유지에 의해 좌우된다는 점을 잊어서는 안 된다(pp. 62–63, para. 342).

2. 혜택의 부인 조항 – ECT 제17조

ECT는 '제3국의 국민이 소유 또는 지배하는 법인으로 당해 법인이 조직된 체약국의 지역에서 실질적인 영업활동을 하고 있지 않은' 기업에 대하여 체약국이 ECT의 혜택을 부인하는 것을 인정하고 있는데(제17조) Petrobart사의 주장에 의하면 Petrobart사의 경영에 관련된 개인에는 영국 국적자가 포함되며 또한 Petrobart사는 런던에 본사를 둔 Pemed Ltd.사에 의해 경영되고 있기 때문에 상기 혜택의 부인 조항은 이 사건에는 적용되지 않는

---

2) *Petrobart Ltd v. Kyrgyz Republic*, SCC Case No. 126/2003, Award, 29 March 2005, at http://www.encharter.org/fileadmin/user_up1oad/document/Petrobart.pdf (as of March 31, 2013). 단락번호는 http://investmentclaims.com/viewPdf/ic/Awards/law–iic–184–2005.pdf 기재판에 따른다(다운로드하기 위해서는 http://investmentclaims.com/을 구독해야 함).

다(p. 63, paras. 346−348)

3. 기판력(*Res judicata*) −ECT 제26조

키르기스 공화국은 기판력에 의해 이 사건 절차가 지장을 받을 수 있다고 주장한다. ECT의 해석·적용에 관한 중재절차에서 ECT와 함께 적용법규로 인정받고 있는 '국제법의 적용가능한 규칙 및 원칙'(제26조 6항)에 따르면, 동일한 청구, 동일한 당사자의 구제절차는 기판력의 대상이 된다(p. 64, para. 351). 그런데 이유개시명령청구소송은 키르기스 외국인투자법 및 외국인투자해석법에(pp. 64−65, para. 353), UNCITRAL 중재는 키르기스 외국인투자법에(pp. 65, para. 355) 근거하여 제기되었으며, 어느 것도 ECT 위반을 다투는 이 중재절차와 동일한 청구를 다루었다고 할 수 없기 때문에 이 사건에서 기판력은 생기지 않는다.

4. 금반언(Estoppel)

다른 절차에서 ECT상의 주장을 하지 않았다고 하여 Petrobart사가 이 사건을 제소할 권리가 부정되는 것은 아니다. ECT는 선택조항(fork−in−the−road)이 없으며 투자자는 복수의 절차를 이용하는 것이 가능하다(pp. 67−68, para. 368)

5. ECT의 보호대상이 되는 투자자·투자재산의 범위−ECT 제1조 6항·7항

ECT에 의하면 중재판정부의 관할대상은 '체약국의 지역 내의 다른 체약국의 투자재산에 관한 당해 체약국과 당해 다른 체약국 투자자간의 분쟁에 있어 제3부의 규정에 근거한 당해 체약국의 의무위반이라고 여겨지는 것'(제26조 1항)이다.

'투자자', '투자재산'에 대한 통일적인 정의는 존재하지 않으며 각각의 조약에 따라 그 범위가 정해진다(p. 69, paras. 381−382). ECT 제1조 7항의 정의규정에 의하면 ECT 체약국에게 '관련법령에 따라 조직된 회사 그 밖의 조직'은 '투자자'에 해당한다. Petrobart사는 지브롤터법을 근거로 설립되었기 때문에 ECT상의 '투자자'에 해당한다(p. 70, para. 385).

'투자'의 정의를 규정하는 ECT 제1조 6항(c)는 '금전채권 및 경제적 가치가 있는 계약에 근거한 급부청구권이며 투자재산과 관련된 것'을 들어, 계약에서 생기는 금전채권도 투자재산에 포함된다고 규정하고 있다. '금전채권', '경제적 가치가 있는 모든 계약상의 이익', '법 또는 계약에 의해 부여된 경제적 성격을 가지는 모든 권리'라는 문언상 '투자재산' 을 정의하는 다른 투자보호협정에 관한 선례를 볼 때, 장기간에 걸친 사업활동을 구성하지 않는 단기 계약도 보호대상이 되는 것이 많다. 다만, 상기 제6항(c)의 문언은 '투자재산과 관련된' 금전채권을 '투자'로 하는 순환논법적인 모습을 하고 있어 애매한 점이 있다. 한편, 이 사건은 제6항(f)에서 말하는 '(계약에 근거하여 부여된) 에너지 분야에서의 경제활동을 할 권리'라고 할 수 있기 때문에 ECT상의 보호대상인 '투자'에 해당한다(pp. 70－72, paras. 387－399).

6. ECT 위반 유무－ECT 제10조 1항・12항, 제13조 1항, 제22조 1항

ECT 제10조 1항은 '체약국은 이 조약에 따라 자국 영역 내에서 다른 체약국 투자자가 투자하기 위한 안정적이고 공평하며 양호하고 투명한 조건을 조성한다. 이 조건에는 다른 체약국 투자자의 투자재산에 대하여 항상 공정하고 공평한 대우를 부여하는 약속을 포함한 다. 또한 이 투자재산은 끊임없는 보호 및 보장을 향유하는 것으로 하며, 체약국은 부당하 거나 차별적인 조치에 의해 이 투자재산의 경영, 유지, 사용, 향유 및 처분을 어떠한 의미 에서도 저해해서는 아니 된다. 이 투자재산은 어떠한 경우에도 국제법이 요구하는 대우(조약상의 의무에 의한 것도 포함)보다도 불리하지 않을 대우를 부여받는다. 체약국은 다른 체약국 투자자 또는 다른 체약국 투자자의 투자재산과의 계약상 의무를 준수한다'고 하여 투자유 치국의 공정・공평대우 의무를 규정하고 있다. KGM 자산이 Kyrgyzgaz・Munai로 이동한 것과 중재판정의 집행정지를 목적으로 하는 부총리의 개입은 당해 조항에 위반한다(p. 76, para. 422). 또한 부총리에 의한 개입은 '투자재산, 투자에 관한 합의 및 투자의 허가에 관하 여 자국의 국내법령이 청구권의 주장 및 권리행사를 위한 효과적인 수단을 제공하는 것을 확보할' 체약국의 의무(제10조 12항)도 위반한다(p. 77, para. 424).

외국인투자해석법의 제정에 관해서는 이 법이 실질적으로 소급효를 가질 수 있는 점에 서 투자보호의무와 합치하는지에 대하여 의문이 있지만, UNCITRAL 중재는 해석법의 언급 없이 기존의 투자보호법에 근거하여 '외국인투자'성을 부정하고 있기 때문에 해석법 제정 에 의한 Petrobart사에 대한 침해는 발생하고 있지 않다(p. 76, para. 419).

ECT 제13조 1항은 이른바 '간접수용'도 규율하지만 키르기스 정부에 의한 KGM 자산 이동조치는 Petrobart사의 투자자로서의 정당한 기대를 해하였지만 사실상의 수용 수준에 는 이르지 못하여 동 조항 위반은 생기지 않는다(p. 77, paras. 425－426).

7. 손해의 평가

상설국제사법재판소 호르조(Chorzow) 공장 사건 판결이 보여준 기준에 따라 위반이 없었다면 존재하였을 상태를 회복하는 것이 구제의 목적이 된다(pp. 77-78, para. 430). 공급한 가스대금의 미지급 채권에 대한 KGM 재산의 이전효과는 정확히 알 수 없지만 이전이 없었다면 Petrobart사 채권의 대부분은 회수될 수 있었다고 예상할 수 있기 때문에 Bishkek 중재판정부가 판시한 금액의 75%에 해당하는 1,130,859 US달러를 배상액으로 인정한다(pp. 83-84, paras. 465, 478). 중재판정의 집행정지에 대해서는 부총리의 개입이 없더라도 집행이 이루어져 배상을 받을 수 있었는지 여부는 불명확하기 때문에 배상대상으로 인정하지 않는다(p. 85, para. 475).

일실이익에 대해서는 Petrobart사는 계약해제를 신청하지 않았기 때문에 공급하지 않고 남은 가스에 대한 Petrobart사에도 계약불이행 책임이 있다. 또한, 미공급 가스가 다른 판로로 매각되었는지 등은 불명확하기 때문에 구제대상으로 하지 않는다(pp. 86-87, paras. 484-486).

Ⅲ. 투자자

1. ECT 제1조 7항의 '투자자'의 판단기준

이 사건은 *Nycomb* 사건 다음으로 ECT 하에서는 두 번째로 내려진 본안에 관한 중재판정이며, 각각 충분히 전개되고 있지는 않지만 다양한 논점을 다루고 있다.[3]

여기서는 우선, Petrobart사가 ECT의 보호대상인 '투자자'에 해당하는가라는 쟁점에 대하여 살펴보자.[4] ECT는 '투자자'를 특정하는 것으로 실체규범상의 보호대상으로 하고, 절차적으로도 이 조약상 중재판정부의 관할대상이 "체약국의 영토 내의 다른 체약국의 투자자의 투자재산에 관한 당해 체약국과 당해 다른 체약국 투자자간의 분쟁에 있어 제3부의 규정에 근거한 당해 체약국의 의무위반이라고 여겨지는 것"(제26조)(필자 강조)으로 되어 있

---

3) 본건 중재판정 전반에 대한 소개는 M. S. Slater, "The Energy Charter Treaty: A Brief Introduction to its Scope and Initial Arbitral Awards," Association for International Arbitration (ed.), *Alternative Dispute Resolution in the Energy Sector* (Maklu Uitgevers N. V., 2009), pp. 48-50 참조.

4) ECT뿐만 아니라 여러 가지 투자보호협정에 있어 '투자자' 요건에 대해서 검토한 것으로서 伊藤一頼,「投資家・投資財産」小寺彰編著, 『國際投資協定-仲裁による法的保護』(三省堂, 2010), 19-29면 참조.

다. 따라서 여기서 말하는 '다른 체약국 투자자(an Investor of another Contracting Party)'에 해당하지 않으면 조약상 보호를 받는다고 주장할 수 없다. ECT는 제1조 7항에서 '투자자'를 다음과 같이 정의하고 있다.

'투자자'란 다음을 의미한다.
(a) 체약국에 관해서는 다음의 (ⅰ) 자연인 및 (ⅱ) 조직
  (ⅰ) 당해 체약국의 관련법령에 따라 당해 체약국의 시민권 또는 국적을 가진 또는 해당 체약국에 영주하고 있는 자연인(a natural person having the citizenship or nation-ality of or who is permanently residing in that Contracting Party in accordance with its applicable law)
  (ⅱ) 당해 체약국에서 관련법령에 따라 조직된 회사 또는 그 밖의 조직(a company or other organization organized in accordance with the law applicable in that Contracting Party)
(b) '제3국'에 관해서는 자연인 또는 회사 그 밖의 조직으로 체약국에 관한 (a)의 조건에 필요한 변경을 가한 것을 충족하는 것

이 사건에서 중재관할권의 충족이라는 관점에서 Petrobart사가 상기 제1조 7항(a)(ⅱ)의 의미에서 '체약국의 투자자'에 해당하는지가 문제되었다.[5] 동호에 따르면 법인에 대하여 그 설립준거법국이 ECT의 (투자유치국을 제외한) 체약국인가라는 형식적 기준에 따라 '투자자'에 해당하는지 여부가 판단된다. Petrobart사는 지브롤터법에 근거하여 설립되었으며 판정요지 1에서 본 것처럼 지브롤터에 대해서는 ECT의 잠정적용이 계속되고 있다는 것이 중재판정부의 판정이다. 따라서 중재판정부에 의하면 영국령 지브롤터의 법령은 ECT 적용 문맥에서 ECT 체약국인 영국법령의 일부로 자리 잡고 있으며 지브롤터법에 근거하여 조직된 Petrobart사는 제1조 7항이 ECT상의 보호대상으로 하는 '투자자'에 해당되게 된다.[6]

일반국제법상의 외교적 보호제도의 문맥에서 어떤 국가가 회사에 대하여 보호권을 행사할 수 있는지를 보여준 고전적 선례로서, 국제사법재판소의 *Barcelona Traction* 사건 판결이 있다. 이 판결은 전통적으로 '그 법령하에서 회사가 설립된 곳의 국가 및 그 영역에

---

5) 또한 '제3국'의 투자자를 정의하고 있는 (b)의 규정은 ECT상 당사국은 당사국인지 제3국(비당사국)인지를 불문하고 외국인투자자에게 부여하고 있는 대우에 비추어 다른 당사국의 투자자에게 최혜국대우를 해줄 의무를 진다(제10조 7항)는 점과의 관계로 받아들여지고 있다.
6) *Petrobart*, *supra* note 2, p. 70, para. 385.

본사를 가지는 국가(l'État sous les lois duquel elle s'est constituée et sur le territoire duquel elle a son siège)'가 외교적 보호권을 가지게 된 점을 지적하였다.[7] 재판소에 의하면 보다 실질적인 관계가 있는 경우에만 보호권을 행사하는 국가도 있기는 하지만 그러한 관행은 일반화되어 있지 않으며 일반국제법상의 규범이라고는 말할 수 없다.[8]

　국제사법재판소의 이러한 판시에 대해서는 형식적 기준은 명확하다는 이점은 있지만, 설립준거법/본점소재국(본건에서는 영국)이 회사와 형식적인 연결고리만 가지는 경우에는 외교적 보호를 행사할 재량권에 대한 인센티브를 가지기 어렵고, 회사보호가 마련되지 않은 점은 그대로이기 때문에 본 제도가 사인의 입장에서 문제점을 가지고 있다는 점이 지적되어 왔다. 따라서 ECT를 비롯한 투자보호관련 조약체제에서는 법인의 국적에 대하여 일반국제법과 동일기준을 전제로 할 필요는 없지만, 상기 제1조 7항에서 볼 수 있듯이 형식적인 기준을 채택하는 경우도 많다.[9] 왜냐하면 투자보호협정은 피해를 받은 개인이 직접 국제적인 중재절차에 피해를 주장할 길을 준비하고 있는 경우가 많기 때문에, 보호의 결여에 관한 위와 같은 우려는 타당하지 않기 때문이다. 본건은 ECT상의 보호를 받는 '투자자'를 설립준거법국이 체약국인지는 형식적 기준에 의해 판단되는 것을 처음으로 확인한 점에서 선례로서의 의미를 가진다.

2. 후속사안에서의 답습

　ECT상의 '투자자'의 범위에 대해서는 이후의 중재사례에서도 본건과 같이 형식적 기준에 의해 판단이 이루어지고 있다. 예를 들어, 키프로스 법인인 Plama사가 불가리아를 상대로 중재를 제기한 *Plama* 사건에서 불가리아는 Plama사가 영국령 버진제도(버진제도는 영국이 정한 ECT 잠정적용대상, 비준대상의 어느 쪽에도 포함되지 않는다)의 법인에 의해 소유되고 있었기

---

7) *Affaire de la Barcelona Traction, Light and Power Company Limited*, Deuxieme phase, *C.I.J. Recueil* 1970, p. 42, para. 70. 또한 동 사건의 쟁점은 설립준거법 국가도 아니고 본사소재지 국가도 아닌 벨기에가 주주를 통한 실질적 연결을 근거로 외교적 보호권을 행사할 수 있는가에 대한 것이며 두 요소간의 관계를 밝힐 필요가 없었던 이유도 있어서 이 판시에서는 설립준거법과 본사소재의 두 요소가 누적적 요건인지 아닌지를 알기 어렵다. 더욱이 법원은 인용문 직후에 '이러한 기준은 ([c]es deux critéres…)라고 하고 있으므로 두 요소는 각기 개별요건으로 자리매김한 것 같다. 이 점에 대해서 ECT는 설립준거법만을 기준으로 삼기 때문에 동 사건판시보다 좁게 정의하고 있는 것이 된다.

8) *Ibid*.

9) 이에 대해 조약체제에 따라서는 당사국이 법인의 설립준거법국임에도 불구하고 실효적 경영지이기도 한 경우에만 한정해 보호대상으로 함을 규정하여 서류상 회사(paper company)를 통한 투자에 대해서 조약상의 보호를 하지 않는 경우도 있다. 마찬가지로 미국의 모델 양자투자협정(이하 'BIT') 제1조는 보호대상인 법인에 대하여 설립준거법국인 당사국에 적어도 지점을 가지고 사업활동을 하고 있을 것을 요구하고 있다.

때문에 체약국의 투자자라고 할 수 없다고 주장하였지만, 중재판정부는 제1조 7항에 비추어 누가 이 회사를 실질적으로 소유·지배하고 있는지는 '투자자성'의 판단과 관계가 없다하여 그 주장을 배척하고 있다.10)

아울러 *Yukos* 사건에서는 법인의 실질적 소유자·지배자가 투자유치국의 국민이나 법인이므로, 실질적 관점에서 '다른 체약국 투자자'(제26조)가 행하는 외국인투자를 둘러싼 분쟁의 성질을 가진다고 말하기 어려운 사안에서도 상기의 결론은 바뀌지 않는다는 점을 확인하고 있다. 영국령 만섬(만섬은 영국이 ECT 비준의 대상범위에 포함하고 있다)의 법령에 근거하여 설립된 Yukos사가 러시아를 상대로 제기한 이 사건에서, 러시아는 러시아 국민에 의해 실질적으로 지배되고 있는 점을 이유로 신청인은 '다른 체약국 투자자'에 해당되지 않는다고 주장하였으나, 중재판정부는 다음과 같이 말하며 이 항변을 배척하였다. 즉, 중재판정부에 의하면 조약법에 관한 비엔나협약 제31조에 근거하여 문언의 통상적 의미에 따라 ECT 제1조 7항(a)(ii)을 해석하면 동 호가 ECT하에서 보호되어야 할 '투자자'의 요건에 대하여 설립준거법국이 체약국인 것 이외의 요소는 일절 부가하고 있지 않는 점은 명확하였다.11) 중재판정부가 말하기를 가령 어떠한 실질적인 관계를 요구하는 것이 바람직하다고 생각되더라도 조약의 초안자가 상정하고 있지 않는 요건을 중재판정부가 새로이 부가하는 것은 허용되지 않는다.12) 따라서 이러한 경우에도 설립준거법국이 투자유치국 이외의 ECT 체약국이라면 형식적 기준에 따라 '투자자' 요건은 충족되는 것이라고 할 수 있다.

투자유치국 국민이 실질적으로 지배하는 법인이 행하는 투자에 대해 국제적인 보호를 부여하여야 하는지 여부는 중재회부일에 '분쟁당사자인 국가 이외의 체약국 국적을 보유하고 있던 법인(any juridical person which had the nationality of a Contracting State other than the State party)'(제25조 2항(b))의 신청을 인정하는 취지의 ICSID 협약의 문맥상, 법인의 '국적'을 어떤 기준으로 판단하여야 하는지를 둘러싼 쟁점이 되며, 이는 ICSID 협약의 제도취지의 논의로 다시 귀결되었다.13) 이에 반하여 ECT에서는 정의규정이 명문으로 설립준거법을 기

---

10) *Plama Consortium Limited v. Republic of Bulgaria*, ICSID Case No. ARB/03/24, Decision on Jurisdiction, 8 February 2005, para. 128.

11) *Yukos Universal Ltd. v. Russian Federation*, PCA Case No. AA 227, Interim Award on Jurisdiction and Admissibility, 30 November 2009, para. 411.

12) *Ibid.*, para. 415.

13) 리투아니아법에 의하여 설립된 기업이 우크라이나에서 투자활동을 하면서 입은 손해에 대해 리투아니아—우크라이나 BIT에 의하여 우크라이나를 상대로 ICSID 중재를 신청한 *Tokios Tokelés* 사건에서 우크라이나는 그 회사가 실질적으로는 우크라이나 기업이므로 중재관할권을 다투었다. 중재판정부는 ICSID 협약 제25조가 법인의 국적에 의거하고 있지만, 국적을 결정하는 구체적인 기준의 설정은 각 당사국의 재량에 맡겨져 있다면서 본건 BIT가 설립준거법국을 기준으로 투자자의 국적을 결정해야 한다는 것을 고려하여 신청인은 리투아니아 기업이며 중재관할대상인 '투자자'에 해당한다고 판단하였다(*Tokios Tokelés v. Ukraine*, Case

준으로 해야 함을 정하고 있으며 문언에 나타난 체약국의 의도가 명확하기 때문에 실질적으로 내국민이 지배하는 기업이더라도 조약의 보호대상에서 배제될 여지가 없는 점이 확인되었다고 할 수 있다.

또한 체약국의 법령에 따라 설립되었다고 하더라도 비체약국 국민이나 법인이 실질적으로 지배하는 서류상 회사에 대해서는 '투자자' 요건은 충족하더라도 후술하는 혜택의 부인 조항에 의해 그 보호를 부정하는 것이 어느 정도 가능하다(다만, 혜택의 부인은 비체약국 국민이 실질적으로 지배하는 법인에 대하여 할 수 있기 때문에 체약국인 투자유치국의 국민이 실질적으로 지배하는 법인의 배제로는 이어지지 않는다). ECT하에서 '투자자' 요건의 충족유무로 다투기 보다는 혜택의 부인 조항을 적용할 수 있는지가 관할권을 다투는 장면에서는 의거하기 쉬우며 *AMTO* (제5장), *Plama* (제7장), *Yukos* (제8장)의 각 사건에서도 이 점이 큰 쟁점이 되었다(자세한 것은 제7장 참조).

IV. 그 외 논점

본건 중재판정에서는 판정요지에서 알 수 있듯이, 그 밖에도 잠정적용의 범위에 관한 해석, 공정·공평대우 의무위반이나 '간접수용'의 성립요건, 배상액의 산정기준이라는 다양한 점이 양당사자에 의해 다투어졌다.[14] 이하에서는 그중에서 Petrobart사에 의한 신청이 중재의 대상범위에 들어가는가라는 핵심적인 논점과 관련된 2가지 논점을 들어보려고 한다.

No. ARB/02/18, Decision on Jurisdiction, 29 April 2004, paras. 24-41). 이에 대해서는 실체적·절차적 측면에서 환경을 정비하는 것에 의해 국경을 넘는 '국제적인' 자본의 이동을 촉진하려는 제도적 취지에 비추면 ICSID 협약은 자국민에 의한 제소를 상정하고 있지 않으며, 동협약 제25조하에서 투자유치국 국민이 실질적으로 지배하고 있는 법인은 중재를 신청할 자격이 없다는 내용으로 Weil 중재인이 반대의견을 내고 있다(*ibid.*, Dissenting Opinion, paras. 3-6, 19-30).

14) 이외에 ECT와 관련하여 자주 발생하는 문제로서는 국영기업에 의한 행위에 투자유치국이 어디까지 책임을 져야 하는지인데, 본건에서 인정된 위법행위는 재산이동과 재판에 대한 개입이며 둘 다 키르기스 정부의 행위였기(사건의 발단이 되었던 계약불이행을 한 것은 KGM이었지만, 그 자체가 본건 중재의 대상은 아니었다) 때문에 쟁점이 되지 않았다. 일반적으로는 국영기업에 의한 계약위반에 대하여 이것이 국가에 귀속된다고 보고 umbrella 조항(제10조 1항)을 통해 국가의 위반을 인정하든지 국영기업에 대한 준수확보의무(제22조)를 통해서 의무위반을 인정하는 두 가지 경우가 있을 수 있고, 각각의 범위와 양자의 관계가 문제될 수 있다.

1. 혜택의 부인

위에서 서술한 바와 같이 ECT상의 보호를 받는 '투자자'에 해당하는지 여부가 설립준
거법국이 어딘가에 착안하여 형식적 기준에서 판단되는 것이라고 한다면, 체약국에 설립된
서류상 회사(paper company)를 통해 투자를 보호받겠다는 주장이 생길 수 있다. 이러한 경
우에 대응하기 위하여 BIT에서는 투자자의 정의에 대해서는 형식적인 기준을 유지하면서
일정 조건에 해당하는 투자자에 대해서는 조약상의 혜택을 부인하는 규정을 준비하는 경우
가 있으며, ECT도 제17조에서 '제3국의 국민이 소유 또는 지배하는 법인으로, 당해 법인이
조직된 체약국의 영역에서 실질적인 영업활동을 하고 있지 않을 것'이라는 조건으로, 조약
상의 혜택을 부인하는 권한을 체약국에 유보하고 있다. 본건에서 키르기스 공화국은
Petrobart사에 대해서 지브롤터에 경영본거지가 있는 것이 아니라 외국인에 의해 외국에서
실질적인 경영이 이루어지고 있기 때문에, 설령 Petrobart사가 ECT상의 '투자자'에 해당하
더라도 혜택을 부인하는 것이 가능하다고 주장하였다.

중재판정부는 Petrobart사의 경영에 관여하고 있는 핵심인물 중 한 명이 영국과 마케
도니아 이중국적이라는 점, Petrobart사는 영국에서 설립되어 러시아에 본사를 둔 Pemed
사에 의해 경영되고 있는 점을 Petrobart사가 제출한 정보로 확인하고 영국인이 영국에서
실질적인 영업활동을 하고 있는 이상 혜택을 부인할 수 있는 상황이 아니라는 이유로 키르
기스 공화국의 주장을 배척하고 있다.[15]

뒤에서 살펴볼 *Yukos* 사건에서는 투자유치국이 유효하게 혜택을 부인하기 위해서는
제17조에 근거한 부인할 권리를 새로 행사할 필요가 있으며 그리고 혜택의 부인의 효과는
소급되지 않는다고 판시하였다.[16] 이러한 판단에 의하면 제17조에 해당하는 법인에 대해서
ECT상의 혜택을 부인하고자 하는 체약국은 분쟁이 발생하기 전에 어떠한 수단으로든 당해
법인에 대한 조약상의 혜택을 부인하는 의사를 명확히 표시하지 않으면 혜택을 부인할 수
있는 상황이 한정된다. 이에 반해 본건에서는 제17조의 원용에 관련된 그러한 절차적 요건
은 요구되지 않으며, ECT 중재절차 중에 키르기스 공화국이 혜택의 부인을 주장하여 그 실
체적 요건(실질적인 지배자의 국적, 실질적인 영업활동이 이루어진 장소)이 충족되는지가 중재판정부
에 의해 검토되고 있다. 두 판정에서의 이러한 차이를 어떻게 이해하고 제17조를 어떻게
해석하여야 할 것인지가 남겨진 과제이다.

---

15) *Petrobart*, *supra* note 2, p. 63, paras. 346-348. 또 한명의 핵심적 경영자는 프랑스에 주재하는 세르비아
    인이었다고 한다.
16) *Yukos*, *supra* note 11, paras. 456-458.

2. '투자재산' 개념의 범위 – 단기매매계약상의 금전채권을 포함하는가

본건은 ECT에서의 '투자재산' 개념에 관련된 선례로서도 자주 인용된다.[17] 본건은 가스응축물이라는 물품의 매매계약 불이행이 분쟁의 발단이었으며, 그러한 계약상의 권리가 과연 '투자'로서 조약상의 보호대상이 되는 것인지가 문제되었다. 중재판정부도 확인한 바와 같이 본건에서 문제가 된 계약은 키르기스 공화국 내에서 영업활동을 하기 위한 자본으로 금전이나 자산을 투하하는 형태의 것이 아니다. Petrobart사는 키르기스 공화국 내에서의 가스관련 산업에 자본면이나 경영면에서도 일절 관여하지 않고 단순히 KGM에 가스응축물을 매각한 것에 지나지 않았다.

Petrobart사는 KGM 간의 계약, 이 계약상의 금전채권, 금전채권의 존재를 인정한 국내판결의 세 가지가 조약상 보호되어야 하는 Petrobart사의 '투자재산'에 해당한다고 주장하였다. 중재판정부는 이 중에서 계약 및 판결은 그 자체로 재산이라 할 수 없고 법적 권리를 정한 문서에 지나지 않으며, 그러한 문서에 규정된 권리가 투자재산에 상당한지 여부가 본건에서의 문제라고 본다.[18]

그와 같이 문제설정을 한 후에, 중재판정부는 ECT에서의 '투자재산'의 정의규정(제1조 6항)에 비추어 Petrobart사가 '투자재산'을 행하고 있었다는 결론을 도출하였다. 이 중재판정부의 판정이 매매계약상의 금전채권을 ECT가 보호해야 할 '투자재산'에 해당된다고 결론내린 것으로 인해 다른 유사사안과 다르다고 평가받기도 한다. 예를 들어, 오늘날에는 '투자재산' 개념에 대해서는 자본제공을 통한 투자유치국 내에서의 사업활동에 대한 약속(commitment) 또는 최소한 단순한 상거래 관계에서 생기는 이익과 투자재산을 구별하려는 것과 어떠한 유사한 한정하에서 이해될 수 있다는 점이 널리 받아들여지고 있던 견해이며, *Petrobart* 사건의 중재판정은 이 예외에 해당한다고 평가되는 것이 그 예이다.[19] 이러한 견해는 *Petrobart* 판정을 통하여 ECT에서의 '투자재산'의 정의의 외연의 폭이 확대된 것으

---

17) 이하에서 인용하는 것 외에 B. Poulain, "Petrobart vs. The Kyrgyz Republic – A Few Reservations regarding the Tribunal's Constructions of the Material, Temporal and Spatial Application of the Treaty," *Transnational Dispute Management*, vol. 2, issue 5, 2005 참조.

18) *Petrobart*, *supra* note 2, p. 71, para. 390.

19) 가령 S. Montt, *State Liability in Investment Treaty Arbitration: Global Constitutional and Administrative Law in the BIT Generation* (Hart Publishing, 2009), p. 251; Slater, *supra* note 3, p. 36, 또한 명확하지 않지만 OECD, *International Investment Law: Understanding Concepts and Tracking Innovations*(OECD Publishing, 2008), p. 55. Jagusch와 Sinclair는 본건이 ICSID 중재에 붙여진다면 투자성이 인정되지 못하여 관할권이 부정될 가능성이 있다고 한다. S. Jagusch and A. Sinclair, "The Limits of Protection for Investments and Investors under the Energy Charter Treaty," C. Ribeiro ed., *Investment Arbitration and the Energy Charter Treaty* (Juris Publishing, 2006), pp. 86~87.

로 본건의 의의를 파악하고 있는 것이다. 이 판정의 선례적 의의는 투자재산의 범위를 어떻게 정하고 있는지 여부이다.

관련조약에서 그 조약이 보호해야 할 '투자재산'의 정의와 매매계약상의 금전채권의 관계를 명시하고 있다면 처음부터 문제는 생기지 않는다. 예컨대, NAFTA는 매매계약이나 서비스 제공계약에서 생기는 금전채권을 투자재산의 정의에서 명시적으로 제외하고 있으며 (제1139조), 미국의 모델 BIT도 동일하다.

이에 반해, 조약상, 계약상 금전채권이 '투자재산' 개념에서 명시적으로 배제되어 있지 않은 경우에도 지금까지의 많은 중재판정은 이를 '투자재산'으로는 인정하지 않았다. 그것은 예컨대, ICSID 사안의 중재관할권은 '투자재산에서 직접 생기는 법률상 분쟁'에 대하여 미치지만(ICSID 협약 제25조 1항), 여기에서의 '투자재산'에는 내재적인 한계가 있다고 파악하였기 때문이다. ICSID 협약에 관해서 이 문제에 대한 선례가 된 *Salini* 사건에서는 이탈리아−모로코 간의 BIT상 '투자재산'에 해당한다고 판단된 이탈리아기업의 자산이 ICSID 협약상의 '투자재산'에도 해당하는지가 검토되었다. 중재판정부는 학설에 근거하여, 사업에 대한 기여(contribution), 계속성, 일정 리스크 인수라는 3가지 요소가 '투자재산'에는 필요하며, 아울러 ICSID 협약 전문에 따라 투자유치국의 경제발전에 대한 기여라는 제4의 요소도 요구된다고 보았다.[20] 이 배경에는 ICSID 중재는 어디까지나 투자유치국 내의 사업에 대한 투자재산을 둘러싼 분쟁해결을 위한 장을 제공하고 있고 단기적인 상거래에서 생긴 채권의 회수는 이용할 수 없다는 판단이 있었다. 실제로 ICSID 사무국은 단순한 매매계약에 근거한 청구를 명백한 관할권 외의 청구로 보아 중재판정부 설치 신청을 수리하지 않는다.[21] 그 후의 ICSID상의 중재판정도 대체로 *Salini* 판정이 보여준 기준에 따라 결론을 내리고 있다.[22]

이러한 상황을 배경으로 내려진 본건 중재판정을 둘러싸고 ECT에서 매매계약상의 채권이 어떻게 취급되는지가 주목되었다. Salini 기준은 어디까지나 ICSID 협약의 해석으로 도출되는 것이기 때문에 이와는 다른 조약인 ECT하에서 동일한 기준에 근거하여 '투자재산' 여부를 판단할 필요는 없다. ECT에서 단기매매계약이 보호되는 것이라면 그러한 계약

---

20) *Salini Costruttori S.p.A. and Italstrade S.p.A. v. Morocco*, ICSID Case No. ARB/00/4, Decision on Jurisdiction, 23 July 2001, para. 52. 후에 규칙적인 수익·배당을 더하여 5개의 요소가 'Salini 기준'이라고 명명된다. 伊藤, 전게주 4), 30면.

21) I. F. I. Shihata and A. R. Parra, "The Experience of the International Centre for Settlement of Investment; Disputes," *ICSID Review: Foreign Investment Law Journal*, vol. 14, 1999, p. 308.

22) 예컨대, *Joy Mining Machinery Ltd. v. Egypt*, ICSID Case No. ARB/03/11, Award on Jurisdiction, 6 August 2004, paras. 49−62.

에 관하여 무언가 손해를 입은 '투자자'는 ICSID 절차의 보호대상은 되지 않더라도, 본건과 같이 스톡홀름 중재를 비롯한 ICSID 중재 외의 다른 절차에서 국제적인 구제를 얻는 것이 가능하게 된다. 본건 중재판정부는 '금전채권 및 경제적 가치가 있는 계약에 근거한 급부청 구권이며, 투자재산과 관련된 것'을 투자재산이라고 정의하는 ECT 제1조 6항(c)를 참조하여 내리고 있으며, 앞의 견해는 Petrobart 판단에 의해 동호의 규정을 통하여 ECT가 독자적으 로 매매계약상의 채권도 포함하는 특별기준을 마련하였다는 것이 명확하게 되었다고 이해 할 수 있다.

    확실히 이 사건에서 Petrobart사는 키르기스 공화국 국내사업에 어떠한 출자도 참여도 하고 있지 않고 가스콘덴세이트를 매각한 것뿐이기 때문에, 단기계약상 채권이 '투자재산' 으로서 보호되게 된다. 그러나 자세히 보면 본건 중재판정이 가지는 의의에는 불명확한 점 이 있다. 첫째, 중재판정부는 상기 제6항(c)의 규정을 인용한 후에 계속하여 많은 투자협정 에서와 같이 금전채권이 '투자재산'으로 자리 잡고 있는 점, 그러한 규정에 대해서는 금전 채권이 투자유치국에서 장기간 이루어진 사업활동의 일부를 구성하고 있지 않는 경우에도 '투자재산'에 해당한다는 판례(case-law)가 축적되고 있는 점을 지적한다.[23] 여기에서 중재 판정부가 구체적으로 인용한 예는 *Fedax* 사건, *Salini* 사건, *SGS v. Pakistan* 사건이다. 그 렇지만 앞에서 본 바와 같이, *Salini* 사건은 오히려 단기 상거래를 '투자재산' 개념에서 제 외하는 것을 판시한 것으로 일반적으로는 받아들여지고 있다.[24] *Fedax* 사건에서도 통상의 상거래와 구별하여, 문제가 되고 있는 계약이 투자유치국의 발전에 있어 그 중요성이나 공 공정책에 대한 영향력을 가진다는 점이 특별히 고려되었고,[25] *SGS* 사건은 투자자의 지출 이 투자유치국에 대한 자본투하의 의미를 가지고 있다는 점을 인정하고 있다.[26] 이러한 점 에 비추어 중재판정부가 '투자재산' 개념이 내재적 제약을 가질 수 있다는 사고방식의 존재 를 전제로, ECT가 이와는 다른 '투자재산' 개념을 채택한 것으로 적극적으로 자리매김했는 지에 대해서는 의문이 없다고는 할 수 없다.

    둘째, 중재판정부는 이상의 '선례'를 든 후에 '금전채권 및 경제적 가치를 가지는 계약 에 근거한 급부청구권이며, 투자재산에 관련될 것'이라는 ECT 제1조 6항(c)의 문언에 대하 여, 투자재산의 정의 중에 '투자재산에 관련될 것(associated with an Investment)'이라는 제한

---

23) *Petrobart, supra* note 2, p. 71, para. 392.
24) 伊藤, 전제주 4), 29면.
25) *Fedax N.V. v. Venezuela*, ICSID Case No. ARB/96/3, Award on Jurisdiction, 11 July 1997, paras. 42-43.
26) *SGS Societe Generale de Surveillance S.A. v. Islamic Republic of Pakistan*, ICSID Case No. ARB/01/13, Award on Jurisdiction, 6 August 2003, para. 136.

이 들어있는 것은 순환논법이며, 이 규정에서 논리적인 해석을 도출할 수 있는지 여부를 의
문시 하고 있다.27) 이러한 망설임은 단독계약상의 금전채권만으로는 조약이 보호대상으로
정의하는 '투자재산'에 해당하지 않고, 그러한 채권이 일정한 협의의 '투자재산'과 관련되
어야 한다는 점을 규정한 것으로 동호를 해석할 여지가 있는 점 때문이라고 생각한다.28)

중재판정부는 제6항(c)에 근거하여 단기 계약상의 채권이 '투자재산'에 해당하는지에
대해서는 확실히 판단하지 않고, 계속하여 '에너지분야의 경제활동을 할 권리로서 법률 또
는 계약 또는 법률에 근거하여 부여된 면허 및 허가에 따라 부여된 것(any right conferred by
law or contract or by virtue of any licences and permits granted pursuant to law to undertake any
Economic Activity in the Energy Sector)'이 '투자재산'에 해당됨을 규정하는 제6항(f)에 대하여
검토를 진행한다. '에너지분야에서의 경제활동'이란 '에너지원료 및 에너지제품(부속서 NI에
나온 것 제외)의 탐사, 채굴, 정제, 생산, 저장, 육상운송, 수송, 분배, 무역, 마케팅 또는 판매
또는 복수의 시설에 대한 열공급에 대한 경제활동을 말한다'(ECT 제1조 5항). 가스콘덴세이
트가 '에너지원료 및 에너지제품'에 해당하는지에 대해서는 다툼이 없으며 부속서 NI에 들
어 있지 않기 때문에, 중재판정부는 ECT에 의하면 계약에 의해 부여된 가스응축물의 매매
에 관한 지급을 받을 권리도 또한 포함된다고 논하고 '이 점에서(on this point)' Petrobart사
를 경제활동을 행하는 권리는 '투자재산'을 구성하는 것이며, 이러한 매매에 관하여 키르기
스 공화국에 '투자'재산을 가지는 투자자로 판단한 것이다. 즉, Petrobart사는 제1조 제6항
(f)가 정하는 '계약에 근거하여 판매에 대한 경제활동을 할 권리'라는 의미에서의 '투자'를
하고 있었다고 판단하였다.

이와 같이 중재판정부는 Petrobart사의 금전채권을 ECT의 보호가 미치는 '투자재산'에
해당한다고 결론 내렸으나, 그 결론을 도출하는 과정에서 단기적인 매매계약상의 권리가
보호대상이 되는지를 둘러싼 제6항(c)의 해석에 대해서는 확정적인 견해를 제시하고 있지
않다. '투자재산'임을 긍정하는 판단은 계약에 의해 인정된 에너지원료의 판매에 대한 경제
활동이 '투자재산'에 해당한다고 하는 제6항(f)에 근거하고 있으나, 동호에서 든 '계약에 근
거하여 판매에 대한 경제활동을 할 권리'의 내용이 반드시 자명한 것은 아니다. 예를 들어,
투자자가 투자유치국의 국내시장에서 판매를 일정 정도 계속적으로 하는 경우를 상정하고
있다고 동호를 해석할 가능성도 있을 것이다. 이 규정이 당연히 본건과 같은 매매계약 그

---

27) *Petrobart*, *supra* note 2, p. 72, para. 397.
28) 제1조 6항(c)에 대하여 그러한 해석을 하는 것으로는, G. Zukova, "The Award in Petrobart Limited v.
Kyrgyz Republic," in G. A. Alvarez and W. M. Reisman (eds.), *The Reasons Requirement in
International Investment Arbitration: Critical Case Studies* (Martinus Nijhoff, 2008), p. 332.

자체를 다루는지 여부는 불명확함에도 불구하고, 그 점에 대한 설명은 중재판정부에 의해 일절 제시되고 있지 않다.29) 이 점에서 단기적인 매매계약상의 금전채권도 ECT상의 '투자재산'에 포함된다고 한 본건 판정의 근거는 설득력을 가지지 않으며, 그 선례적 가치는 감소된다. 다른 ECT 중재상의 사안에서는 단기적인 상거래상의 권리가 받아들여지는 경우가 있기는 하지만, 그것은 전체적으로 일련의 투자사업의 일부를 구성하는 것으로 파악되는 것이며, 이 문제에 직접적인 해답을 제공하지는 않는다.30) 단기 계약상의 채권이 ECT에 의해 보호되는 '투자'에 해당되는지 여부는 ECT가 어떠한 이익을 보호하는 것으로 체결되었는지 조약이 설정한 제도는 ICSID 조약의 그것과는 어떻게 다른지라는 점들을 소급하여 검토할 필요성이 남아있다고 생각된다.

Petrobart사는 키르기스 공화국 국영기업의 계약불이행에 의해 손해를 입었다. 키르기스 공화국 국내재판절차에서 민사상의 구제를 얻을 권리는 인정되었지만, 정부의 개입에 의해 당해 판단이 집행정지 당하였고, 그 사이에 정부조치에 의해 채무자인 국영기업이 파산에 이르렀으며 집행의 가망성이 없어졌다. 이러한 정부의 조치에 관하여 키르기스 공화국 국내법에 근거하여 문제를 삼으려고 하여도 국내법(외국인투자법)상으로는 구제대상이 되지 않기 때문에, 국제법상의 기준에 근거하여 보호를 받을 가능성이 없는 한, Petrobart사가 입은 손해는 회복 불가능하였다. ECT에 따른 중재절차는 이러한 Petrobart사에 대하여 본장에서 본 바와 같은 논리에 따라 구제를 해주었다.

본건은 ECT상 보호되는 '투자자'의 범위를 설립준거법을 기준으로 하여 형식적으로 확정되는 것을 명확히 확인하였고, 또한 단기적인 매매계약상의 권리도 ECT의 보호대상인 '투자재산'에 포함될 수 있음을 처음으로 판시한 점에서 의미가 있다. 이 의미에서 ECT에 의해 보호되는 대상은 매우 넓게 파악되었다고 할 수 있지만, 그러한 이해를 ECT의 취지나 목적에 비추어 어떻게 평가하고 자리매김하는 것이 가능할 것인지, 특히 '투자재산'요건을 둘러싼 후자의 논점에 대해서는 좀 더 검토가 필요하다는 것도 동시에 보여준 판단이라고 할 수 있다.

---

29) 중재판정부가 제6항(f)에 의하여 '투자재산'을 긍정하는 해석을 이끌어낸 증거가 나타나 있지 않은 것을 문제시하는 것으로는 *ibid.*, pp. 338-340.

30) *Nykomb* 사건에서는 Windau는 라트비아에서 열병합발전소를 건설하고 있었다(*Nykomb Synergetics Technology Holding AB v. Latvia*, SCC Case No. 118/2001, Award, 16 December 2003). Plama사는 불가리아에서 석유정제업에 자본투자를 하고 있다(*Plama, supra* note 10).

제5장 '투자'의 정의

AMTO LLC (Latvia) *v. Ukraine*

森 肇志 (모리 타다시)

서론

이 사건은 라트비아(에너지헌장조약(이하 ECT) 체약국) 법인인 AMTO사가 우크라이나 기업 AOZT Elektroyuzhmontazh−10(이하 EYUM−10사)에 투자하였을 때, EYUM−10사가 보유하는 우크라이나 최대 원자력발전소인 ZAES 원자력발전소 및 이를 소유하는 우크라이나의 Energoatom 국영원자력발전 개발회사(이하 Energoatom사)에 대한 계약상 채권을 회수할 수 없었기 때문에, 이 사건 채무불이행에 대하여 우크라이나(ECT 체약국)가 ECT상의 의무위반을 하였다고 주장하면서 우크라이나를 제소한 사건이다. 이 사건이 제소된 스톡홀름상업회의소중재재판소(이하 SCC)는 관할권을 인정하였지만 AMTO사의 청구는 모두 기각하였다.

이 사건 중재판정에서는 그 관할에 대하여 ECT상 보호되는 '투자' 또는 '투자재산'의 범위가 다투어진 것 외에 ECT 제17조에 규정된 '혜택의 부인'의 의의가 중심적으로 논의되었다.

I. 사실관계

AMTO사는 라트비아 법인으로 라트비아에서도 활동하는 투자회사이지만, 이 회사의 주식은 모두 Five Key Investment & Asset사(리히텐슈타인 법인, 이하 Five Key사)가 보유하고 있으며 Five Key사의 주식은 모두 Key's Depository Foundation(리히텐슈타인 법인, 이하 Key's 기금)이 보유하고 있었다. 아울러 이 기금 및 Five Key사를 통하여 AMTO사는 러시아 국민인 Kuznetosv에 의해 지배되고 있었다.

1999년 AMTO사는 우크라이나의 원자력에너지산업에 대한 투자를 기획하였고 우크라이나 법인 EYUM－10사의 주식구입을 결정하였다. EYUM－10사는 원래 우크라이나 국영기업이었으나 1994년에 주식회사로 전환되어 전선의 설치·보강, 화재통지시스템 및 경보시스템 설치, 도장업(塗裝業) 등을 사업으로 하였고 우크라이나 최대 ZAES 원자력발전소 건설에 종사하고 있었다. 또한 ZAES 발전소는 우크라이나 국영원자력발전개발회사인 Energoatom사가 소유하고 있었다. AMTO사는 2000년 8월까지 EYUM－10사 주식의 16%를 취득하였고 2003년 3월까지는 67.2%를 취득하였다.

EYUM－10사는 ZAES 발전소 및 모회사 Energoatom사에 대하여 계약상 채권을 가지고 있었으며 그 채권의 총액은 2002년 및 2003년에 우크라이나 상업법원에서 확정되었지만 Energoatom사에 대한 파산절차가 개시되었기 때문에 채무지불은 이행되지 않았다. 그 사이 2003년 7월에 우크라이나 정부에 의해 '고도위험기업리스트의 변경에 대하여'라는 내각결정 제1160호가 나오고 그 리스트에 오른 고도위험기업에 Energoatom사가 포함되었으며 2005년 7월 23일에 2711－IV법이 발효되었다(일부는 2005년 9월 26일에 발효). 동 법은 '절차문제를 규제하고 채무이행의 메커니즘을 실시하여 연료 및 에너지섹터 기업의 재무상황을 개선하여 파산을 회피하고 그 투자가치를 향상시키는 것을 지원하는 것'을 목적으로 하고 있다.

Energoatom사에 의한 채무불이행에 대해 EYUM－10사는 2004년 12월 16일 우크라이나를 유럽인권재판소에 제소하였다. 그 후 2005년 10월 31일, AMTO사 및 EYUM－10사가 ECT 제26조에 따라 SCC에 우크라이나를 피신청인으로 하는 중재를 요청하였다. 2006년 3월 9일, SCC법정은 EYUM－10사의 소에 대하여 관할권이 없음이 명확하다고 하여 청구를 각하하였다. 한편 AMTO사의 소에 대해서는 관할권 없음이 명확하다고는 할 수 없다고 하여 중재절차가 개시되었다.

중재판정은 2008년 3월 26일에 내려졌다. 또한 중재신청 후 2006년 5월 15일에 EYUM－10사와 Energoatom사 간에 채무처리에 관한 합의가 성립되었다.

II. 판정요지

2008년 3월 26일의 중재판정에서는 관할권은 인정되었지만 AMTO사의 청구는 모두 기각되었다.

1. 관할권

(1) '투자'의 의의

우크라이나는 AMTO사가 보유한 EYUM－10사의 주식은 ECT상의 '투자'에 해당하지 않는다고 주장하였으나, 그 주식은 ECT 제1조 6항(b)에 규정된 회사 또는 기업의 주식에 해당한다. 우크라이나는 당해 투자가 동항에서의 '에너지분야에서의 경제활동에 관련'되지 않는다고 주장하였으나, 투자가 '에너지분야에서의 경제활동에 관련'되기 위해서는 법적 관련성보다도 사실적인 관련성이 중요하며, 주장되는 투자는 그 자체가 제1조 5항의 '에너지분야에서의 경제활동'의 정의에 합치할 필요는 없지만 에너지와 관련되는 것이어야 하는데, ZAES 발전소 및 Energoatom사는 에너지분야에서 경제활동에 종사하고 있고 EYUM－10사는 두 기업에 의한 전력생산에 직접 관련된 서비스를 제공하고 있다. 따라서 AMTO사에 의한 EYUM－10사의 주식보유는 '에너지분야에서의 경제활동에 관련된 투자'이며 ECT상의 투자에 해당한다(paras. 36－43).

(2) '분쟁의 존재'

ECT 제26조는 분쟁해결절차를 규정하고 있지만 분쟁의 존재는 중재가 개시되기 위한 전제이다. 피신청인은 첫째, 분쟁은 EYUM－10사와 Energoatom사 사이에 존재하고 AMTO사와 우크라이나 사이에는 존재하지 않으며, 둘째, EYUM－10사와 ZAES사 및 Energoatom사 사이의 분쟁은 해결되었으며 진행 중인 분쟁은 존재하지 않는다고 주장하였다.

이 사건 분쟁의 중심은 두 개의 우크라이나 법인(EYUM－10사와 Energoatom사)간의 계약상 채무 및 국내법원판결의 불이행에 있지만 AMTO사도 우크라이나도 이 분쟁에 관여하고 있었다. 또한 EYUM－10사와 ZAES사 및 Energoatom사 사이의 합의는 양자간의 계약분쟁에 관한 것이고 AMTO사의 우크라이나에 대한 ECT상의 주장에 관한 것은 아니며, 중재판정부의 관할권에 영향을 주지 않는다(paras. 49-54).

(3) ECT 제17조: 혜택의 부인

(a) 중재가능성과 ECT 제17조

우크라이나는 ECT 제17조하의 국가가 보유하는 동조약 제3부의 규정에 근거한 혜택을 부인할 수 있는 국가의 '권리'는 중재의 대상이 되지 않으며, 국가는 투자자가 제17조 1항에 규정된 성질을 가지고 있는가에 대한 유일한 판단권자라고 주장하였다. 그 근거로서 제17조가 국가의 '권리'에 관련된 것임에 대해, 제26조 제1항이 투자자에 부여한 것은 국가의 '의무'에 관한 분쟁을 중재에 요청하는 자격으로, 중재판정부는 물적 관할권을 가지지 않는다고 주장했던 것이다.

그러나 의무에 관한 분쟁은 의무의 존재에 관한 분쟁을 포함하고, 이것이 국제중재에서의 Competence/Competence 원칙[1]의 본질이다. 피신청인에 의한 혜택을 부인하는 권리의 행사는 분쟁의 일부이며 본 중재판정부의 관할권에 포함된다(para. 60).

(b) 해석문제

ECT 제17조 1항은 법인인 투자자가 형식적 국적국과 실질적인 관계를 가지지 않는 경우에 해당 투자자를 ECT 조약상의 보호에서 배제하고 있다. 한편 제17조 2항은 체약국이 정상적인 외교적 또는 경제적인 관계를 가지고 있지 않은 국가의 투자자의 투자를 보호에서 배제하고 있다.

아울러 제17조는 제1조 7항의 '투자자'의 정의와 함께 해석하면 체약국의 투자자를 두 가지로 나누고 있음을 이해할 수 있다. 첫 번째는 다른 체약국의 국민으로 투자유치국이 무효로 할 수 없는 보호받을 권리를 가진 투자자이다. 두 번째는 체약국 이외의 제3국의 국민에 의해 소유 및 지배되고 있는 법인으로서 무효로 할 수 있는 보호받을 권리를 가진 투자자이다. 이러한 외국인의 소유 또는 지배는 투자유치국이 그 국가와 정상적인 외교 또는 경제적 관계를 가지고 있지 않은 경우, 또는 설립국에서 실질적인 영업활동을 하지 않는 경우에 투자유치국에 의해 받아들여지지 않을 수 있다. ECT의 목적은 장기적인 법적 틀을 설정하는 것이며, 외국인이 소유하는 법인을 보호에서 배제하는 것을 수긍할 수 있다.

제17조 1항은 법인에만 관련되며, 투자유치국은 이 혜택을 부정할 권리를 행사하기 위해서는 두 가지 요건을 만족시켜야 한다. 첫째, 투자주체가 제3국의 시민 또는 국민에 의해

---

1) 법원의 권한유무를 결정할 권한은 법원에 있다는 원칙. 관할권에 관한 관할권이라고도 한다.

소유 또는 지배되고 있어야 한다. ECT에서는 '제3국'의 정의는 없지만 제1조 제7항에서 '체약국'의 반대 의미로 사용되고 있다. 둘째, 투자자가 법인의 설립국에서 '실질적인 영업활동'을 하고 있지 않아야 한다. 이 두 가지 요건이 동시에 충족되어야 한다(paras. 61-65).

(c) 소유 또는 지배

AMTO의 모든 주식은 Five Key사가 보유하고 있다. 2006년 11월 21일, 이 회사의 모든 주식은 Key's 기금으로 옮겨졌다. AMTO사에 의하면 Key's 기금의 '최종 수익자는 러시아인'이다. 즉, AMTO사는 라트비아에서 설립되어 리히텐슈타인 법인(Five Key사)이 소유하고 있고 Five Key사는 리히텐슈타인 법인인 Key's 기금이 소유하고 있다. AMTO사에 의하면 이 기금의 '최종 수익자는 러시아인'이며 따라서 AMTO사를 지배하고 있는 것은 러시아인인 Kuznetsov이다. AMTO사는 러시아인에 의해 지배되고 있는 것이다. 러시아가 '제3자'인지의 문제가 생기지만 이 문제에 답할 필요는 없다. 두 번째 요건에 답하기만 하면 된다(paras. 66-67).

(d) 실질적인 영업활동

다음으로 AMTO사가 라트비아에서 실질적인 영업활동을 하고 있었는지가 문제된다. '실질적'의 정의는 ECT에 포함되어 있지 않지만 제17조 1항의 목적이 편의적 국적을 가진 투자자를 배제하는 것이라는 것을 생각하면 '형식적으로뿐만 아니라 실질적으로'라는 의미이며, '대규모'라는 의미는 아니다. 사업규모는 문제되지 않는다. 이 사건에서 AMTO사는 소수이기는 하지만 직원의 항구적인 고용을 포함하는 투자관련 활동을 라트비아 역내에서 하고 있었기 때문에 확실히 '실질적인 영업활동'을 하고 있다고 생각할 수 있다.

따라서 제17조 1항의 두 번째 요건이 충족되지 않아 우크라이나는 ECT 제3부의 혜택을 거부할 권리를 가지지 않는 것이다(paras. 68-70).

(4) 병행적 국제소송절차

EYUM-10사는 2004년 12월 16일 유럽인권법원에 우크라이나의 유럽인권협약 위반을 주장하며 제소한 바 있다. 우크라이나는 유럽인권재판소에서 절차가 이루어지고 있음을 이유로 본건 중재의 종료 또는 정지를 주장하였다. 그러나 유사사건에서 발생한 분쟁에 대하여 동시에 관할권을 가지고 있는 경우라고 하더라도 당사자도 청구원인도 다르다. 따라서 유럽인권재판소에서의 절차는 본 중재의 종료나 정지의 근거가 되지 못한다(para. 71).

이상과 같이 피신청국의 항변은 모두 받아들여지지 않았으며 본 중재판정부의 관할권이 인정된다(para. 72).

2. 본안

(1) 서론 — 제10조 1항·12항 및 사법정의실현의 거부(Denial of Justice)의 구조

AMTO사는 우크라이나가 ECT 제10조 1항 및 12항을 위반하였음을 주장하였다.

제10조 1항은 다섯 문장으로 된 복잡한 규정이며, 상호 중복되는 부분도 있다. 공정·공평대우와 국제법에서 요구되는 최저기준은 대부분의 경우에 동일한 기준이 된다. 이러한 기준에 위반하는 행위는 '부당한 또는 차별적인 조치'가 되며 투자자에 의해 '안정적이고 공평하며 양호하고 투명한 조건'의 조성을 부여하는 것이 가능하지 않다는 것이 된다. 이러한 의무의 내용이나 관계가 명확하지 않기 때문에 하나의 행위가 제10조 1항의 여러 의무를 위반하고 있다고 주장할 수 있다.

AMTO사는 사법정의실현의 거부(denial of justice)도 주장하고 있다. 이 또한 엄격하게 정의하는 것이 곤란한 개념이지만 공정·공평대우나 국제법에서 요구되는 최저기준 위반의 한 가지 방식일 수 있다. 사법정의실현의 거부는 재판권과 관련된 것이지만 일부의 이해에 따르면 재판상의 문제와 재판권에 관한 입법상의 불비(재판에의 접근부정)라는 양자를 포함하는 것이다.

ECT 제10조 12항은 '자국의 국내법령이 청구의 주장 및 권리의 행사를 위한 효과적인 수단을 보장할' 의무를 규정한다. 재판권에 대한 입법상의 불비는 이에 반하는 것으로 볼 수 있다.

법원의 판결 자체가 제10조 1항하에서의 사법정의실현의 거부를 구성하는지에 관한 적용기준은 당해 투자자가 불공정하고 공평하지 않은 대우를 받았다고 할 수 있는지 여부이다. 본건 중재의 문맥에서 사법정의실현의 거부는 각각의 재판에서가 아니라 전체로서 고려되어야 한다(paras. 73-76).

(2) 우크라이나 법원에서의 절차

AMTO사에 의한 사법정의실현의 거부 주장은 Energoatom사에 대한 6건의 파산절차와 관련 있고, 법원이 지연, 오판, 절차의 남용을 허용한 것과 법원의 잘못으로 재판참가가 저해되었다는 것을 주장하였다.

국내법원의 투자자 대우는 전체적으로 평가되어야 한다. 최초의 3건의 파산절차에 대해서는 신청인은 재판에 참가할 수 없었다고 하더라도 스스로 파산절차를 개시하는 것도 가능하였다.

네 번째 파산절차에 대해서는 그 절차를 지연시킨 절차적 문제점을 비난하였지만 그러한 문제점은 사소한 것이고, 우크라이나의 파산법과 경제절차규정과의 상호관계에 의해 설명될 수 있다. 항소심은 우크라이나 내각결정 제1160호의 영향을 받았고, 상소심은 우크라이나 판례법에서 벗어나 있는 것으로 보인다. 그러나 항소심 및 상소심이 내각결정 제1160호의 영향을 받았다는 증거는 없다. 절차적 문제점이나 간섭도 없다면 AMTO사의 주장은 법원의 판결이 법적으로 잘못되어 있다는 것이 되겠지만 중재판정부는 우크라이나 법원에 대한 상급심은 아니고 이들 판결이 법적으로 잘못되어 있다고도 생각하지 않는다. 또한 재판에 수반된 잘못은 우크라이나의 사법시스템 안에서 수정된 것이다.

여섯 번째 파산절차(다섯 번째 파산절차에 관한 문제는 여섯 번째 파산절차에 관한 문제에 병합되었다)에 대하여 다양한 문제점이 지적되지만 사법정의실현의 거부는 없었다고 생각한다. 신청인은 부적절한 행위를 입증하지 못하였고 절차의 지연은 과도한 것은 아니며, 사건의 절차적인 복잡함에 의해 설명된다.

이와 같이 AMTO사의 주장은 비현실적인 기대에 근거한 것이며 AMTO사는 우크라이나 법원의 행위 중에 사법정의실현의 거부를 입증할 수 없었다(paras. 77-84).

(3) 우크라이나의 파산법제

우크라이나 파산법제가 부적절하고 국제법에서 요구하는 수준에 이르지 못하여 ECT 제10조 12항('자국의 국내법령이 청구권의 주장 및 권리의 행사를 위한 효과적인 수단을 보장할' 의무)에 반한다고 주장하지만, 파산법제에 관한 국제적인 표준이라는 것을 제시하지 않았다.

우크라이나의 1999년 파산법은 '국제적인 경향과 지역적인 발전'을 반영하는 것이지만, 파산법만으로는 우크라이나의 파산절차를 현대화하기에는 충분하지 않았다. 실무가의 훈련을 포함하여 실효적인 이행이 요구된다.

또한 '자국의 국내 법령이 청구권의 주장 및 권리의 행사를 위한 효과적인 수단'의 근본적 기준은 법률 및 법의 지배인데 우크라이나는 1999년 파산법에 의해 이것을 만족시키고 있다. AMTO사의 주장은 그러한 법이 최소한의 국제적 기준에 합치하고 있을 것이 요구된다는 것이나, 그 기준을 특정하는 것은 곤란하다. 입법의 '실효성'을 판단하는 기준은 체계적(systematic)이며 상대적이고 점진적이며 실제적인 기준의 존재이다. 즉, 법적시스템이 존재하면 충분하고 개별구제를 보장할 필요가 없을 뿐 아니라 대상이 복잡하다는 것에서 발생하는 불완전성은 입법의 문제점을 의미하지 않는다. 또한 입법이 그 기능을 충분히 할 때까지는 시간이 걸리며, 법의 적용은 때로는 곤란을 일으키는 경우가 있다는 점 등을 고려하여야 한다.

우크라이나 파산법은 현대적인 법이며 새로운 개념을 도입하였다. 여기에는 몇 가지의 문제가 있지만 신청인은 ECT 제10조 12항의 위반이나 사법정의실현의 거부를 입증하지 못하였다(paras. 85-89).

(4) 파산절차에 대한 국가의 개입

AMTO사는 우크라이나가 파산절차에 개입하였고, 그 점이 ECT 제10조 1항 및 12항 위반, 그중에서도 특히 차별적 대우, 불공정하고 공평하지 않은 대우, 사법정의실현의 거부에 해당한다고 주장한다.

우크라이나 내각결정 제1160호는 Energoatom사 이외의 기업도 열거하고 있고, 또한 우크라이나 항소심의 판단은 본 결정에 의거하고 있지 않다. 따라서 본 내각결정은 파산절차에 대한 개입이 아니며, 제10조 1항 및 12항 위반에 해당하지 않는다. 2005년 제2711-IV호 법률의 발효도, 2006년 동법의 개정도 파산절차와는 관계가 없다. 그러므로 파산절차에 대한 국가의 개입은 입증되지 못하였다(paras. 90-95).

(5) EYUM-10사에 대한 세무조사와 파산절차

EYUM-10사에 대한 세무당국의 행위가 불합리하고 차별적이지 않은 대우, 공정하고 공평한 대우를 부여하고 있지 않아 제10조 1항 위반에 해당한다고 주장한다. 아울러 EYUM-10사에 대한 강도 높은 세무조사는 불합리하고 균형성을 상실하여 자의적으로 AMTO사의 정당한 기대에 반하고 있다고 주장한다.

그러나 EYUM-10사에 대한 파산절차가 세무당국에 의해 2002년 11월에 개시된 것은 EYUM-10사가 1998년 이후 국세를 지불하지 않았기 때문이다. AMTO사는 세무당국에 의한 차별적 또는 불공정한 대우 또는 다른 어떠한 제10조 1항 위반도 입증하고 있지 못하다(paras. 96-99).

(6) Energoatom사의 행동과 자금에 관한 주장

Energoatom사의 행위가 우크라이나에 귀속하는지의 문제가 있으나 이 회사는 국가로부터 독립된 법인이며 우크라이나법은 국가와 국영기업은 각기 다른 법적 책임을 지고 있다고 규정하고 있다. 무엇보다 Energoatom사는 전략적으로 중요하고 국가와 밀접한 관계가 있는 국영기업이지만, 독립된 법인이며 국가의 기관이라고는 할 수 없다. Energoatom사의 행위가 우크라이나에 귀속하는지는 국제법상 확립된 원칙에 따라, 당해 행위를 하면서 동사가 국가적 권한을 행사하고 있는지, 국가의 지시·지휘 또는 지배 하에서 행동하고 있는지에 따라 판단하여야 한다.

　신청인은 우크라이나가 Energoatom사에 충분한 자금을 제공하지 않아 동 사가 EYUM-10사에 대한 채무를 지불할 수 없었다는 것이 ECT 제10조 1항 위반에 해당한다고 주장하지만, AMTO사의 본래의 주장은 Energoatom사의 채무불이행 문제이며, 이는 우크라이나에 귀속되지 않는다. AMTO사의 주장은 이러한 미지급을 구조상의 또는 자금인 문제로 전환하려고 하는 것이지만, Energoatom사는 확실히 재무상의 문제를 안고 있으며 그 때문에 EYUM-10사는 채권을 회수할 수 없었다. 그것은 Energoatom사의 결정에 의한 것이며 당해 결정은 통치기능의 행사를 포함하는 것은 아니고 국가의 지시·지휘 또는 지배하에서 이루어진 것이라고 드러내지 않는다. 따라서 당해 결정은 우크라이나에 귀속되는 것은 아니다(paras. 100-108).

(7) Umbrella 조항 — Energoatom사의 의무위반에 관한 우크라이나의 책임

　신청인은 ECT 제10조 1항의 소위 umbrella 조항[2]을 언급하여 동항에 규정된 '어떠한 의무(제5문)'라는 넓은 정의는 특정 계약의무만이 아니라, 보다 일반적인 약속을 포함한다고 주장하였다. ECT의 umbrella 조항은 체약국에 대하여 투자자에 관한 것뿐만 아니라 투자유치국에서 설립된 그 자회사에 대해서도 의무를 발생시킨다. 따라서 우크라이나와 EYUM-10사 사이에 계약관계가 있으면 umbrella 조항이 작동하게 된다. 그러나 이 사건에서는 계약관계는 독립법인인 Energoatom사와 EYUM-10사 사이에 존재하고 있기 때문에 umbrella 조항이 직접적으로 적용되지 않는다.

　Energoatom사는 우크라이나의 국영기업이며 ECT 제22조 1항과의 관계에서도 umbrella 조항이 문제될 수 있다. 그러나 동항은 국영기업이 '투자,' 즉 외국인투자자의 자회사에 대한 계약상의 의무를 이행하지 않은 경우에도 국가에 책임을 부과하고 있는 것은 아니다. 오히려 국영기업이 ECT 제3부의 의무를 준수하면서 활동하는 것을 '보장'할 의무를 부과하는 것이다. 국영기업이 채무를 이행할 수 없었던 경우의 책임을 국가가 부담할 의무

---

2) ECT 제10조 1항 5문은 "체약국은 다른 체약국의 투자자 내지는 다른 체약국의 투자재산과 계약상의 '어떠한' 의무를 준수한다"고 규정하고 있다.

를 지우는 것은 아니다(paras. 109-112).

(8) 결론

AMTO사에 대한 채무불이행은 Energoatom사의 책임이며 우크라이나의 책임이 아니다. 신청인의 주장을 모두 배척한다(paras. 113-115).

3. 우크라이나의 반대청구

우크라이나에 의해 중재비용 및 우크라이나의 평판에 대한 비물질적 피해에 관한 반대청구를 제기하였지만 중재비용에 대해 반대청구를 제기할 필요는 없고 또한 국가의 평판에 대한 비물질적 피해에 관한 주장에 대하여 그 근거가 되는 법을 제시하고 있지 않다(적용법은 ECT 자체와 적용가능한 국제법규칙 및 원칙이고 SCC 규칙 제21조는 아니다). 따라서 반대청구의 근거는 제시되지 않아 반대청구를 배척한다(paras. 116-118).

Ⅲ. '투자'의 정의

이 사건의 중요논점이자 다른 ECT 관련분쟁에서도 다루어지는 ECT상의 '투자'의 정의에 대하여 검토한다.

1. 객관적 요건과 주관적 요건

ECT상의 의무위반에 관한 분쟁은 국가와 타방당사국 국민간의 투자분쟁의 해결에 관한 협약(이하 ICSID 협약)에 근거하여 설립된 국제투자분쟁해결센터의 중재(이하 ICSID 중재), UN 국제거래법위원회(이하 UNCITRAL)의 중재규칙에 근거하여 설치된 단독중재인 또는 중재판정부(UNCITRAL 중재), SCC의 중재기관의 중재절차(SCC 중재), 상설중재재판소(이하 PCA)의 중재절차(PCA 중재) 등 다양한 포럼에 제소할 수 있다(ECT 제26조).

이 중에서 ICSID 중재에 제소된 경우에는 그 관할권의 범위라는 관점에서 ECT상의 '투자'에 해당하는가에 대한 문제와 더불어 ICSID 협약상의 '투자'에 해당하는가라는 문제가 발생한다(이중심사 접근(double key-hole approach)[3]). 이것은 ICSID 협약이 제25조 1항에

---

3) R. Dolzer and C. Schreuer, *Principles of International Investment Law* (Oxford University Press, 2nd

서 ICSID 중재의 사물관할권에 대하여 '센터의 관할은 체약국 …… 과 다른 체약국의 국민 간의 투자에서 직접 발생하는 법률상 분쟁 …… 에 미친다'라고 규정하고 있으며, 따라서 ECT상의 분쟁을 당사자가 ICSID 중재에 제소하였다고 하더라도 본조에 규정된 '투자'에 해당하지 않으면 ICSID 중재의 관할권은 인정되지 않기 때문이다.

이것은 ECT의 경우에만 생기는 문제가 아니라 양자투자협정을 포함한 국제투자협정 일반의 관계에서 생기는 문제이다. 이러한 문제상황에서 ECT를 포함한 각각의 투자협정에서 규정된 '투자'의 정의에 해당하는가 하는 요건을 주관적 요건, ICSID 협약이 정한 요건을 객관적 요건이라고 부르기도 한다.[4]

ECT 관련 분쟁 중에서도 ICSID 중재에 제소된 사례가 몇 개 존재한다. 그중에서 *Kardassopoulos v. Georgia* 사건에서는 '본 중재가 본건 분쟁에 대하여 사물관할권을 가지기 위해서는 ICSID 협약상 및 ECT 또는 양자투자협정상의 관할권을 가지는 것이 확인되어야 한다'고 하여 이 점을 명확히 하고 있다.[5]

ICSID 협약 제25조 1항에 규정된 '투자'에 대해서는 ICSID 협약 그 자체에서 정의하고 있지 않다.[6] 오히려 정의가 되어 있지 않다는 것은 의도적이라고 일반적으로 이해되고 있다.[7] 그러나 이 점에 대해서는 중재판정을 통해 일정한 기준이 제시되고 있다. 그 기준은 Salini Test라고 불리는 것으로 투자재산인지 여부에 대한 지표로서, (i) 출자, (ii) 당해사업이 일정한 지속기간을 가질 것, (iii) 거래리스크에의 참가, (iv) 투자유치국의 경제발전에 기여, (v) 규칙적인 수입과 배당이라는 다섯 가지 요소를 들고 있다.[8]

---

ed., 2012), p. 61; OECD, *International Investment Law: Understanding Concepts and Tracking Innovations* (2008), p. 59.

4) 伊藤一賴,「投資者·投資財産」小寺彰編著,『國際投資協定-仲裁による法的保護』(三省堂, 2010), 18면.

5) *Kardassopoulos v. Georgia*, ICSID Case No. ARB/05/18, Decision on Jurisdiction, 6 July 2007, para. 113. 또한 본건 중재판정은 ICSID 협약상의 관할권을 인정하고 있다(para. 119).

6) *Kardassopoulos v. Georgia* 사건 중재판정도 "ICSID 협약은 '투자'라는 말을 정의하고 있지 않다"고 한다(Ibid., para. 116).

7) Dolzer and Schereuer, *supra* note 3, p. 65; E. C. Schlemmer, "Investment, Investor, Nationality and Shareholders," in P. Muchlinski, F. Ortino and C. Schreuer (eds.), *The Oxford Handbook of International Investment Law* (Oxford University Press, 2008), p. 63.

8) 伊藤, 전게주 4), 29면. *Kardassopoulos v. Georgia* 사건 중재판정은 이 중에서 (i) - (iv)의 4개 요소를 들면서(*supra* note 5, para. 116) 동일하게 ECT에 관한 분쟁이 ICSID 중재에 제소된 *Electrabel v. Hungary* 사건 중재판정에서도 독립된 요소로서는 (i) - (iii)만을 들고 있다. (*Electrabel S.A. v. Republic of Hungary*, ICSID Case No. ARB/07/19, Decision on Jurisdiction, Applicable Law and Liability, 30 November 2012, para. 5.43) 특히 이 Salini 테스트는 엄격한 요건이 아니라 단순히 투자재산의 특징을 예시한 것에 지나지 않는다는 입장을 취하는 중재판정도 존재한다(伊藤, 전게주 4) 30면)는 것과 이 테스트가 유연하게 적용되고 있는 것이 지적된다(A. Turinov, "'Investment' and 'Investor' in Energy Charter Treaty Arbitration: Uncertain Jurisdiction", *Journal of International Arbitration*, vol. 26(1) (2009), p. 9).

본 Salini Test에 의하면 예컨대 단순한 매매계약 등의 국제상거래에서 발생하는 금전채권 등은 보호대상에서 제외될 것이다.[9] 따라서 ECT 관련 중재 중에서 *Petrobart v. Kyrgyzstan* 사건에서 원고(Petrobart사)가 주장한 것은 가스콘덴세이트라는 물품의 매매계약에서 발생하는 금전채권이지만 이 사건이 ICSID 중재에 제소되었다면, 이러한 기준에 비추어 중재의 관할권이 부정되었을 것이라는 점도 생각해 볼 수 있다.[10]

이에 반해 ICSID 이외의 중재 포럼을 이용하는 경우에는 이중심사접근법을 요구하지 않기 때문에 ECT상의 투자 정의에 해당하는지 여부에 따라 중재의 사물관할권이 결정된다.

2. ECT 제1조 6항의 '투자'의 정의[11]

ECT 제1조 6항은 '투자(investment)'에 대해 다음과 같이 정의한다. '투자'의 재산으로서의 측면에 주목한 것이며 이를 반영하여 일본의 공식 번역도 investment를 '投資財産(투자재산)'*이라고 번역하고 있다.

'투자재산'이란 투자자에 의해 직접 또는 간접적으로 소유 또는 지배되고 있는 모든 종류의 자산으로서 다음을 포함한다.
  (a) 유형 및 무형의 재산권, 동산 및 부동산 그리고 임차권, 저당권, 선취특권, 질권 등의 재산권
  (b) 회사 또는 기업, 주식, 출자 기타 형태에 의한 회사 또는 기업의 지분 또는 회사 또는 기업의 채권 및 다른 부채(a company or business enterprise, or shares, stock, or other forms of equity participation in a company or business enterprise, and bonds and other debt of a company or business enterprise)
  (c) 금전채권 및 경제적 가치를 가지는 계약에 근거한 결부청구권으로 투자재산에 관련되는 것
  (d) 지적재산권

---

9) 伊藤, 전게주 4), 29−30면.
10) Turinov, *supra* note 8, p. 21. *Petrobart v. Kyrgyzstan* 사건은 실제로는 UNCITRAL 중재에 제소되었다. 이 사건에서의 투자의 정의에 대해서는 본서 제4장 참조.
11) P. D. Cameron, *International Energy Investment Law* (Oxford University Press, 2010), pp. 154−156; T. Roe and M. Happold, *Settlement of Investment Disputes under the Energy Charter Treaty* (Cambridge University Press, 2011), pp. 46−63도 참조.
*역자 주) 한국 BIT들의 공식번역은 investment를 '투자'로 번역하고 있음.

(e) 수익

(f) 에너지분야에서 경제활동을 하는 권리로 법률, 계약 또는 법률에 근거하여 부여된 면허 및 허가에 의해 부여된 것

　　투자된 자산형태의 변경은 투자재산으로서의 성질에 영향을 미치지 않는다. '투자재산'에는 모든 투자재산을 포함하며 투자를 한 투자자가 속하는 체약국에 대하여 이 조약의 효력이 발생하는 날 및 자국의 영역에서 투자가 이루어진 체약국에 대하여 이 조약의 효력이 발생한 날 중 늦은 날(이하 '유효일자')에 존재하고 있는 것 또는 유효가 되는 날 후에 투자가 이루어진 것을 불문한다. 다만 이 조약은 유효가 되는 날 후에 당해 투자에 영향을 미치는 사항에 대해서만 적용한다.

　　'투자재산'이란 에너지분야의 경제활동에 관련된 투자재산 및 체약국의 영토 내에서 이루어진 투자 또는 일련의 투자로 당해 체약국이 '헌장대상사업'으로 지정하고 그 취지를 사무국에 통보한 것과 관련된 투자재산을 말한다.

　　투자(investment)에 대해서는 일반적으로 재산으로서의 투자(asset)에 주목하는 것, 행위로서의 투자(transfer)에 주목하는 것, 투자기업(enterprise)에 주목하는 것이 있지만,[12] ECT는 많은 국제투자협정과 같이 재산으로서의 투자에 주목하는 정의를 가지고 있다. ECT 제1조 6항은 "'투자재산(investment)'이란 …… 자산(asset)을 말한다"라고 규정하고 있으며, 재산으로서의 투자에 주목하는 접근법의 전형이라고 할 수 있을 것이다.[13]

　　또한 투자재산에 주목하여 투자를 정의하는 경우에도 해당 재산을 한정적으로 나열하고 있는 투자협정과 범위를 한정하지 않는 투자협정이 있다.[14] ECT 제1조 6항은 '모든 종류의 자산을 말한다'라고 한 후 '다음을 포함한다'라고 하여 예시적인 목록을 들고 있는 점에서 후자의 전형이다. 이러한 정의는 조약상의 보호가 해외직접투자에 한정되지 않고 주식 또는 채권의 보유에 의한 간접투자나 유형재산뿐만 아니라 무형재산에도 부여되고 있는 점을 보여주고 있는 것이다.[15]

　　실제적으로 본장에서 다룬 *AMTO v. Lativia* 사건 중재판정은 ECT상 투자의 정의에 대하여 제1조 6항 투자의 정의가 세 부분으로 되어 있는데, ① 동항의 (a)에서 (f)까지의 6가지의 유형의 권리에 의해 예시되는 '모든 종류의 자산'이라는 넓은 정의, ② 자산의 형태

---

12) Schlemmer, *supra* note 7, p. 52.

13) *Cf. ibid.*, p. 55.

14) Ibid., pp. 55−57; J. W. Salacuse, *The Law of Investment Treaties* (Oxford University Press, 2010), pp. 160−166.

15) Schlemmer, *supra* note 7, p. 56

의 변경이나 투자의 기간적 범위에 관한 명확화, ③ 투자의 정의에 포함되는 경제활동 종류의 한정(투자의 정의에 포함되는 경제활동의 종류를 에너지분야의 것에 한정하고 있다)을 든다. 이 중에서 ①의 정의부분 및 ②의 명확화부분은 투자협정의 표준적인 공식(formula)이라고 밝혔다. 이에 반해 ③의 한정부분은 에너지분야에서의 장기협력을 촉진하는 ECT의 목적을 반영한 것이라고 지적하였다.[16]

3. ECT 중재판정의 '투자'의 정의

이제까지의 ECT 중재판정에서 '투자'의 정의가 문제된 것이 몇 건 있다. 여기에는 외국자본의 주입이 필요한지 여부, 에너지기업의 소수주식보유나 주식의 간접보유가 투자에 해당하는지 여부, 단기매매계약상의 금전채권이 투자에 해당하는지 여부 외에 '에너지분야의 경제활동에 관련된' 투자란 무엇인가라는 것이 문제되었다.

(1) 외국자본의 유입

Yukos Universal v. The Russian Federation 사건[17]에서 피신청인은 ECT 제1조 6항의 '투자'에 해당하기 위해서는 외국자본의 유입이 필요하다는 것을 주장하였다. 이에 대하여 중재판정부는 ECT의 목적이 외국에서의 투자촉진, 특히 서유럽국가들로부터 러시아 및 구소련구성국으로의 투자를 촉진하는 데 있다는 것을 인정하면서도 'ECT 제1조 6항에서의 투자의 정의는 자본의 출처에 관한 어떠한 추가적 요건 또는 외국자본의 유입 필요성도 포함하는 것은 아니다'[18]라며 외국자본의 유입은 필수적인 요건이 아님을 명확히 하였다.[19]

(2) 소수주식의 보유

동일한 *Yukos Universal v. The Russian Federation* 사건[20]에서는 소수주식의 보유가 투자의 정의에 해당하는지 여부가 문제되었다. 이 사건에서는 원고인 영국령 만섬의 법률에 근거하여 설립된 Yukos Universal사가 러시아 법인인 Yukos 석유사(Yukos Oil Corporation OJSC사)의 주식을 보유하고 있다고 하더라도 Yukos 석유사의 사외주식의

---

16) *AMTO LLC v. Ukraine*, SCC Case No. 080/2005, Final Award, 26 March 2008, para. 36.

17) 본서 제8장 참조.

18) *Yukos Universal Ltd. v. Russian Federation*, PCA Case No. AA 227, Interim Award on Jurisdiction and Admissibility, 30 November 2009, para. 432.

19) 투자협정일반에서도 외국인투자인지 아닌지는 투자자의 국적으로 판단되는 것이 통례이며 자금의 출처는 무관하다고 본다(Schlemmer, *supra* note 7, pp. 58~62.).

20) 본서 제8장 참조.

2.25%에 불과하기 때문에[21] 피신청인(러시아)은 단순한 법적인 주식보유는 ECT상 보호되는 '투자'에 해당하지 않는다고 주장하였다.

이에 대하여 중재판정부는 ECT 제1조 6항에 정의된 "'투자'는 직접 또는 간접적으로 소유되거나 지배되고 있는 '모든 종류의 자산'을 포함하며, 기업의 주식뿐만 아니라 그 부채(ECT 제1조 6항(b)), 금전적 청구나 계약의 이행 그리고 '법에 의해 부여된 어떠한 권리(any right conferred by law)'(ECT 제1조 6항(f))(필자 강조)도 포함하"[22]며 아울러 "ECT 제1조 제6항(b)은 (본건에서와 같이) 주식을 포함한 기업에 대한 이해관계를 고려할 수 있는 가장 넓은 정의를 가지고 있고, ECT 초안작성자들이 소유를 '실질적인(beneficial)' 소유에 한정하는 것을 의도하였다고 생각할 근거는 없다"[23]고 하여 보유주식수가 적은 경우에도 '투자재산'에 해당함을 명확히 하였다.[24]

(3) 주식의 간접보유[25]

Kardassopoulos v. Georgia 사건[26]에서는 원고가 파나마 법인인 Tramex Panama사의 주식을 50% 보유하고, 동 사가 조지아의 국영기업인 SakNavtobi사와 합병기업(GTI사)을 설립하여 조지아 국내에서의 에너지산업에 참여한바, Kardassopoulos에 의한 당해 합병기업으로의 주식 보유가 '투자'에 해당하는지 여부가 문제되었다. 이 점에 대하여 중재판정부는 "원고에 의한 주식의 간접보유는, …… ECT상의 '투자'를 구성한다"[27]고 하여 투자해당성을 명확히 하였다.

(4) 단기매매계약상의 금전채권

Petrobart v. Kyrgyzstan 사건[28]에서는 단기매매계약상의 금전채권을 포함하는지 여부가 문제되었다. 중재판정부는 이를 긍정하고 있으나 비판적인 견해도 적지 않다.[29]

---

21) *Yukos v. Russia, supra* note 18, para. 419.
22) *Ibid.*, para. 430.
23) *Ibid.*
24) 투자협정일반과 관련있어 보여도 '투자협정에 특단의 제약이 없는 한, 주식의 보유비율과 상관없이 보호를 할 수 있다'고 한다(伊藤, 전게주 4), 37면).
25) 일반적인 내용은 Salacuse, *supra* note 14, pp. 184-186을 참조.
26) *Kardassopoulos v. Georgia, supra* note 5.
27) *Ibid.*, para. 124.
28) 본서 제4장 참조.
29) 본서 제4장 제IV절 2 외에 Roe and Happold, *supra* note 11, pp. 60-63; Z. Douglas, *The International Law of Investment Claims* (Cambridge University Press, 2009), pp. 229-232도 참조.

(5) '에너지분야의 경제활동과 관련된' 투자[30]

본장에서 다룬 *AMTO v. Lativia* 사건에서는 AMTO사의 EYUM-10사의 주식보유가
ECT상의 투자인지가 문제되었다. 이 사건에서는 AMTO사에 의한 EYUM-10사의 주식보
유는 최대 67.2%에 이르며 해당 주식의 보유가 ECT 제1조 6항(b)의 '회사 또는 기업의
······ 주식(shares, ··· in a company or business enterprise)'에 해당한다는 점에 대해서는 다툼
이 없었다. 문제가 된 것은 이것이 제1조 6항의 마지막 문장에서 요구되는 '에너지분야의
경제활동과 관련된' 주식인지 여부, 즉 EYUM-10사가 '에너지분야의 경제활동'에 종사하
고 있는지 여부이다. 이 점에 관해서는 ECT 제1조 5항의 '에너지분야의 경제활동'의 정의
가 문제되었다.

ECT 제1조 5항은 "'에너지분야의 경제활동'이란 에너지원료 및 에너지상품(······)의 탐
사, 채굴, 정제, 생산, 저장, 육상운송, 수송, 분배, 무역, 마케팅, 판매 또는 복수의 시설에
대한 열공급에 대한 경제활동을 말한다"고 규정한다. EYUM-10사는 전선의 가설이나 보
강, 화재통보시스템이나 경보시스템의 설치, 도장업을 운영하고 있기 때문에 피신청인(우크
라이나)은 동 사의 사업이 "그 자체로 '에너지분야의 경제활동'을 구성하지 않고 그러한 활
동에 '관련된' 것도 아니다"[31]라고 주장한 것이다.

이에 대하여 중재판정부는 우선 EYUM-10사의 사업을 "ZAES 원자력발전소에서의
전선가설, 수리 및 기술적 수선 혹은 개선, 요약하면 기술적 서비스 제공과 관련 있다"[32]
고 판단하였다.

한편 투자의 정의에 대하여 "제1조 6항 첫 번째 문장의 투자의 정의는 매우 넓고 포괄
적이며, 제1조 6항 마지막 문장의 에너지분야라는 제한은 엄격한 것은 아니다. ECT의 초안
작성자는 ECT에 의해 보호되는 투자가 에너지분야의 경제활동인 것을 요건으로 하지 않고
그러한 활동과 '관련된' 것만을 요건으로 한 것이다"[33]라고 하고 있으며, 아울러 "'관련된'
이라는 단어의 해석은 정도의 문제를 포함하고 있고 주로 주장된 투자와 에너지분야의 경
제활동간의 법적 관련성이 아닌 사실적 관련성에 대해 언급하고 있다. 에너지생산기업과의
단순한 계약관계는 당해 계약의 대상이 에너지분야와 기능적 관계를 가지고 있지 않은 경
우에는 ECT의 보호대상이 되는 데 충분하지 않다. '관련된'이라는 단어는 제2조에 표현된
ECT의 취지 및 목적에 합치하도록 해석되어야 한다"[34]고 평가하였다. 그런 다음 "본건에

30) *Cf., Ibid.*, p. 175; Roe and Happold, *supra* note 11, pp. 46-48.
31) *AMTO v. Ukraine, supra* note 16, para. 39.
32) *Ibid.*, para. 40.
33) *Ibid.*, para. 42.
34) *Ibid.*

서 ZAES사와 에너지분야의 에너지활동에 종사하고 있다. …… EYUM-10사는 전기에너지의 생산과 직접 관련된 …… 기술적 서비스를 제공하고 있다(para. 43)"고 하여 EYUM-10사에 대한 AMTO사의 투자는 '에너지분야의 경제활동에 관련된' 투자라고 인정한 것이다.[35]

이 사건에서는 에너지분야의 경제활동과 관련된 투자에 대해 여러 가지 문제점이 제기되었지만 이 점에 대해 중재판정부는 에너지기업과의 계약이라면 어떠한 것이라고 하더라도 투자가 된다는 견해를 부정하고 '에너지의 생산과 직접 관련된 기술적 서비스의 제공'에 대한 투자는 이에 해당한다고 하였다.

Ⅳ. 그 외의 논점

이 사건 중재판정부에서는 제Ⅲ절에서 검토한 '투자' 또는 '투자재산'의 정의 외에 분쟁의 존재,[36] ECT 제17조의 혜택의 부인, 병행적 국제소송절차,[37] ECT 제10조 투자의 촉진, 보호 및 대우,[38] 그와 관련된 사법정의실현의 거부 및 소위 umbrella 조항[39] 등이 문제되었다. 그중에서 여기에서는 혜택의 부인에 대하여 중재판정의 논리를 중심으로 검토한다.[40]

ECT 제17조는 '체약국은 다음에 대해 이 부[제3부: 투자의 촉진 및 보호]의 규정에 근거한 혜택을 부인할 권리를 가진다'고 한 후, '다음의 것'으로 '제3국 국민이 소유 또는 지배하는 법인으로 당해 법인이 조직된 체약국의 영토에서 실질적인 영업활동을 하고 있지 않는 것'을 들고 있다(제17조 1항). 이 사건의 원고는 라트비아 법인인 AMTO사이지만 중재판정부가 인정한 것과 같이 동 사의 주식은 모두 리히텐슈타인 법인이 보유하고 있었으며 아울러 최종적으로는 러시아 국민에 의해 지배되고 있었다. 이러한 상황에서, 러시아는 ECT에 서명하였지만 비준하지 않아,[41] ECT 체약국이 아니기 때문에 러시아가 ECT에 대하여 제3국(ECT 비체약국)이라는 주장이 가능해 본조의 적용이 문제가 된 것이다.

이 점에 대하여 라트비아는 첫째, ECT 제17조하에서 국가가 가지는 혜택의 부인의 '권

---

35) *Ibid*., para. 43.
36) 국제투자협정일반에서의 중재판정부의 관할권을 둘러싼 문제로서의 분쟁개념에 대해서는 岩月直樹, 「管轄權と受理可能性」, 小寺彰編著, 전게주 4), 222-227면 참조.
37) 국제투자협정일반에서의 병행적 국제소송절차의 존재와 중재법적 관할권과의 관계에 대해서는 中村達也, 「竝行的手續の規則, 調停」, 小寺彰編著, 전게주 4), 242-259면 참조.
38) 이에 대해서는 본서 제6장 제Ⅲ절을 참조.
39) 국제투자협정일반에서의 umbrella 조항에 대해서는 濱本正太郞, 「義務遵守條項(アンブレラ(条項))」, 小寺彰編著, 전게주 4), 137-155면 참조.
40) 혜택의 부인에 대해서는 본서 제7장 참조.
41) ECT 제44조는 ECT가 어떤 국가에 대해 발효하기 위해서는 당해 국가의 비준, 수락, 승인 또는 가입이라는 절차(통칭하여 비준)가 필요하다고 규정하고 있다.

리'는 중재판정의 대상이 되지 않으며 당사국만이 판단할 수 있다고 주장하였으나, 중재판
정부는 자신의 관할권의 유무를 결정할 관할권(competence-competence)은 중재판정부에 있
다고 하여 이 주장을 배척하였다.

　　그런 다음 중재판정부는 제17조 1항은 어느 법인에 대하여 투자의 촉진 및 보호의 혜
택을 부인하기 위해서는 ① 투자주체가 제3국 시민 또는 국민에 의해 소유 또는 지배되고
있을 것과 ② 투자자가 법인의 설립국에서 '실질적인 영업활동'을 하고 있지 않을 것이라
는 두 가지 요건이 동시에 충족되어야 한다고 지적하였다.[42]

　　중재판정부가 제17조 1항을 이렇게 해석한 배경에는 AMTO사의 최종적인 지배자의
국적국으로 러시아가 자리 잡고 있는 것에 있다고 생각할 수 있다. 즉 앞에서 언급한 바와
같이 러시아는 ECT에 서명만 한 채로 비준은 하지 않았기 때문에 비체약국 각국과 같이
평가될 수 있다. 그러한 평가에 대하여 ECT는 제45조 1항에서 '서명국은 전조의 규정에 따
라 이 조약이 자국에 대하여 효력을 발생할 때까지의 기간에 자국의 헌법 또는 법령에 저
촉하지 않은 범위에서 이 조약을 잠정적으로 적용하는 것에 합의한다'고 규정되어 있다. 그
러나 이 잠정적용의 범위는 반드시 명확한 것은 아니다. 이러한 상황에서 중재판정부는
"러시아가 제17조 제1항상의 '제3국'인지라는 어려운 해석문제가 생긴다"는 것을 인정하면
서 두 번째 요건을 검토하면 된다고 하여 러시아가 제3국에 해당하는지 여부의 문제를 결
정할 필요가 없다고 하면서 검토를 회피한 것이다.[43]

　　이 두 번째 요건에 대하여 중재판정부는 '실질적인 영업활동'이란 '형식적이지만은 않
다'는 의미이며, '대규모'라는 의미, 즉 사업규모가 문제인 것은 아니므로 AMTO사는 라트
비아 영토 내에서 소수이지만 직원을 항구적으로 고용하여 투자 관련사업을 하고 있다고
보아 이 요건을 만족시켰다고 인정하고 있다.[44]

　　이렇게 하여 이 사건 중재판정부는 제17조 1항의 관계에서 러시아가 '제3국'에 해당하
는가라는 곤란한 문제를 검토하지 않고, 우크라이나는 AMTO사의 ECT상의 혜택을 부인할
권리를 가지고 있지 않다고 결론지었다.[45]

---

42) *AMTO v. Ukraine*, *supra* note 16, para. 62.
43) *Ibid.*, para. 67. 러시아에 대한 잠정적 적용에 대해서는 본서 제8장 참조.
44) *Ibid.*, para. 69. Cf., Roe and Happold, *supra* note 11, p. 78; Dolzer and Schereuer, *supra* note 8, pp.
　　55~56.
45) *AMTO v. Ukraine*, *supra* note 16, para. 70.

제6장 수용의 금지와 부당하거나 차별적인 조치의 금지

Nykomb Synergetics Technology Holdings AB (Sweden) *v. Latvia*

西元宏治 · 平家正博 (니시모토 코우지·헤이케 마사히로)

I. 사실관계

1. 라트비아 공화국의 전력업계 상황

| 그림 | 라트비아 공화국의 전력공급 상황 (2000년 현재) |

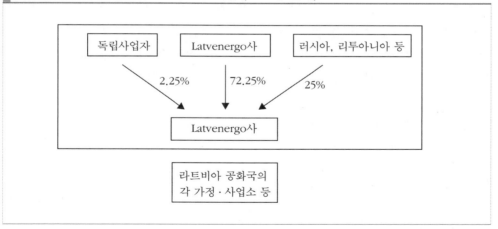

국영 주식회사 Latvenergo(이하 Latvenergo사)는[1] 라트비아 공화국 내의 전력판매를 독점하고 있었다. 따라서 SIA Windau 회사(이하 Windau사)를[2] 포함한 독립사업자는 자체적으

---

1) 라트비아법에 따라 1991년에 설립된 국영기업이며, 1993년에 민영화 되었다.
2) 라트비아법에 따라 1991년에 설립된 회사.

로 발전한 전력을 Latvenergo사에 판매할 필요가 있었다. 본건은 이처럼 라트비아 공화국 내의 전력판매를 독점하고 있던 Latvenergo사의 Windau사로부터의 전력구입가격에 분쟁이 발생하여 Windau사의 주주인 Nykomb Synergetics Technology Holdings AB(이하 신청인)가3) 중재를 제기한 사안이다.

라트비아 공화국은 1990년에 소비에트 연방에서 독립할 당시 국내소비전력의 일정 비율을 이웃하는 러시아연방의 공화국인 리투아니아 공화국과 에스토니아 공화국에 의존하고 있었다(위 그림 참조). 그러나 러시아연방의 공화국들과 리투아니아 공화국의 원자력 발전소가 폐쇄될 가능성이 있고, 에스토니아 공화국의 도시에서 석유에 의한 화력발전도 현저하게 불안정해져 장기적으로는 안정적인 전력 공급을 받을 수 없을 우려가 있었다. 그래서 라트비아 공화국은 전력의 해외의존도를 줄이는 것이 에너지안보의 관점에서 시급한 과제였다. 또한 라트비아 공화국은 중대한 환경문제에 직면해 있어서(예를 들어 각지의 난방설비가 사용하는 화석연료가 대기오염을 일으키는 문제), 자체적으로 깨끗한 에너지의 이용을 촉진할 필요성을 느껴왔다(p. 11, para. 32).*

이와 같이 라트비아 공화국은 국내의 발전능력을 높이고, 보다 깨끗한 에너지 이용을 증진하기 위해 해외투자를 끌어들일 필요가 있었다. 그러나 러시아연방 공화국이나 리투아니아 공화국에서 공급되는 전력은 매우 낮은 가격에 얻을 수 있고, 라트비아 공화국 내의 수력발전소 사업자도 생산비용에 알맞은 요금을 징수하는 것을 법률로 금지하고 있어 라트비아 공화국의 국내전력가격은 매우 낮은 가격에 책정되어 있었다. 그래서 외국인투자자는 라트비아 공화국 내 전력시장에서 경쟁하기가 어려운 상황이었다. 그에 따라 라트비아 공화국은 외국인투자 유치를 위해 아래와 같은 조치를 채택하였다(pp. 11－12, para. 33).

1994년 11월 5일: 국제협정에 관한 법(Law on International Agreements) 제정

1994년 12월 17일: 에너지헌장조약 서명 (그 후에 비준)

1995년 1월 13일: 미국과의 양자투자협정 체결

1995년 9월 6일: 에너지 기업에 관한 규칙(On the Regulation of Entrepreneurial Activity in Energetics) (이하 기업법)의 제정

1997년 9월: 국가에너지계획(Latvian National Energy Program)의 채택4)

---

3) 스웨덴법에 따라 1995년에 설립된 회사이다. 신청인은 1999년 3월에 Windau사의 주식 51%를 취득하였다. 또한 신청인은 2000년 9월에 나머지 49%의 지분을 취득해, Windau사는 신청인의 100% 자회사가 되었다.

* 역자 주) 본 장에서 사용되는 단락번호는 Oxford University Press에서 제공하는 국제투자중재 관련 데이터베이스인 http://investmentclaims.com(유료)에서 게재하고 있는 본 사건의 중재판정문의 것을 따르고 있음.

4) 국가에너지계획은 라트비아 공화국의 전력시장을 유럽연합의 전력시장과 통합해, 라트비아 공화국 내 규제

이 중 기업법은 열병합발전소에서[5] 발전된 전력을 다른 형태에 의해 발전된 전력과 비교해 우대하였다. 즉 Latvenergo사는 설비 용량이 1~12㎿ 열병합발전소에서 발전된 전력을 평균 매입가격의 2배의 고정매입가격(double tariff, 이하 '2배의 가격')에 구입해야 하는 것으로 정하고 있었다.

이런 상황을 전제로, Windau사는 1997년 3월 24일 Latvenergo사와의 전력구입계약인 Contract No.16/97(이하 본계약)을 체결하였다. 본계약에서는 Windau사는 라트비아 공화국의 Bauska시에 열병합발전소(이하 Bauska 발전소)를 세우면 Latvenergo사는 Bauska 발전소에서 발전된 잉여전력을 구입한다는 내용이 정해져 있었다. 또한 본계약에서는 전력의 구입가격에 대하여 "전력가격은 '전력업계의 기업에 관한 규칙'에[6] 근거하여 Lats[7]에 의해 정해야 한다"라고 정해져 있었다.

2. 국내법 규정

라트비아 공화국 내에서의 전력판매를 독점하고 있던 Latvenergo사에 의해 전력구입가격은 전기구매가격 및 지수에 따라 정해져 있고, 전기구매가격의 구체적인 산정방법이나 지수의 구체적인 값은 법률이나 규정에 의해 정해져 있었다. Latvenergo사에 의하면 동 사는 자신에게 공식적으로 정해진 전기구매가격이나 지수와 별도의 전력구입가격을 결정할 권한을 가지고 있지 않았다(p. 12, para. 36).

이 중 열병합발전에서 발전된 전력에 관한 지수의 취급에 대해서는 다음과 같은 국내법의 변천이 있었다.

(1) 기업법

1995년 9월 6일에 제정된 기업법은 다음과 같이 열병합발전소에 대한 우대조치를 규정하였다(p. 16, paras. 52, 53).

를 유럽연합의 지침이나 규정과 일치시키는 것을 주요목적으로 하고 있었다.

5) 열병합발전(co-generation)이란 에너지 공급 시스템 방식 중 하나이고, 열과 전력을 동시에 공급하는 시스템이다. 구체적으로는 석유와 천연가스를 연소시켜 발전할 때, 폐열을 회수해 이용하여 높은 에너지 이용효율을 실현할 수 있다.

6) 본계약이 준용하는 "On Regulation of Entrepreneurial Activity in Power Industry"와 기업법(On the Regulation of Entrepreneurial Activity in Energetics)의 관계는 반드시 분명하지 않지만, 본 중재판정부는 양자를 같은 법률로서 취급하고 있다고 생각한다(*Ibid.*, pp. 16, 23, paras. 52, 84).

7) 라트비아 공화국의 통화.

제27조 전기요금(tariff) 설정절차

 (1) 에너지공급 요금은 에너지공급사업자가 Council에서 정한 매입가격 산정방법에
    근거해 산정해야 한다.

 [중략]

 (9) 재생에너지(설비용량이 최대 2MW의 소형수력발전소 및 풍력발전소)에서 공급되는 잉여전
    력 및 설비용량이 1MW에서 12MW까지 소규모의 발전능력을 가진 열병합발전으로
    부터 공급되는 잉여전력에 대해서는 국가전력표준에 해당하는 경우, 보다 높은
    요금으로 구입하여 국가 송전망에 송전되어야 한다.

 (10) 제9항에서 정한 발전소로부터의 전력구입가격은 평균매입가격의 2배 가격에 상
    당해야 하고, 해당 조치는 발전소의 발전개시일부터 8년간 유효하다. 그 후의 전
    력구입가격은 평균매입가격에 상당해야 한다.

 이처럼 기업법은 열병합발전소에 대해 우대조치를 정하고 있었다. 그 후 1997년 1월
10일, 열병합발전에 대한 우대조치를 규정한 기업법 제27조 9항을 개정하고 동조 10항을
폐지하는 규칙 제23호가 제정되었다. 이 규칙 자체는 1997년 5월 7일, 헌법재판소가 헌법
제81조에 위반된다고 판단하였지만, 헌법재판소의 판단은 소급되지 않기 때문에 해당 판단
은 내려진 날부터 무효가 된다(따라서 엄밀히는 Windau사와 Latvenergo사가 계약을 체결한 시점
(1997년 3월 24일) 당시 규칙 제23호는 효력을 가지고 있지만, 이 점에 대해서는 특별히 당사자들이 문제 삼
지 않았다)(p. 16, para. 54).

 또한 헌법재판소로부터 상기 위헌 판결을 받고 라트비아 의회는 1997년 6월 11일에
기업법 제27조 9항, 10항을 개정하여 열병합발전에 대한 우대조치의 적용범위를
Latvenergo사와의 전력구입계약의 효력이 1997년 5월 31일까지 발생하였을 경우에 한정
하는 취지의 개정을 하였다.[8] 다만 Windau사와 Latvenergo사간에 체결된 본계약은 '계약
체결일에 효력이 발생한다(this Agreement shall take effect as of the date of its signing)'고 규정
되어 이 계약이 체결된 1997년 3월 24일에 효력이 발생하였기 때문에, 이러한 개정에 의해

---

 8) 문장은 다음과 같다.
  "These provisions on purchase of power from the cogeneration plants shall be applied to all physical
  persons and legal entities whose/which contract with the State Joint–Stock Company "Latvenergo" to
  be privatised on purchase of the power into the state power transmission grid from cogeneration
  plants has taken effect by May 31, 1997(*Nykomb Synergetics Technology Holding AB(Sweden) v.
  Latvia*, SCC Case No. 118/200l(Energy Charter Treaty), Award, 16 December 2003, p. 17, para. 55)."
  덧붙여 이 장에서는 에너지헌장조약 사무국 홈페이지에 게재된 중재판정을 사용하였다.

서도 우대조치의 적용이 배제되지는 않았다(p. 17, paras. 55, 56).

(2) 에너지법

전술한 바와 같이 1997년 9월에 국가에너지계획이 채택되자, 1998년 9월 3일에 기업법 대신 에너지법이 제정되었다(p. 17, para. 57).

에너지법은 2배의 가격에 관한 규정을 특별히 두지 않았고, 기업법이 인정하고 있던 열병합발전소에 대한 우대조치를 직접 배제하지도 않았다(p. 17, para. 58). 그러나 에너지법 제정 후에 발전을 개시한 열병합발전소에서 발전된 전력에 대해서는 1998년 10월 31일에 전력구입가격지수를 0.75로 정하는 규칙 제425호(다만 국내연료를 사용하여 발전한 경우에는 0.95)가(p. 19, paras. 66–68), 2002년 1월 8일에는 사용한 연료에 상관없이 전력구입가격지수를 0.75로 정하는 규칙 제9호(p. 21, paras. 74, 75)가 각각 제정되었다.

3. 사실경과

(1) 본계약의 체결

Windau사와 Latvenergo사는 1997년 3월 24일에 본계약을 체결하였다.9) 본계약은 Latvenergo사에 의한 전력구입가격을 다음과 같이 규정하고 있었다(p. 23, para. 84).

II. 가격

전력가격은 "전력업계의 기업에 관한 규칙"에 근거하여 Lats에 의해 정하여야 한다.

[중략]

VI. 추가조항

전력의 평균매입가격이 변경된 경우, 본계약에 따라 정해지는 가격도 변경되어야 한다.

이와 같이 본계약은 Latvenergo사에 의한 전력구입가격을 기업법에 따라 정한다고 하였다. 또한 전술한 대로 기업법은 열병합발전소가 발전한 전력의 구입가격을 해당 발전소의 발전개시일로부터 8년 동안 평균매입가격의 2배 가격으로 한다고 규정하고 있었다.

---

9) Windau사는 본계약을 체결한 날에 Bauska 발전소와 별도로 열병합발전소 3기를 건설하는 취지의 계약을 Latvenergo사와 체결하였다. 또, Windau사는 1997년 3월 26일에 열병합발전소 12기를 추가로 건설하는 취지의 계약을 체결하였다.

(2) 장기공급계약 체결

그러나 1997년 10월 2일에 Latvenergo사는 Windau사와 체결한 본계약이 Latvenergo 사를 대리할 권한을 가지지 않는 사람에 의해 체결되었기 때문에 무효라는 서한을 발송하였다(p. 13, para. 40). 그 후 전력구입가격에 대한 Windau사와 Latvenergo사 간의 분쟁을 이유로 Bauska 발전소는 1999년 9월 17일에 발전을 개시할 수 있는 상황에 있었음에도 불구하고 발전을 개시하지 못하였다(p. 24, para. 90).

이러한 상황하에 1999년 10월 29일 라트비아 공화국 총리, 독일연방공화국 대사, 스웨덴왕국 대사, Noell사[10] 및 Windau사의 대표자들이 참석한 회의가 있었고, 같은 해 11월 30일 내각은 내각결의 제67호를 발표하였다. 내각결의 제67호는 Bauska 발전소에서 발전되는 전력의 구입가격이 2배의 가격임을 보장하는 것이었는데, 2000년 3월 24일 헌법재판소는 해당 내각결정은 무효라고 판단하였다(pp. 19-20, para. 71).

이러한 상황하에 2000년 2월 28일 Bauska 발전소는 발전을 시작하였고, 2000년 3월 10일 Windau사와 Latvenergo사는 다음과 같은 장기공급계약(off-take contract)을 체결하였다(pp. 24-25, para. 91).

① 내각결의 제67호에 관한 헌법재판소의 판단이 내려질 때까지 Latvenergo사는 Windau사로부터 전력을 평균매입가격의 0.75배 가격으로 구입하여야 한다. 또한 Latvenergo사는 Windau사가 주장하는 전력구입가격과의 차액(평균매입가격의 1.25배 가격에 상당하는 금액)을 A/S Vereinsbank의 Riga지점의 에스크로 계좌에 납입하여야 하며, 헌법재판소가 내각결의 제67호가 유효하다고 판단할 경우 그 차액을 Windau사의 은행계좌에 송금한다.

② 헌법재판소가 내각결의 제67호를 유효라고 판단할 경우, Latvenergo사는 Bauska 발전소에서 발전된 전력을 시운전을 시작한 때로부터 8년 동안 평균매입가격의 2배 가격으로 구입하여야 한다.

③ 헌법재판소가 내각결의 제67호를 무효로 판단할 경우, Latvenergo사는 Bauska 발전소가 시운전을 시작한 때로부터 8년 동안 Bauska 발전소에서 발전한 전력을 평균매입가격의 0.75배 가격으로 구입하여야 한다.

④ 양 당사자는 헌법재판소가 어떤 판단을 내리더라도 어느 당사자도 법에서 규정하는

---

10) Noell-KRC Energie-und Umwelttechnik GmbH는 독일연방공화국의 법을 근거로 설립된 주식회사이며, 열병합(co-generation)발전소 건설관련사업을 하고 있었다. Noell사는 1998년 2월 19일 Windau사와 라트비아 공화국에 열병합발전소를 건설한다는 취지의 계약을 체결하였다. 이 회사가 라트비아 공화국의 프로젝트에 출자할 투자자를 모집한 것에 신청인이 관심을 나타내어 이 프로젝트에 참여하게 되었다(*Ibid.*, pp. 13-14, paras. 41-43).

방식에 따라 상기 ②, ③에서 정한 전력구입가격에 관하여 이의나 소송을 제기할 권리를 가진다는 것에 합의하고, 해당 이의나 소송에서 제시된 법원의 판단이 상기 ②, ③과 다른 경우, 해당 법원이 정한 전력구입가격을 적용하는 것에 합의한다.11)

(3) 본 중재 요청

신청인은 헌법재판소의 내각결의 제67호에 관한 판단 후에도 Latvenergo사 및 라트비아 공화국과 Latvenergo사의 전력구입가격에 대한 협의를 진행하였지만, 합의에 이르지 못하였다. 그러한 상황에서 2001년 12월 11일 신청인은 라트비아 공화국에 대해 (가) 1999년 9월 17일부터 2000년 2월 28일까지의 교착기간 동안 Windau사가 열 및 전력을 공급하지 못해 발생한 손해, 그리고 (나) 2000년 2월 28일 이후 Latvenergo사가 전력구입대금의 일부만 지급하여 발생한 손해에 대한 배상을 요구하며 에너지헌장조약 제26조 4항(c)에 근거하여 본건을 스톡홀름상업회의소(Stockholm Chamber of Commerce)에 제소하였다(pp. 1, 4-5, paras. 5, 12).

신청인은 본 중재판정부에서 2배의 가격의 지급거절은 에너지헌장조약 제3부에 위반하는 위반행위에 해당하고, 이 행위가 라트비아 공화국 자체의 작위 또는 부작위에 의한 것으로 보거나 Latvenegro사가 라트비아 공화국의 국가기관·국영회사이고 이 회사의 행위는 라트비아 공화국에 귀속된다고 하여 라트비아 공화국은 법적 책임을 져야 한다고 주장하였다(p. 29, para. 100). 또한 신청인의 주장은 Windau사가 입은 손해의 배상을 요구하는 것은 아니며, Latvenergo사가 2배의 가격의 지급을 거절하여, 신청인 자신이 입은 손해의 배상을 요구하는 것이다.12)

(4) Latelektro-Gulbene사

Latvenergo사는 Latelektro-Gulbene Ltd.(이하 Latelektro-Gulbene사)와도 1997년 5월 19일에 열병합발전소에서 발전된 전력에 대한 전력구입계약을 체결하였다. 이 계약에서의 전력구입가격은 법에 의해 규정된 전력매입가격에 따라 결정하도록 정해져 있었다. 해당

11) 본 계약관계에 대해 중재판정부는 "2000년 3월 10일자의 합의(장기공급계약)는 구입가격에 관한 분쟁이 최종적으로 마무리될 때까지의 기간 동안의 지급에 대한 잠정합의이며, 본계약에 의해 최종적으로 지급해야 하는 구매가격을 변경하는 것은 아니다"라고 언급하여 2000년 3월 10일자 협정에 따라 본계약에 근거한 Windau사의 권리는 소멸되었다는 라트비아 공화국의 주장을 받아들이지 않았다(Ibid., pp. 28-29).
12) 본 중재판정부는 신청인 자신이 입은 손해를 주장하는 것을 인정한 후, Windau사의 권리는 신청인에게 이전되지 않았고 신청인이 본계약의 당사자가 아닌 이상 중재판정부는 관할권을 가지지 못한다는 라트비아 공화국의 주장을 배척하였다(Ibid., p. 8, para. 28).

발전소는 1998년 3월 6일에 발전을 개시하였지만, Latvenergo사가 2배의 가격의 지급을 거절하자 1998년 7월에 송전을 중단하였다. Latelektro-Gulbene사는 1998년 10월에 2배의 가격 지급을 요구하면서 리가(Riga) 지방법원에 소송을 제기하였다. 리가 지방법원은 1998년 12월 16일, 상기 전력구입계약은 법적 구속력을 가지고 있고, Latvenergo사는 "발전소가 시운전을 시작한 때로부터 8년 동안 계약이 체결된 시점에 효력을 가지고 있던 법에 따라 2배의 가격을 지급해야 한다"라고 하여 Latelektro-Gulbene사의 주장을 인정하였다. 해당 판단은 고등법원(1999년 3월 30일) 및 대법원(1999년 6월 30일)에서도 유지되었다. 그에 따라 2011년 10월 30일 Latvenergo사와 Latelektro-Gulbene사는 Latvenergo사가 2배의 가격을 지급한다는 취지의 계약을 체결하였다(pp. 25-26, paras. 93, 94).

(5) 화해[13]

라트비아 정부는 본 중재판정이 내려진 후, 2배의 가격을 지급하는 것과 동시에, 8년 기간 만료시까지의 2배의 가격 지급을 보증하였다. 또한 라트비아 정부와 신청인은·라트비아 정부가 장래에도 2배의 가격을 지급하는 것을 조건으로, 신청인 및 Windau사는 라트비아 정부와 본 중재판정 이전에 생긴 손해에 대해서는 청구하지 않겠다는 내용의 합의에 이르렀다.

Ⅱ. 판정요지

1. 관할권의 유무에 관하여

신청인은 에너지헌장조약 제26조 4항(c)에 따라 본건 중재를 제기하였다. 에너지헌장조약 제26조 4항(c)에 따라 중재를 신청하기 위해서는 다음의 요건이 충족되어야 한다.
① 투자자(investor)일 것
② 투자(investment)가 이루어졌을 것
③ 청구가 "투자와 관련되어 있을(relating to an investment)" 것
④ 체약국이 에너지헌장조약 제3부의 규정을 위반하였다고 제기되고 있을 것
⑤ 우호적인 해결을 요청한 날로부터 3개월이 경과할 것

---

13) Jonas Wetterfors, "The First Investor-State Arbitration Award under the 1994 Energy Charter Treaty, Nykomb Synergetics Technology Holding AB, Sweden ("Nykomb") vs. the Republic of Latvia, A Case Comment," *Transnational Dispute Management* 1 (2005), p. 15.

이 점에 대해 중재판정부는 위 ①~⑤의 요건은 모두 충족된다고 하였다. 즉 ①, ②와 관련하여 중재판정부는 신청인은 '투자자'이고, 신청인에 의한 Windau사의 주식취득 및 회사에 대한 여신행위는 '투자'에 해당한다는 점에 대해 당사자간에 다툼이 없다고 밝혔다 (p. 8, para. 23). 또한 ③에 대해 "신청인의 손실 또는 손해는 Windau사의 수입이 감소하여 신청인의 투자에 영향을 준 것에 의해 생겼다고 주장되고 있다"고 하여 "신청인의 청구와 신청인의 Windau사에 대한 투자와 관련성은 분명하다"고 하였다(p. 8, para. 25). 또한 ④에 대해서 "신청인의 라트비아 공화국에 대한 모든 청구는 에너지헌장조약 제3부에 마련되어 있는 제10조 및 제13조를 근거로 하고 있다"고 하였다(p. 8, para. 27).

2. 본안에 관하여

중재판정부는 신청인의 청구가 인정되기 위해서는 다음의 요건을 충족시킬 필요가 있다고 하면서 각 요건에 대해 판단을 내렸다.

① 2배의 가격 미지급이 라트비아 공화국 또는 국가기관에 의해 직접 이루어졌거나 또는 Windau사와의 계약과 관련하여 Latvenergo사의 행위가 라트비아 공화국에 귀속하는 것

② 2배의 가격 미지급 또는 그것에 부수하는 행위가 에너지헌장조약 제3부상의 의무에 위반하는 것

③ 2배의 가격 미지급에 의해 신청인에 대한 손실 또는 손해가 생긴 것

(1) 2배의 가격 미지급에 관한 라트비아 공화국의 책임 유무

본 중재판정부는 다음과 같이 Windau사가 법률상의 권리 및 계약상의 권리를 가지고 있었다는 사실을 인정한 후, (b)와 (c)의 두 가지 점을 지적해, Latvenergo사에 의한 지급거절 책임을 라트비아 공화국에 귀속시키려고 하였다.

(a) Windau사는 법률상의 권리 및 계약상의 권리를 가지고 있었음

"본래 Windau사는 8년 동안 2배의 가격의 지급을 받는 법률상의 권리 및 계약상의 권리 모두를 가지고 있었다(p. 29, para. 102)."

"라트비아 공화국은 Latvenergo사와 Windau사가 본계약을 체결한 1997년 3월 24일 시점에서 효력을 가지고 있던 기업법이 Windau사에 대하여 발전 개시 후 첫 8년간 2배의

가격의 지급을 받는 법률상의 권리를 부여한 것을 인정하고 있다. 또한 Windau사의 2배의
가격에 관한 법률상의 권리는 일련의 법적 조치로 거론된 것을 인정하고 있고, 이것은 최초
로 1997년 6월 11일의 기업법 개정에서 인정되었을 가능성이 있으며, 1998년 10월 6일에
시행된 에너지법에 의해 기업법이 폐지되었고, 또 1998년 10월 31일의 내각규칙 제425호
에 의해 법률상 권리가 확실하게 인정된 것을 라트비아 공화국도 동의하고 있다. 이는 라트
비아 공화국이 직접적으로 책임을 지는 법률이다(p. 30, para. 103)."

"계약상의 권리에 관해서는 Latvenergo사는 본계약을 체결함으로써 Windau사에 대해
서 8년 동안 2배의 가격의 지급을 받는 계약상의 권리를 부여하였다(상기 3.8(d)항 참조).
Latvenergo사는, Windau사가 공급한 전력에 2배의 가격을 지급한 적이 없는 점에 대해
양 당사자는 이견이 없다(p. 30, para. 104)."

(b) Latvenergo사에 의한 권리침해행위를 인식하면서 이에 대해 적절히 대처하지 않은 것
"Latvenergo사가 2배의 가격 지급을 거부한 이유를 나타내는 명확한 설명이나 증거는
제출되지 않았다. 다만 Latvenergo사가 지급을 거절한 것은, 아마도 2배의 가격에 관한 법
령상의 권리가 폐지되었기 때문이라고 생각한다. 증거에 따르면 Latvenergo사는 라트비아
내에서 발전되는 전력의 구입가격을 스스로 결정하거나 협상하는 권한을 가지고 있지 않았
다. 평균매입가격은 항상 규제당국에 의해 정해져 있었다. 이른바 지수는 법이 정하거나 법
률에 근거해서 정부기관이 정하였다. 그리고 Latvenergo사는 정부기관이 정한 해당 평균매
입가격 및 지수를 적용할 의무가 있었다. 이에 대한 반대증거가 없는 관계로, Latvenergo
사는 이미 존재하는 Windau사의 2배의 가격에 관한 법령상의 권리를 폐지한다는 의회의
판단에 따라 Windau사의 2배의 가격에 관한 권리를 부인할 의무가 있었다고 판단했을지
도 모른다(p. 30, para. 105)."

"그러나 Windau사가 2배의 가격에 관한 계약상의 권리를 가진 것을 Latvenergo사는
거의 확실히 인식하고 있었다고 보인다. 즉, 위에서 본 바와 같이 본건과 유사한
Latelektro─Gulbene 사건에서 라트비아 대법원의 1999년 7월 30일 판결은 Latvenergo사
가 그 후의 법령변경과 관계없이, 계약 체결시에 효력이 있었던 지수에 따라 지급하여야 하
는 계약상의 의무를 진다고 판단하였다. 또 Latvenergo사는 Latelektro─Gulbene사와 2배
의 가격을 8년간 지급한다는 내용의 계약을 새로 체결하였다(p. 30, para. 106)."

"라트비아 정부도 Latvenergo사가 2배의 가격의 지급을 거절한 것을 분명히 인식하고
있었다. 즉 1999년 10월 29일에 열린 수상과의 회담 후, 내각은 1999년 11월 30일

Windau사에 2배의 가격 지급을 명하는 내각결의를 발표하였다(상기 3, 5, 7항 참조). 헌법재판소가 이 내각결의를 헌법상의 이유로 무효화하였지만, 이러한 사정은 중앙 정부가 Latvenergo사의 잘못된 지급거절을 분명히 인식하고 있었음을 보여준다. 라트비아 정부가 예를 들어 에너지헌장조약에 의해 해외투자 보호의무에 근거하여 Windau사의 계약상의 권리 또는 법률상의 권리를 보호하기 위한 추가적인 행동을 하였다는 것을 나타내는 증거는 존재하지 않는다(p. 30, para.107)."

"따라서 Windau사의 계약상의 권리에 대한 침해가 지속되는 것이 용인되고 있었고, 해당 권리침해는 상황을 개선하기 위한 행동을 하지 않은 라트비아 정부로부터 기인한다고 판단되어야 한다(p. 30, para. 108)."

(c) Latvenergo사는 전력가격에 관한 라트비아 공화국의 결정을 이행하는 수단으로서의 역할을 한 점

"본 중재판정부는 본 건의 상황하에서 책임의 귀속에 관한 국제법상의 규칙에 따라 라트비아 공화국은 Latvenergo사의 행위에 대해 책임을 져야 한다는 입장에 있다(p. 31, para. 109)."

"Latvenergo사는 1991년에 국영기업으로 설립되어 1993년에 모든 주식을 라트비아 공화국이 소유하는 주식회사로 조직이 변경되었다. 잠시 Latvenergo사에 대한 민영화가 계획되어 라트비아 민영화청(Latvian Agency for Privatization)의 감독하에 있었다. 그러나 에너지법이 2000년 8월 3일에 개정됨에 따라 다음과 같이 선언되었다.

라트비아 공화국의 국가경제에 있어서 [Latvenergo사]가 중요한 대상임을 감안하면, Latvenergo사는 민영화되어서는 안 된다. Latvenergo사의 주식은 모두 라트비아 공화국이 보유하여야 한다.

내각의 2000년 8월 9일 명령에 의해 Latvenergo사의 관할 관청은 경제부로 변경되었다(p. 31, paras. 110, 111)."

"이러한 조직변경 전후에 Latvenergo사는 주요 국내 발전사업자 및 국내에서 전력을 판매하는 유일한 사업자로서 독점적인 지위를 가지고 있었다. Latvenergo사는 극도로 규제된 전력업계에서 정부기관으로서의 역할을 다하였음이 분명하였다. Windau사가 사업을 하던 시장에서 Latvenergo사에게 상업상의 자유가 일체 인정되고 있지 않았다. 즉 Latvenergo사는 전력가격을 협상할 자유를 가지고 있지 않았고, 열병합발전소에서 발전한 전력의 구입가격은 법률 및 규제당국이 정한 구매가격에 구속됐으며 회사 스스로도 그러하

다고 생각하였다. 독립한 영리기업이 아니었고 지금까지도 영리기업이 아닌 Latvenergo사는 분명히 전력시장에서 라트비아 공화국의 기관의 일부를 구성하여 전력가격 설정에 관한 라트비아 공화국의 결정을 이행하는 수단으로서의 역할을 하고 있다(p. 31, para. 112)."

(2) 에너지헌장조약 제3부에 규정된 의무에 위반하였는지

신청인은 Latvenergo사의 2배의 가격 지급거절이 (a) 에너지헌장조약 제10조(투자의 촉진·보호 및 대우)의 여러 규정을 위반하는 동시에, (b) 에너지헌장조약 제13조(수용)가 정하는 수용에 해당하거나 수용과 같은 효과가 있다고 주장하였다.

이에 대해 중재판정부는 다음과 같이 언급하면서 Latvenergo사의 일련의 대응이 에너지헌장조약 제10조 1항에 위반되는 차별적 조치라고 인정하였다.

(a) 수용에 해당하지 않음

"본 중재판정부는 '규제적 수용(regulatory takings)'이 상황에 따라서는 수용에 해당하거나 수용과 동등한 조치가 될 수 있다고 생각한다. 수용의 경계선의 결정적인 기준은 분쟁의 대상이 되는 조치에 의해 취득하게 되는 회사의 소유 및 지배 정도이다. 본건에서는 Windau사의 지위나 자산의 취득은 이루어지지 않았고, 주주의 권리나 회사운영에 관한 경영지배권에 대한 간섭도 이루어지지 않았다(p. 33, para. 120)."

"따라서 2배의 가격 미지급은 에너지헌장조약하에서의 수용에 해당하지 않고, 수용과 동등하다고 할 수도 없다(p. 33, para. 121)."

(b) 공정·공평대우 의무와 그 외 다른 차별금지의무의 위반

"엄밀히 말하면, 라트비아 공화국의 법적 책임이 성립하기 위해서는 에너지헌장조약 제10조의 규정 중 하나가 침해된 것을 보여주는 것만으로 충분하다(pp. 33-34, para. 124)."

"신청인은 Latvenergo사가 2배의 가격의 지급을 거절함으로써 Windau사가 차별적 취급을 받았다고 주장한다. 즉, Latvenergo사는 Latelektro-Gulbene사와 합자회사(Joint Stock Company) Liepājas Siltums의14) 잉여전력에 대해 2배의 가격을 지급해 왔으며, 현재도 지급하고 있다. Windau사를 상기 두 회사와 달리 취급할 정당한 이유는 존재하지 않는다고 주장한다(p. 34, para. 126)."

"본 중재판정부는 에너지헌장조약에서 문제되는 차별이 존재하는지를 평가할 때에는

---

14) 1995년 4월 4일 Latvenergo사는 합자회사 Liepajas Siltums와 열병합발전소의 발전전력에 관한 전력구입계약을 체결하였다. 이 계약에서 Latvenergo사의 전력구입가격은 평균매입가격의 2배로 정해져 있었다.

'같은 것과의 비교(compare like with like)'만을 하여야 한다고 인정한다. 그러나 라트비아 공화국은 중재판정부에 제출한 증거 외에는 지수를 정할 때의 기준 또는 방법을 나타내는 증거나 Latvenergo사가 지수를 적용하는 권한을 어느 정도 가지고 있었는지를 나타내는 증거를 거의 내지 않았다. 한편, 본 중재판정부가 입수할 수 있는 모든 정보에 근거하면 이 세 회사는 비교가능하며 같은 법령·규칙을 따를 가능성이 있다고 생각한다. 특히 Latelektro−Gulbene사와 Windau사에 대해서는 이것이 타당하다고 생각한다. 이런 사정 하에, 그리고 확립된 국제법에 따르면, 차별이 없었거나 현재에도 없다는 것의 입증책임은 라트비아 공화국에게 있다. 본 중재판정부는 당해 입증책임을 다하지 못하였다고 판단하여 Windau사가 에너지헌장조약 제10조 1항에 위반하는 차별적 조치를 받았다고 결론을 내린다(p. 34 para. 128)."

(3) 신청인의 손실 또는 손해에 대해서

본 중재판정부는 보상방법으로는 원상회복이 적절하다고 보아, Windau사의 손해와 투자자인 신청인의 손해는 구별해야 한다는 라트비아 공화국의 주장을 고려해, 다음에서 서술하는 바와 같이 신청인이 주장하는 손해의 일부만을 인정하였다.

(a) 보상방법

"본 중재판정부는 라트비아 공화국이 에너지헌장조약 제10조에서 정한 의무를 위반한 것으로 생기는 손실 또는 손해의 보상방법에 대한 문제는 주로 현존하는 국제관습법의 원칙에 따라 해결되어야 한다고 판단하며, 이 점에 대해서는 당사자들도 동의하는 것으로 보인다. 그런 원칙은 2001년 11월에 채택된 국제법위원회의 국가책임조문초안에 권위를 가지고 재규정되어 있다(p. 38, para. 152)."

"국가책임조문초안의 제34조 및 제35조에 의하면 원상회복이 일차적인 보상방법으로 알려져 있다. 이 제35조는 다음과 같이 규정하고 있다.15)*

국제위법행위에 책임있는 국가는 원상회복, 즉 그 위법행위가 행해지기 이전에 존재하던 상황을 회복할 의무를 부담한다. 단, 이는 다음과 같은 경우에 한한다.

---

15) 국가책임조문초안의 번역문은 다음의 것을 참조하였다. 奧脇直也編, 『國際條約集2012年版』(有斐閣, 2012), 110면.

*역자 주) 국가책임조문초안의 국문 번역은 김석현, 『국제법상 국가책임』(삼영사, 2007), 599면 참조.

(a) 물리적으로 불가능(materially impossible)하지 않을 것.

(b) 금전배상에 대신해 원상회복시키는 것에서 생기는 이익과 현저히 균형을 잃는 듯한 부담을 수반하지 않을 것.

본건에서 원상회복은 기업법이 보증한 것처럼 Windau사의 2배의 가격에 관한 권리를 보장하는 라트비아법상의 조항을 부활시킴으로써, 또는 계약에서 인정된 2배의 가격과 실제로 지급된 0.75배의 요금의 차액을 Windau사에 금전보상함으로써 가능하다. 체약국의 자회사에 대해 손실을 발생시키는 행위에 의해 투자에 대한 손해 또는 손실이 간접적으로 생긴 경우라도, 체결국이 투자자에게 직접 행동을 취한 경우에는 원상회복이 가장 적절한 방법으로 보아야 한다. 본건에서 본계약에 근거하여 Windau사에게 라트비아 공화국에 대한 지급을 부과하는 중재판정은 본계약에 근거한 지급을 명한 중재판정과 동등한 효과를 가진다. 따라서 본 중재판정부는 이 중재판정이 내려지게 될 시점까지 신청인의 투자에 생긴 손실 또는 손해를 위한 보상을 산정하는 적절한 방법에 대해 판단한다(p. 39, paras. 153, 154)."

(b) 손실 또는 손해의 산정 방법

"라트비아 공화국은 Windau사의 수입이 감소하더라도 신청인이 투자자로서 동일한 금액상의 손해를 입는 경우는 분명히 없다고 주장하고 있고, 본 중재판정부도 이 주장에 동의하여야 한다(p. 39, para, 155)."

"그러나 Windau사에 대해 2배의 가격의 지급을 거절함으로써, Windau사에 대한 신청인 투자의 경제적 가치 및 안전성을 실질적으로 감소시킨 것은 의심의 여지가 없다(p. 39, para. 155)."

"(신청인이 입은 손해에 대해) 이 이상의 상세정보가 명확하지 않으나, 투자자인 신청인이 투자에 대해 경제적 손실 또는 손해를 본 것을 부정할 수 없는 이상, 본 중재판정부는 인과관계, 예견가능성, 결론의 타당성에 관한 적용가능한 국제관습법의 요건을 고려하여 신청인의 손해액을 산정할 수밖에 없다(p. 41, para. 161)."

"본 중재판정부는 이러한 산정을 하는 데 이용할 수 있는 최적의 기준은 교착기간 동안에 발전하지 못한 발전량의 산정치 및 본 중재판정이 내리기까지의 실제 발전량이라고 판단한다. 중재판정부는 교착기간에 발생시키지 못한 열량을 고려하지 않을 것이고, 열을 발생시키지 않음으로써 발생한 손해에 대한 충분한 입증도 이루어지지 않았다. 신청인의 순손실을 산정하는 데 공제될 수 있는 유일한 비용은 발전을 위해 필요한 천연가스 비용뿐이다(p. 41, para. 162)."

"이런 상황하에서 본 중재판정부는 라트비아 공화국이 에너지헌장조약상의 의무를 위반함으로써 생기는 손해를 본 중재의 중재판정이 내려질 때까지의 전력구입가격에 관한 (Windau사의) 손실의 3분의 1로 하는 재량적 판단은, 본 중재판정부의 중재판정이 내려지기까지 신청인에게 생긴 손해를 수량화하기 위한 합리적인 기준이라고 본다(p. 41, para. 163)."

III. 해설16)

본건에서는 신청인인 Windau사가 Latvenergo사의 미지급과 그에 대한 라트비아 정부의 부작위에 대해 에너지헌장조약 제3부에서 언급된 실체적 규정 중 4개의 기준에 위반된다고 하여 중재를 신청하였다. 신청의 구체적인 내용은 ① 공정·공평대우(제10조 1항), ② 국제법이 요구하는 대우보다 불리하지 않은 대우(제10조 1항)의 보장, ③ 수용 및 수용과 동등한 효과를 가진 조치의 금지(제13조 1항), ④ 부당한 또는 차별적인 조치로 인한 저해(제10조 1항)에 관한 규정에 위배된다는 것이었다.17)

이러한 청구 중 중재판정부가 실제로 검토한 것은 ③ 수용 및 수용과 동등한 효과를 가진 조치의 금지(제13조 1항)와 ④ 부당한 또는 차별적인 조치로 인한 저해(제10조 제1항)에 대해서뿐이었다. 결론적으로 중재판정부는 ③에 대해서는 Latvenergo사의 미지급을 근거로 한 수용에 관한 주장은 제13조 1항의 수용의 요건을 충족시키지 않는 것으로 판단하였다. ④에 대해서는 라트비아 정부의 대응이 차별적인 조치에 해당한다고 하여 의무위반을 인정하였다. 그러나 제10조 1항에 규정된 ④ 이외의 여러 기준에 따라 제기된 청구에 대해서 중재판정부는 "엄밀히 말하여 라트비아 공화국의 법적 책임이 성립하기 위해서 에너지헌장조약 제10조의 규정 중 하나만 침해된 것으로 나타내면 충분하다"고 하여 검토하지 않았다.18)

---

16) 본 해설의 일부는 '재단법인 국제무역투자연구소 공정무역센터(財団法人国際貿易投資研究所公正貿易センター)'가 실시한 "평성 21년도 투자협정중재연구회(平成21年度投資協定仲裁研究会)"의 조사(西元宏治, 「『不当な又は差別的な措置等』の禁止に関する規定の意義」)에 근거하는 것이다. 중복되는 부분에 대해서는 본 해설을 우선으로 한다.

17) *Nykomb Synergetics Technology Holding AB (Sweden) v. Latvia*, SCC Case No. 118/2001 (Energy Charter Treaty), Award, 16 December 2003, p. 5, para. 15.

18) *Petrobart* 사건에서는 에너지헌장조약 제10조 1항의 전체 취지는 공정·공평대우의 확보에 있다고 하여, 공정·공평대우에 대해서만 검토를 하였고 제1항에 규정된 다른 기준에 관한 신청에 대해서는 검토를 하지 않았다(*Petrobart Ltd. (Gibraltar) v. Kyrgyzstan*, SCC Case No. 126/2003(Energy Charter Treaty), Award,

1. 수용 및 수용과 동등한 효과를 가진 조치의 금지

(1) 수용에 관한 규정의 개요

수용은 가장 전형적인 투자재산의 침해 형태 중 하나이며, 국제법상 합법성이나 그 요건, 또는 보상기준 등에 관해 오랫동안 논란이 벌어져 왔다.[19] 이러한 논의를 근거로, 모든 투자협정은 합법적인 수용의 요건과 보상에 관한 규정을 두고 있다. 대부분의 경우 ① 공공목적, ② 비차별적일 것, ③ 신속히 보상이 지급될 것, ④ 정당한 절차에 따라 이루질 것, ⑤ 보상은 수용 당시의 공정한 시장가격에 따라 지급될 것 등의 요건이 규정되어 있다. 다음에 제시하는 에너지헌장조약 제13조도 이러한 규정의 전형이다.

> 제13조 수용
>
> (1) 체약국은 체약국의 투자자의 다른 체약국 영역 내의 투자재산을 국유화, 수용 또는 국유화 또는 수용과 동등한 효과를 가진 조치(이하 "수용"이라 한다)의 대상으로 해서는 아니 된다. 단, 수용이 다음의 모든 조건을 충족시키는 것일 경우에는 그에 한하지 않는다.
>
> (a) 공공의 이익을 목적으로 하는 것
>
> (b) 차별적이지 않은 것
>
> (c) 정당한 법 절차에 따라 수행되는 것
>
> (d) 신속·적절하고 효과적인 보상의 지급이 수반될 것.

보상금액은 수용되는 투자재산이 수용되기 직전 또는 투자재산의 가격에 영향을 주는 방법으로 임박한 수용이 공표되기 직전(이하 "평가일"이라 한다)의 공정한 시장가격을 말한다.

공정한 시장가격은 투자자로부터의 요청이 있는 경우에는 평가일에 자유롭게 교환가능한 통화시장에서의 환율에 따라 해당 통화로 표시한다. 보상에는 시장에서 결정되는 상업적인 이율에 따른 이자(수용된 날로부터 지급되는 날까지의 이자)를 포함한다.

---

29 March 2005, p. 77, para. 422). 그러나 이러한 검토사항의 생략은 다른 투자협정 중재판정에 비추어 보았을 때 일반적인 것은 아니다.

19) 자세한 사항은 田岡良一二回畑茂二郎, 『外国資産固有化と国際法』(日本国際問題研究所, 1964) 참조.

(2) 간접수용 개념과 그 인정 기준

에너지헌장조약 제13조에 "국유화, 수용 또는 국유화 또는 수용과 동등한 효과를 가지는 조치"(필자 강조)라고 한 것처럼, 에너지헌장조약을 포함한 거의 모든 투자협정의 수용에 관한 규정은 국가의 재산권 이전이 따르는 직접수용뿐만 아니라, 간접적인 조치(수용과 동등한 조치)도 그 규율대상으로 하고 있다. 이러한 조치를 "간접수용(indirect expropriation)," 또는 "규제적 수용(regulatory taking)"이라고 부르며 구체적으로는 체약국에 의한 인허가의 박탈, 대폭적인 정책 변경이나 새로운 규제조치의 도입에 의해 투자재산의 이용이나 수익기회가 저해되어 결과적으로 수용과 같은 결과를 가져오는 조치를 가리킨다.

본건 중재판정부도 에너지헌장조약 제13조의 규율대상으로 규제적 수용이 포함되는 것을 분명히 인정하였고, 수용 발생의 판단기준으로 "분쟁의 대상이 되는 조치에 의해 취득하게 되는 지위, 회사에 대한 지배 정도에 따라"라는 견해를 제시하고 Latvenergo사의 미지급과 그에 대한 라트비아 정부의 부작위는 Windau사의 자산 취득, 또는 주주의 권리나 회사 운영에 관한 경영지배권에 대한 간섭 등의 결과를 가져온 것은 아니라고 하며 투자자의 청구를 기각하였다.

여기서 본건 중재판정부가 이용한 수용 발생에 대한 판단기준은 "효과기준(the sole effect test)"이라고 부르는 것으로서,[20] 국가조치의 성질과 차별적인 의도의 존재보다 투자재산 침해의 정도를 중시하는 기준이다.[21] 이 효과기준에서 수용 인정의 주요 요건이 되는 침해의 정도에 대해서는 2000년 *Metalclad* 사건의 중재판정부가 폭넓게 인정했기 때문에, 체약국의 규제조치에 의해 어느 정도의 침해가 발생하면 보상 또는 배상이 필요한 수용으로 간주될 것인가에 대해 논의가 이루어지게 되었다.[22]* 그러나 그 후의 중재판정이면서 같은 NAFTA 중재판정인 *Pope & Talbot* 사건에서 캐나다 정부의 수출관리조치가 수용과 동등한 조치에 해당하는지에 대해 검토한 중재판정부가 캐나다의 조치가 투자재산의 완전한 소유나 지배를 빼앗을 만큼 제한적인 것이 아니고 또한 국제법상의 수용을 인정하기 위해서는 "상당한 정도의 박탈(substantial deprivation)"을 요하는 것을 이유로, 캐나다의 수출관리가 수용에 해당한다고 주장을 부정하였다. 그 후에 효과기준을 채택하는 중재판정부에서

20) Cameron, Peter S., *International Energy Investment Law* (Oxford University Press, 2010), pp. 223–226.
21) 이외의 수용 발생의 판단기준에 대해서는 *ibid.*, pp. 223–229 참조.
22) 松本加代, 「収用―規制と間接収用」, 小寺彰 編 著, 『国際投資協定―仲裁による法的保護』(三省堂, 2010), 123–127면.
*역자 주) 전게주 22의 저서는 본서의 역자가 번역한 바 있음. 박덕영·오미영 역, 『국제투자협정과 ISDS』, 한국학술정보(2012).

도 같은 입장을 받아들였고,[23] 본건의 수용에 관한 판단도 이 흐름 속에 자리매김한 것으로 볼 수 있다.

또한 본건에서는 계약상의 권리를 놓고 간접수용의 발생을 주장하고 있는데, 계약위반에 기인하는 수용의 신청에 대해서 ① 계약위반으로 인해 투자재산이 상당한 정도 감소한 것에 더해[24] ② 국가가 단지 계약의 당사자로서가 아니라 주권적인 권한을 행사하고 있으며, ③ 계약위반이 국내 법원 등에서 인정되어 있을 것이라는 조건을 제시하는 판정도 존재한다.[25]

이러한 간접수용의 적용범위에 대해서는 투자유치국의 정당한 규제권한 행사의 저해가 우려되어 최근 체결되는 투자협정에서는 조문에서 ① 체약국의 조치가 투자재산에 불리한 경제적 효과를 주더라도 그것만으로는 간접수용을 구성하지 않을 것, ② 체약국의 행위가 투자재산에서 생기는 명확하고 정당한 기대를 방해한 범위와 체결국의 조치의 성질 등의 여러 요소를 고려하는 것, ③ 공중위생, 안전, 환경 등 공공복지를 지킬 목적으로 입안된 비차별적인 규제 조치에 대해서 원칙적으로 간접수용에 해당하지 않는다는 등의 내용을 명시한 것이 많다.[26]

---

23) 상게서, 128–129면.

24) 헝가리 국영기업과 체결한 장기전력매입계약의 종료와 관련하여 에너지헌장조약상의 중재가 제기된 *Electrabel* 사건에서는 이 조약 제13조 1항의 문구나 관련 국제법에 비추어 간접수용의 발생에 대하여 (a) 해당 조치에 의한 손해가 투자의 거의 모든 경제적 가치를 잃을 것과 동시에 (b) 이러한 손실이 투자의 일부분(전력매입계약과 관련된 투자)만이 아니라 관련 투자 전체(전력사업 전체에 대한 신청인의 투자)에 미치는 것임을 입증하여야 한다고 판단하고 있다(*Electrabel S.A. v. Republic of Hungary*, ICSID Case No. ARB/0 7/19 (Energy Charter Treaty), Decision on Jurisdiction, Applicable Law and Liability, 30 November 2012, paras. 6.50–6.69).

25) *Parkerings−Compagniet AS v. Republic of Lithuania*, ICSID Case No. ARB/05/8 (Norway−Lithuania BIT), Award, 11 September 2007, paras. 443–456. 또한 본건에서 신청 내용에 포함되지 않았지만, 에너지헌장조약을 비롯한 많은 투자협정은 "포괄적 의무준수조항"이라고 불리는 것으로서 체약국이 다른 체약국의 투자자 또는 다른 체약국의 투자자의 투자재산과 계약상의 의무를 지게 되었을 경우에는 해당 의무를 준수하도록 요구하는 규정(예를 들면 2007년 일본−캄보디아 BIT 제4조 제2항, 2008년 일본−우즈베키스탄 BIT 제3조 제2항, 2011년 일본−인도 CEPA 제87조 2항 등)이 포함되어 있다. 이러한 규정은 투자자의 계약상의 권리를 투자유치국의 국내법뿐만 아니라 투자협정의 보호하에 두기 위해서 마련된 것이지만, 최근 협정상의 의무로서 준수가 요구되는 계약의 범위와 그 효과에 대해 중재판정부의 판단이 엇갈리고 있다(자세한 내용은 賓本正太郎, 「義務遵守条項(アンブレラ条項)」, 小寺編著, 전게주 22), 137–155면 참조).
에너지헌장조약은 제10조 1항에서 "체약국은 다른 체약국의 투자자 또는 다른 체약국의 투자자의 투자재산과 모든 계약상 의무를 준수하는" 것으로 규정되어 있다. 국영기업에 대한 계약상 채권의 집행을 우크라이나 정부가 방해했다는 이유로 라트비아 기업이 제기한 *AMTO* 사건에서는, 계약위반이 조약위반을 구성할 수 있음을 지적하며 신청인이 문제 삼은 계약의 상대방이 투자유치국 정부와는 별도의 법인격을 가진 국영기업임을 이유로 에너지헌장조약상의 포괄적 의무준수조항의 의무의 범위 밖에 있다는 판단을 내렸다(*AMTO(Latvia) v. Ukraine*, SCC Case No. 080/2005(Energy Charter Treaty), Award, 26 March 2008, para. 112).

26) See e.g., Article 6, Annex B of the US Model BIT (2012); Article 13(1) and Annex B 13(1) of the

2. 부당한 또는 차별적인 조치의 금지

전술한 바와 같이 본건 중재판정부는 제10조에 관한 청구에 대해, "엄밀히 말하면, 라트비아 공화국의 법적 책임이 성립하기 위해서는 에너지헌장조약 제10조의 규정 중 하나가 침해된 것을 나타내는 것만으로 충분하다"라고 하여, 동조 1항에 규정된 실체적 기준 중 "부당한 또는 차별적인 조치로 인한 저해의 금지"에 대해서만 검토하고 있다.

(1) 에너지헌장조약에서의 비차별 대우에 관한 기준

에너지헌장조약 제10조의 제1항부터 제7항에는 투자의 실체적 기준의 기본적인 내용이 망라되어 있다. 일부 투자자유화에 관한 의무도 포함되어 있으나(제4항부터 제6항) 이들 규정은 많은 투자협정에 포함된 기준과 동일하며, 에너지투자에 특화된 것은 아니다. 또한, 에너지헌장조약 제10조에 규정된 투자의 실체적 기준에는 공정·공평대우와 "부당한 또는 차별적인 조치로 인한 저해의 금지"뿐만 아니라, 비차별 대우나 차별금지에 관한 다양한 규정이 포함되어 있다.[27] 이들의 실체적 기준은 일반적으로는 의무의 성질에 따라 "절대적 기준(제1항)"과 "상대적 기준(제2항에서 제7항)"으로 분류될 수 있다. 후자가 자국의 투자자 및 투자재산과 타국의 투자자 및 투자재산에 대한 대우의 관계에서 구체적인 기준이 확정되기 때문에 상대적인 것으로 여겨지는 것과 달리, 전자는 다른 조건에 의존하지 않고 국제관습법에 의해 결정되는 기준인 것으로 알려졌다.[28]

다만 각 투자협정에서의 각각의 규정이 구체적으로 어떤 내용을 가리키는지는 조약법에 관한 비엔나협약의 해석원칙(동협약 제31조부터 제33조)에 따라 협정의 취지와 목적, 전체적인 문맥, 조문의 문언, 기타 관련 사정 등을 감안하여 확정한다. 각 투자협정에서의 실체적 기준에 관한 실제 조문에 있어서도, 동일한 개념에 대해 유사한 문구를 이용한 표현이 이루어지고 있다고 하더라도 각각의 내용과 적용범위에 일정한 차이가 내재되어 있는 것으로 해석되는 경우도 적지 않다.[29] 에너지헌장조약을 포함하여 많은 투자협정들은 여러 실

Canada Model BIT (2004); 2011년 일본-인도 CEPA 부속서 10.
27) 小寺彰, 「第1章エネルギー憲章条約」, 本書, 9-15면과 동일한 저자가 쓴 「第3章 10条投資の促進, 保護及び待遇」, 日本エネルギー法研究所エネルギー憲章条約研究班報告 書, 『エネルギー憲章条約(中間論点整理)』(日本エネルギー法研究所, 2008), 89-109면.
28) 小寺, 전게주 27) 『エネルギー憲章条約(中間論点整理)』, 89면.
29) 특히 공정·공평대우에 대해서는 투자협정 중재에서의 사용례가 활발해진 이후에도 그 내용이 국제관습법에 의한 최소기준인지, 아니면 국제관습법상 최소기준 이상의 협정상의 독자적인 기준을 포함한 것인지에 대한 논의가 지속되고 있다. 규정상으로는 "국제법 관습에 따라" 공정·공평대우 부여를 규정하는 것과 국제관습법 등에 대한 언급을 하지 않고 단순히 공정·공평대우 부여를 규정하는 것으로 나눌 수 있다(자세한 것은,

체적 기준의 내용과 상호관계가 명확하지 않은 경우가 많다.

본건 중재판정부가 조약 위반의 인정 기준으로서 이용한 "부당한 또는 차별적인 조치로 인한 저해의 금지"도 공정·공평대우와 완전한 보호 등과 함께 많은 투자협정에 규정되어 왔다. 한편, 투자협정 중재의 이용이 활발해질 때까지는 그 구체적 의의와 범위, 또는 국제관습법, 공정·공평대우와의 관계는 충분히 논의되지 않았다.

(2) 부당한 또는 차별적인 조치에 의한 저해 금지의 의의

(a) 금지의 대상

전술한 것처럼 "부당한 또는 차별적인 조치로 인한 저해의 금지" 조문은 공정·공평대우 등과 같이 어느 정도 공식화되어 있지만, 각 협정에서 그 표현에는 약간의 차이를 보인다.

금지의 대상이 되는 조치에 대해서도, "자의적인 또는 차별적인 조치(arbitrary or dis—criminatory measures)," "불합리한 또는 차별적인 조치(unreasonable or discriminatory meas—ures)," "부당한 또는 차별적인 조치(unjustifiable or discriminatory measures)" 또는 이들의 조합 중 한쪽만 규정된 경우도 있다.[30] 금지의 대상이 되는 조치의 성격에 대해, 2개 이상의 형용사가 붙여질 경우에는 본건처럼, 어느 한쪽에만 해당되어도 의무 위반이 되지만, 일부 협정에서는 '또는(or)' 대신에 ' 및(and)'을 사용하는 경우가 있다.[31] 이 경우, 해당 기준의 위반을 인정하는 데에는 문제가 되는 조치가 두 가지 성격을 모두 가질 필요가 있다.[32]

小寺彰, 「公正·衡平待遇—投資財産の一般的待遇」, 전게주 22), 101–136면 참조).

NAFTA는 제1105조 1항은 "국제법에 따라" 공정·공평대우를 부여하는 규정임에도 불구하고 *Pope & Talbot* 사건 등에서 일반국제법상의 부가적인 의무를 체약국에게 부과하는 것이라는 해석이 있었기 때문에 논란의 대상이 되었다. 자유무역위원회에서 해석각서가 작성되었는데, 여기서 중재판정에 제시된 공정·공평대우(NAFTA 제1105조)의 해석을 분명히 부정하면서 공정·공평대우는 국제관습법상 최소기준에 머무르는 것과 동시에 NAFTA에 규정된 다른 실체적 기준의 위반이 그 대우에 관한 위반을 자동적으로 구성하지 않는다고 하였다(NAFTA에서의 논쟁에 대한 자세한 내용은 坂田雅夫, 「北米自由貿易協定(NAFTA) 1105条の『公正にして衡平な待遇』規定をめぐる論争」 同志社法学 55巻 6号(2004), 129–182면 참조).

30) 상기 표현을 쓴 규정으로는 1986년 영국–중국 BIT 제2조, 2008년 일본–우즈베키스탄 BIT 제3조 등이 있다. 기타의 규정 예에 대해서는 公正貿易センター編, 『「投資協定仲裁研究会」報告書(平成 21)』(公正貿易センター, 2010), 33–38면의 규정을 참조.

31) Article II (2)(b) of the United States–Czech Republic BIT
"Neither Party shall in any way impair by arbitrary and discriminatory measures the management, operation, maintenance, use, enjoyment, acquisition, expansion, or disposal of investment. For the purpose of dispute resolution under Articles VI and VII, a measure may be arbitrary and discrim—inatory notwithstanding the fact that a party has had or has exercised the opportunity to review such measure in the courts or administrative tribunals of a Party."

32) *Lauder v. Czech Republic*, UNCITRAL (United States–Czech Republic BIT), Award (Final), 3

(b) 기준의 성질

'부당한 또는 차별적인 조치로 인한 저해의 금지'에 관한 규정은 일반적인 대우로서 ①
단독규정으로 두는 경우도 있지만, ② 동일한 규정에서 절대적인 기준인 공정·공평대우,
완전한 보호, 또는 포괄적 의무준수조항(umbrella clause) 등과 같이 병기되는 경우가 많
다.33) 또한 ①과 ②처럼 이 기준을 일반적인 대우에 관한 규정 내에 두는 경우 이외에도,
③ 송금이나 이행요건, 또는 일반예외 등 특정한 대우와 권한행사에 관한 규정에 비슷한
기준이 규정되는 경우도 있다.34) 에너지헌장조약 제10조 1항은 다음에서 보는 것처럼 ②
에 해당한다.

제10조 투자의 증진, 보호 및 대우
(1) 체약국은 이 조약에 따라 자국의 영토 내에서 다른 체약국의 투자자가 투자하기
    에 안정되고 공평하며 우호적이고 투명한 조건을 장려하고 생성한다. 이러한 조
    건에는 다른 체약국의 투자자의 투자재산을 항상 공정하고 공평하게 대우하겠다
    는 약속을 포함한다. 또한 그러한 투자재산은 지속적인 보호 및 보장을 받고, <u>체</u>
    <u>약국은 부당한 또는 차별적인 조치(unreasonable or discriminatory measures)에 의해</u>
    <u>이 투자재산의 경영, 유지, 사용, 향유 및 처분을 어떤 의미에서도 방해하여서는</u>
    <u>아니 된다.</u> 이 투자재산을 어떤 경우에도 국제법이 요구하는 대우(조약상의 의무 포
    함)보다 불리하게 대우하지 않는다. 각 체약국은 다른 체약국의 투자자 또는 다른
    체약국의 투자자의 투자재산과의 계약상의 의무를 준수한다. (밑줄 및 밑줄부분의
    괄호 안은 필자)

또한 특히 근래에는 국제관습법에서 유래한다고 말하는 공정·공평대우와 완전한 보호
에 관한 규정이 투자협정 중재에서 벌어지는 논쟁을 바탕으로, '국제관습법에 따라(in ac-
cordance with customary international law)'나, 또는 '국제관습법상 최소기준을 요구한다(is re-

---

September 2001, para. 219.
33) "체약국 법령에 영향을 미치지 않고(without prejudice to its laws and regulations)"라는 제약이 부가되는
    경우가 있는데, 이러한 규정은 중국을 일방으로 하는 투자협정에 한정되어 있다(Wenhua Shan and Norah
    Gallagher, *Chinese Investment Treaties: Policies and Practice* (Oxford University Press, 2009), pp.
    135-136).
34) 예를 들면, 에너지헌장조약은 예외규정인 제24조에서 경제적 또는 사회적 약자에 대한 이른바 적극적 차별
    시정조치(affirmative action)에 관한 체약국의 권한행사에 대해서 "체약국의 투자자 기타 이해관계자 간의
    자의적 또는부당한 차별이 되어서는 아니 된다(동조 2항(iii))"고 규정하고 있으며, 기타 ③의 규정의 예에
    대해서는 公正貿易センター編, 전게주 30), 38-41면 참조.

quired by customary international law minimum standard)'고 명시하여 그 구체적인 내용을 적시하는 경우가 있는 것에 반해,35) '부당한 또는 차별적인 조치로 인한 저해의 금지'에 대해서는 단독으로 규정된 경우나 다른 기준과 병행적으로 명시된 경우에 이러한 국제관습법에 대한 언급과 그 구체적인 내용의 예시라고 해석되는 표현은 보이지 않는다.

일부 중재판정에서는 '자의적인 또는 차별적인 조치로 인한 저해의 금지'가 공정·공평대우에 포섭된다는 견해를 제시하고 있으나,36) 이상과 같이 적어도 조문상으로는 해당 기준은 공정·공평대우나 완전한 보호와 밀접하면서도 다른 내용을 가지며, 반드시 국제관습법상 최소기준에 한정되지 않는 독자적인 규율대상을 가진 기준으로 자리매김하고 있다고 생각된다. 중재판정에서도 공정·공평대우에 관한 것에 비해 해당 기준을 직접 다루고 있는 수가 많지 않다.37) 그러나 이들 중재판정의 대부분에서는 해당 기준을 공정·공평대우 등 관련 기준의 판단과 중복되면서도 독자적인 내용을 가진 기준으로서 적용하고 있다. 이들 중재판정에서 해당 기준의 주요 요소인 차별적인 조치, 부당·불합리한 조치 및 자의적인 조치의 의의에 대한 견해가 제시되고 있다.

(c) 관련 중재판정

(i) 차별적인 조치

차별의 인정에 대해서는 통상적으로 비교의 대상이 되는 '같은 상황 하에 있을 것'을

---

35) See e.g., Article 11.5: Minimum Standard of Treatment of the Australia − United States FTA (2004); 2008년 일본 − 우즈베키스탄 BIT 제5조. 기타 최근의 공정·공평대우에 관한 규정의 예에 대해서는 Ioana Tudor, *The 'Fair and Equitable Treatment Standard' in the International Law of Foreign Investment* (Oxford University Press, 2008), pp. 33 − 36; Mahnaz Malik, "Fair and Equitable Treatment," *Best Practice Bulletin*, no. 3, (IISD, 2009) , pp. 21 − 23, Roland Kläger, *'Fair and Equitable Treatment' in International Investment Law* (Cambridge University Press, 2011), pp. 9 − 22 등을 참조.

36) See e.g., Petrobart, *supra* note 18, para. 422; *Noble Ventures, Inc. v. Romania*, ICSID Case No. ARB/01/11 (US − Romania BIT), Award, 12 October 2005, para. 182.

37) 일례로 2012년에 공표된 *Arif* 사건에서 신청인은 몰도바 정부의 공항 면세점 영업방해에 대해 공정·공평대우 위반과 부당한 또는 차별적인 조치를 금지하는 의무 위반의 인정을 요구하고 있었다. 이것에 대해서 *Arif* 사건 중재판정부에서는 공정·공평대우의 요소로서 자의성 여부가 문제가 되더라도, 공정·공평대우 위반의 인정은 자의성의 존재를 의미한다고는 할 수 없고, 신청인은 공정·공평대우 위반과 부당한 또는 차별적인 조치를 금지하는 의무 위반의 각각에 대한 자신의 주장을 입증하여야 한다고 밝혔다(*Arif v. Moldova*, ICSID Case No. ARB/11/23 (France − Moldova BIT), Award, 08 April 2013, paras. 499 − 502). See also, Christoph H. Schreuer, "Fair and Equitable Treatment (FET): Interactions with Other Standards in Investment Protection and the Energy Charter Treaty," in Graham Coop and Clarisse Ribeiro (eds.), *Investment Protection and the Energy Charter Treaty* (JurisNet, 2008), p. 74, Roland Kiäger, *supra* note 35, pp. 288 − 291.

도출해내는 것이 문제가 된다. 상대적인 기준인 내국민대우와 최혜국대우의 해석·적용에 대해서는 같은 사업 또는 경제 분야의 국내 사업, 또는 제3국의 사업자와 비교가 이루어지는 경우가 많다.[38] 그러나 이 비교대상의 도출방법은 고정적인 것이 아니다. 예를 들면 미국 석유회사인 Occidental사가 세법에서 정하는 부가가치세 환급을 거부한 에콰도르 정부를 상대로 중재를 청구한 사안에서 중재판정부는 내국민대우의 목적은 국내 사업자와 비교해 외국 투자자를 보호하는 것이고, 같은 사업 또는 경제 분야와의 비교만으로는 충분치 않다고 하여, 다른 상품의 수출 사업자가 환급을 받고 있음에도 불구하고 국내 석유기업에 대해서도 환급을 실시하지 않았음을 이유로 부가가치세 환급을 거부한 에콰도르 정부의 조치를 내국민대우에 위배된다고 판단하였다.[39]

본건 중재판정부는 라트비아 정부가 입증책임을 다하지 못했음을 직접적인 이유로 들어, 같은 법령으로 규제를 받고 있음에도 불구하고, 신청인만이 다른 취급을 받고 있는 것을 차별적인 조치로서 인정하였다.[40] 국유은행 민영화정책에 따른 조치가 문제된 *Saluka* 사건의 중재판정부는 차별의 인정기준으로서 ① 같은 상황에서 ② 다른 취급의 존재와 함께 ③ 정당한 사유의 결여를 들고 있다.[41] 게다가 경제위기 당시 아르헨티나가 발동한 일련의 대응방안과 관련해서 미국 기업이 제기한 사안[42] 가운데 하나인 *Enron* 사건의 중재판정부는 "다른 회사나 다른 분야와 비교해서 신청인의 대우에 대해 변덕스럽고 불합리하며 부조리한 차별화가 이루어진" 경우에 차별이 성립한다고 하였다.[43] 이 입장은 아르헨티나에 대한 *CMS* 사건, *Sempra* 사건에서도 답습되고 있다.[44] (필자 강조)

또한, 2012년에 공표된 *Electrabel* 사건의 중재판정은 본건처럼 헝가리 정부의 전력가격에 관한 법 개정에 의해 국영기업 사이에 체결한 장기전력매입계약에 근거한 투자가 침

---

38) 내국민대우에 대해서는 小寺彰·松本加代,「内国民待遇－内国民待遇は主権を脅かすか?」同編著·앞의 각주 22) 84－100면 참조. 最恵国待遇については、西元宏治,「最恵国待遇－投資協定仲裁による解釈とその展開」、같은 책, 60－63면 참조.

39) *Occidental Exploration and Production Company v. The Republic of Ecuador*, LCIA Case No. UN 3467(US－Ecuador BIT), Final Award, 1 July 2004, paras. 167－179.

40) *Nykomb*, *supra* note 17, p. 34, paras. 125－128.

41) *Saluka Investments B.V. v. The Czech Republic*, UNCITRAL(Dutch－Czech BIT), Partial Award, 17 March 2006, para. 313. 또한 이 판단에서는 투자유치국 조치의 합리성의 결여가 차별을 구성한다고 말하였다. *Saluka* 사건의 자세한 내용은, 小寺彰·松本加代,「投資協定の新局面と日本－第2回サルカ事件」、国際商事法務 34巻 9号(2006), 1141－1148면 참조.

42) 2001년 경제위기에 관해서 아르헨티나에 제기된 일련의 중재의 개요는 川瀬剛志,「例外規定―類型と解釈の多様性」, 小寺編著, 전게주 22), 157－165면 참조.

43) *Enron Corporation and Ponderosa Assets, L.P v. Argentine Republic*, ICSID Case No. ARB/01/3(United States－Argentina BIT), Award, 22 May 2007, para. 282.

44) 다만 이러한 일련의 사안에서는, 결론적으로 차별은 인정되지 않았다.

해되었다고 하는 벨기에 기업에 의한 신청을 다룬 것이었다. 벨기에 기업의 신청에 대해 헝가리 정부는 에너지헌장조약 제10조 1항의 "저해하는(impair)"이라는 문구에 착안하여 해당 기준이 금지하는 투자재산에 대한 영향은 ① 유해한 것(detrimental)이어야 하고 상당한 정도의 것(significant)이어야 하며, 만일 그러한 영향이 있었다 해도 ② 해당 조치에 합리적인 근거가 있고 또한 ③ 그 의도나 효과에서 차별적인 것이 아니면, 위반했다고 볼 수 없다는 주장을 폈다.[45] 이 주장에 대해 중재판정부는 국적과 차별적인 의도에 관한 입증은 독립적인 요건으로서 요구되지 않고, 헝가리에서의 다른 발전사업자와의 비교하여 차별적인 효과가 있으면, 해당 기준에 위배된다고 말하면서, 해당 조치로 인한 저해의 정도는 상당한 수준의 것이 아니면 안 된다고 하였다.[46]

이상과 같이, 해당 기준에 근거한 차별의 인정에는 국적이나 차별의 의도는 그 요건에 포함되지 않고,[47] 사업과 경제 분야의 동일성뿐만 아니라 투자유치국에 의한 규제상황을 포함한 사업환경 전반의 동일성에서 차이가 검토된다.[48] 그리고 이러한 '같은 상황하'에서 국가의 작위·부작위에 의해 발생한 차이가 투자재산에 대해 상당 정도 이상의 영향을 미치는 경우에는 투자유치국은 정당한 사유를 제시할 책임이 있는 것으로 나타나고 있다.

(ii) 부당·불합리한 조치

본건 중재판정부는 라트비아 정부의 조치의 차별성만을 검토하는 제13조 1항에서 금지대상으로 되어 있는 조치의 부당성에 대한 판단은 나타나지 않았다.

본건 이외의 사안에 있어서도, 조치의 부당성과 불합리성에 대해서는 자의성과 차별성이 명확한 구별 없이 판단되는 경우가 많고 단독으로 그 내용을 검토한 사안은 적다. 또한

---

45) *Electrabel S.A. v. Hungary*, *supra* note 24, para. 7.151.

46) *Ibid.*, 7.152.

47) *Ulysses* 사건 중재판정부도 해당 기준에 따른 차별적인 조치의 인정은 객관적으로 유사한 상황(similar sit-uations)임에도 불구하고 다른 취급이 이루어지면 충분하다고 하면서 국적에 따른 것임을 입증할 필요는 없다고 하고 있다(*Ulysses, Inc v. Ecuador*, Ad hoc-UNCITRAL Arbitration Rules(Ecuador-United States BIT), Final award, 12 June 2012, para. 293). 다만 일부 중재에서는 차별의 요건에 국적에 근거한 차별과 차별의 의도를 포함하는 것도 있다(*Lauder, supra* note 32, para. 281; *LG&E v. Argentine Republic*, ICSID Case No. ARB/02/1(United States-Argentina BIT), Award, 25 July 2007, para. 146; *Genin and others v. Estonia*, ICSID Case No. ARB/99/2(United States v. Estonia BIT), Award, 25 June 2001, para. 369).

48) *Bayindir* 사건 중재판정부는 최혜국대우 조항의 적용에 있어서, 사건의 프로젝트와 관련된 동일한 업체 사이에서도, 자금조건이나 경험 등에 근거해 계약 내용과 조건 등이 다를 경우에는 '동일한 하나의 상황'에 있다고 말할 수 없다고 판단하였다(*Bayindir Insaat Turizm Ticaret Ve Sanayi A.S. v. Islamic Republic of Pakistan*, ICSID Case No. ARB/03/29 (Turkey-Pakistan BIT), Award, 27 August 2009, para. 402 and paras. 416-423).

조치의 부당성과 불합리성에 관한 검토가 이루어진 경우라도, 공정·공평대우에 관한 검토와 아울러 행해지는 경우가 많다. 그래서 각각의 기준의 차별성, 자의성, 부당성과 불합리성의 판단내용의 차이점은 반드시 명확하지 않다. 한편, 전항의 차별의 인정 기준 중 문제가 되는 특정사업자에 대한 다른 취급을 정당화하는 사유의 판단에는 후술하는 바와 같이 합리성의 검토가 내재되어 있다고 생각된다.

2010년의 *AES* 사건도 전술한 *Electrabel* 사건에서도 문제가 된 헝가리 정부의 전력가격에 관한 법 개정에 의해 국영기업간에 체결한 장기 전력매입계약에 근거한 정당한 기대가 침해되었다고 하는 영국 기업에 의해 신청된 사안이었다. 중재판정부에는 해당 기준이 요구하는 합리성의 요건으로 ① 합리적인 정책의 존재와 그 정책과 실현의 수단으로 채택되는 국가의 조치 사이에 합리적인 연관이 존재할 필요가 있으며 ② 합리적인 정책에는 논리적 설명과 공공목적이 있을 것, 또한 ③ 실현의 수단인 조치에 대해서는 조치의 성격이나 실시방법이 합리적일 것이 필요하다고 밝혔다.[49]

또 앞서 언급한 *Saluka* 사건의 중재판정부는 합리성은 투자유치국의 조치와 정책 사이에 합리적인 관계를 요구하는 것이라고 판시하고, 해당 기준의 합리성 요건과 공정·공평대우가 요구하는 것은 동일하다고도 하였다.[50] 이 견해에 따르면, 해당 기준의 불합리성의 인정은 공정·공평대우 의무에 관한 인정과 상당 부분 중복되지만[51] *Saluka* 사건의 중재판정부에는 해당 기준이 대우 부여를 의무화하는 것이 아니라 "투자재산의 경영, 유지, 사

---

49) *AES Summit Generation Limited and AE−Tisza Erömü Kft v. The Republic of Hungary*, ICSID Case No. ARB/07/22 (Energy Charter Treaty), Award, 23 September 2010 , paras. 103.7−103.9. 또한 본건에서 중재판정부는 전력회사에 과도한 이익을 가져다주는 기존의 제도에 대한 비판에서 헝가리 의회가 행한 법 개정과 이행을 위한 명령의 제정은 규제목적으로 정당한 것인 동시에 그 목적의 실현수단에 있어서도 합리적이고 균형잡힌 것이기 때문에 에너지헌장조약 제13조 1항이 금지하는 부당한 조치에 해당하지 않는다고 결론지었다(*Ibid.*, paras. 10.3.34−10.3.37). 게다가 이들 법 개정에서는 모든 전력회사를 똑같이 취급하고 있기 때문에 차별적인 조치에도 해당하지 않는다고 하였다(*Ibid.*, para. 10.3.53).

50) *Saluka*, *supra* note 41, para. 460. 이 당시, 해석의 대상이 된 체코−네덜란드 BIT 제3조 1항의 규정은 다음과 같다.
Article 3 of the Dutch/Czech BIT:
"1. Each Contracting Party shall ensure fair and equitable treatment to the investments of investors of the other Contracting Party and shall not impair, by unreasonable or discriminatory measures, the operation, management, maintenance, use, enjoyment or disposal thereof by those investors."

51) 조치의 부당·불합리성이 검토된 선행 사례로서 자주 인용되는 것 중에는 공정·공평대우의 구성요소 중 하나라고 하면서 조치의 부당·불합리성이 검토되고 있는 경우가 적지 않다(See e.g. *MTD Equity Sdn. Bhd. & MTD Chile S. v. Chile*, ICSID Case No. ARB/01/7 (Malaysia−Chile BIT), Award, 25 May 2004, para. 196; *CME Czech Republic B.V. v. Czech Republic*, UNCITRAL (The Netherlands−Czech Republic BIT), Final Award, 14 March 2003, para. 612; *BG Group Plc. v. Argentina*, UNCITRAL (UK−Argentina BIT), Final Award, 24 December 2007, paras. 342−343).

용, 향유 및 처분의 저해를 금지한다는 보다 특정 효과를 노린 것임"52)을 이유로 공정·공평대우와는 독립된 규정으로 존재하는 의의를 인정하고 있다.

(iii) 자의적인 조치

에너지헌장조약 제10조 1항에 규정된 해당 기준의 금지대상에 포함되지 않지만, 많은 투자협정에서는 금지대상으로 "자의적인 조치"가 규정되어 있다.

조치의 자의성의 의의에 대해서는 *CMS* 사건 중재판정부가 참조한 Black's Law Dictionary의 자의성의 정의("합리성이나 사실이 아닌, 편견이나 선호에 따른 판단")와 1989년의 *ELSI* 사건53)에서 국제사법재판소가 제시한 "자의적인 또는 차별적인 조치의 금지(1948년 미국-이탈리아 우호통상항해조약의 추가협정 제1조)"의 해석을 많은 중재판정부에서 인용하고 있다. Black's Law Dictionary와 *ELSI* 사건의 자의성에 관한 견해는 다른 근거에 기초한 해석이지만, 두 정의 모두 "고의로 법의 존재를 무시한다(willful disregard of the law)"라는 점을 중시한다는 점에서 공통적이다.54)

ELSI 사건은 경영 부진에 있던 이탈리아의 시실리 전자공업회사(ELSI)에 대해 현지 팔레르모 시장이 발한 징용명령과 그 후의 이 회사의 파산에 대해 ELSI의 모회사인 레이시언(Raytheon)사의 소재국인 미국이 1948년 미국-이탈리아 우호통상항해조약과 1951년 추가협정상의 의무 위반이라고 하여 국제사법재판소에 제소한 사안이다. 이 당시 팔레르모 시

---

52) *Saluka*, *supra* note 41, para. 460. 또한 *Swisslion* 사건 중재판정부는 비합리적인 저해(unreasonable impairment)에 대해 제기된 침해 내용이 이미 검토 후 각하한 공정·공평대우에 관한 청구와 중복되며 손해의 산정에 더해지는 것이 없음을 이유로 해당 청구를 추가로 검토하는 일 없이 각하하였다(*Swisslion Doo Skojpe v. Macedonia*, ICSID Case No. ARB/09/16, (Macedonia(former Yugoslav Republic of Macedonia)-Swiss BIT), Award, 6 July 2012, paras. 328, 329).

53) 본 사건에 대한 자세한 내용은 杉原高嶺, 「判例研究·国際司法裁判所シシリー電子工業会社事件」国際法外交雑誌 90巻 1号(1991), 30-53면과 中谷和弘, 「シシリー電子工業株式会社事件と国際裁判に関する若干の問題」, 法学協会雑誌 109巻 5号(1992), 157-186면 참조.

54) See e.g., *Azurix v. Argentine Republic*, ICSID Case No. ARB/01/12 (United States-Argentina BIT), Award, 14 July 2006, para. 392; *Siemens v. Argentina*, ICSID Case No. ARB/02/8 (Germany-Argentina BIT), Award, 6 February 2007, para. 318. 또한, 자의성에 관한 판단의 선행사례로서 NAFTA의 중재판정이 인용되는데, NAFTA에는 독립된 규정이나 표현으로 해당 기준은 존재하지 않고, 이들은 공정·공평대우의 구성요소로서 검토된 것이다. (See e.g., *S.D. Myers v. Canada*, UNCITRAL (NAFTA), Partial Award, 13 November 2000, para. 263; *Mondev Int'l. Ltd. v. United States of America*, ICSID Case No. ARB(AF)/99/2 (NAFTA), Award, 11 October 2002, para. 127; *Waste Management, Inc. v. United Mexican States*, ICSID Case No. ARB (AF)/00/3 (NAFTA), Award, 30 April 2004, para. 127; *Pope & Talbot v. Canada*, UNCITRAL (NAFTA), Award in Respect of Damages, 31 May 2002, paras. 63-64; *ADF Group Inc. v. United States of America*, ICSID Case No. ARB(AF)/00/1 (NAFTA), Award, 9 January 2003, paras. 188-191; *Loewen Group. Inc. and Raymond L. Loewen v. United States of America*, ICSID Case No. ARB(AF)/98/3 (NAFTA), Award, 26 June 2003, paras. 131-133).

장의 행위가 체약국의 "차별적 또는 자의적인 조치로 인한 저해의 금지"를 규정한 1951년 추가협정 제1조를 위반했는지 여부가 쟁점이 되었다.[55]

미국은 문제가 된 시장의 징용명령이 그 후 지방법원이나 항소법원에 의해 권한유월 등을 이유로 위법한 명령이라는 판결을 받아 그 자의성을 논증하려고 했지만, 국제사법재판소는 해당 기준의 "자의성"에 대해 단순한 법령위반은 행위의 자의성을 나타내는 데는 충분치 않으며, "정당한 법절차의 의도적인 무시, 법의 타당성에 관한 감각에 명백히 반하는 등, '법의 지배' 자체에 반하는 것이어야 한다"는 해석을 제시하였다.[56]

경제위기 당시 아르헨티나가 발동한 일련의 대응방안과 관련해서 미국 기업이 제기한 CMS 사건,[57] LG&E 사건,[58] Sempra Energy 사건[59]에서는 Black's Law Dictionary에 게재된 "합리성이나 사실이 아닌, 편견이나 선호에 따른 판단"의 정의에 따라 미국-아르헨티나 투자협정 제2조가 금지하는 조치의 자의성을[60] 해석하였다. 중재판정부는 경제위기 당시 아르헨티나가 행한 일련의 조치는 일관성이 결여되어 투자자의 기대를 저버리는 것이고 공정·공평대우 위반을 구성하지만 자의적인 조치라고까지는 할 수 없다며 이 기준의 위반을 인정하지 않았다.

한편 앞에서도 언급한 Occidental 사건의 중재판정은 에콰도르 세법이 정하는 부가가치세 환급에 관한 에콰도르 당국의 혼란 또는 불분명한 대응은 "편견이나 선호에 근거한 것은 아니지만, 합리성이나 사실에 근거한 판단은 아니었다"라고 하여 일종의 자의성을 구성한다는 판단을 보이고 있다.[61]

---

55) 1951년 추가협정 제1조의 규정은 다음과 같다.
   Article 1 of the 1951 Supplementary Agreement:
   "The nationals, corporations and associations of either High Contracting Party shall not be subjected to arbitrary or discriminatory measures within the territories of the other High Contracting Party re-sulting particularly..."

56) *Case concerning Elettronica Sicula S.p.A. (ELSI) (United States of America v. Italy)*, I.C.J. Reports 1989, para. 128. 자의성에 관한 이러한 판단기준은 선례로서 이후의 투자협정 중재판정에서도 종종 참조된다.(See e.g., *Duke Energy Electroquil Partners & Electroquil S.A. v. Republic of Ecuador*, ICSID Case No. ARB/04/l9 (US-Ecuador BIT), Award, 18 August 2008, para. 382; *Noble Ventures, supra* note 36, para. 176; *Azurix, supra* note 54, para. 392; *Siemens, supra* note 54, para. 318).

57) *CMS Gas Transmission Company v. The Argentine Republic*, ICSID Case No. ARB/01/8 (US-Argentina BIT), Award, 12 May 2005, para. 202.

58) *LG&E, supra* note 47, para. 158.

59) *Siemens, supra* note 54, para. 318.

60) 미국-아르헨티나 BIT 제2조의 규정은 다음과 같다.
   Article II(2) of the US-Argentine BIT:
   "b) Neither Party shall in any way impair by arbitrary or discriminatory measures the management, operation, maintenance, use, enjoyment, acquisition, expansion, or disposal of investments."

61) *Occidental, supra* note 39, paras. 163-166. 또한 *EDF(Services)* 사건에서는 에너지헌장조약과 같은 표

3. 결론

(1) 에너지헌장조약에 의한 투자의 보호

본건은 2001년 12월에 제소되어 2003년 12월에 중재판정이 내려진 사건으로, 에너지헌장조약에 근거해 이루어진 중재절차 중 처음 공표된 본안판단이다. 'I. 사실의 개요'에서 언급했듯이, 본건 중재판정에 따라 라트비아 정부와 합의가 성립한 투자자들은 투자유치국의 정책변경에 따른 투자재산에 대한 손해의 구제를 얻는 데 성공하였다. 결과적으로 본건 중재판정부는 에너지헌장조약의 해석을 통해 에너지투자분쟁해결에 일정한 역할을 하였다고 평가할 수 있다.

에너지헌장조약은 오늘 각국이 체결하는 양자투자협정과 비교해서 두 가지 특징을 가지고 있다. 첫 번째 특징은 에너지분야의 기업활동 및 투자 증진·보호를 주요 목적으로 하고 있다는 것이고, 두 번째는 투자를 주된 규율대상으로 하는 조약 중에서는 가장 많은 국가(46개국과 하나의 국제기구)가 참가하는 다자적 틀을 형성하고 있다는 것이다. 한편, 에너지헌장조약이 규정하고 있는 투자의 보호에 관한 실체적 기준 자체는 그 조문 표현을 포함해서 다른 양자투자협정과 크게 다를 바가 없다.

(2) 본건 중재판정의 의의

본건은 공표 당시 에너지헌장조약이 보장하는 투자의 보호에 관한 실체적 기준의 구체적인 해석이 처음으로 제시된 사안으로 주목을 받았다. 'II. 판정요지'에서 본 것처럼, 본건 중재판정부에 의한 '수용 및 수용과 동등한 효과를 가진 조치(제13조 1항)'와 '부당한 또는 차별적인 조치로 인한 저해의 금지(제10조 1항)'의 해석은 여러 면에서 다른 투자협정 중재판정과 일관성이 있으며 에너지 투자의 보호에 특화된 논리를 찾을 수 없다.

투자협정 중재판정 전체에서 본다면 본건의 희소성으로 '부당한 또는 차별적인 조치로 인한 저해의 금지'의 해석·적용례로서 언급되는 경우가 많다. 해당 기준은 공정·공평대우와 완전한 보호 등 국제관습법에서 유래하는 기준과 유사한 것으로 지적되는 한편, 조문상 그 내용에 대해서는 국제관습법상 최소기준과 관련성이 없고 공정·공평대우 모두 독립적

현으로 규정된 루마니아−영국 BIT 제2조 2항의 해석에 관한 논쟁이 있었다. 이 당시 이 사건의 중재판정부는 "부당한 또는 차별적인 조치"의 구성요소로서의 "자의성"에 대해, 해당 조치가 ① 정당한 목적 없이 투자자에 손해를 주는 것, ② 법적 기준이 아닌 편견이나 개인적인 선호에 따르는 것, ③ 정책결정 당시에 알려진 목적과는 다른 이유에서 취해진 조치일 것, ④ 고의로 정당한 법절차의 존재를 무시하는 것으로, 비엔나대학의 Schreuer 교수의 전문가 감정의견을 채택하였다 (*EDF (Services) Limited v. Romania*, ICSID Case No. ARB/05/13 (Romania−UK BIT), Award, 2 October 2009, paras. 302−306).

인 기준으로 평가된다. 실제 본건을 포함해 관련된 중재판정들은 해당 기준이 다른 기준과 가지는 관련성을 지적하면서도 공정·공평대우 등을 독립된 기준으로 해석 및 적용하고 있다. 한편 '자의적인 조치,' '차별적인 조치,' '부당·불합리한 조치'라는 금지의 대상이 되는 조치의 성질은 공정·공평대우, 내국민대우, 최혜국대우 등의 비차별대우와 차별금지에 관한 규율과 그 내용과 구성요소가 중복되어 있기 때문에, 현재까지 축적된 투자협정 중재판정에 있어서도 해당 기준의 독자적인 의의와 관련된 다른 기준과의 관계는 불명확한 부분이 많이 남아 있다.

이상과 같이, 현재 상황에서 '부당한 또는 차별적인 조치로 인한 저해의 금지'는 다른 비차별대우나 차별금지에 관한 규율의 배경으로 물러나고 그 구성요소에 관한 판단은 단편적인 것에 머물고 있다. 그러나, 특히 그 관련성이 지적되는 공정·공평대우에 관한 규정에 대해서는 2001년 이후 '국제관습법에 따라'로 규정하거나 '국제관습법상 최소기준'을 부여하는 경우가 증가하고 있으며, 조문에 따라 중재판정부에 의한 해석의 폭은 좁아지고 있다.[62] 이에 대해, 해당 기준에는 이러한 제약이 첨부되어 있지 않고 여전히 조문상, 협정상의 독자적인 기준으로 해석할 여지가 남아 있다. 또한 전술한 바와 같이 일반적인 대우가 못 미치는 체약국에 의한 특정 권한 행사를 유보·확인하고, 송금이나 이행요구, 또는 예외에 관한 규정에서도 이러한 권한행사의 기준으로서 해당 기준과 같은 표현이 이용되고 있으며,[63] 이들 규정 해석시에도 본건 판단은 선례로서 참조될 것으로 생각한다.

이렇게 본건에 있어서 "부당한 또는 차별적인 조치로 인한 저해의 금지"에 관한 판시는 에너지헌장조약 제10조 1항의 해석실천으로서뿐만 아니라, 많은 투자협정에서 규정한다. 해당 기준이 공정·공평대우와는 다른 성질과 보호범위를 갖는 기준으로서 미리 정형화하기 어려운 형태의 투자유치국의 조치에 의한 투자재산 침해에 대하여 구체적인 관련사정을 감안하여 구제를 부여하는 수단이 될 가능성을 제시한 것이라고 평가할 수 있다.

---

62) 전게주 29) 참조.
63) 전게주 34) 참조.
※ 본장의 해설 부분은 일본 문부과학성 과학연구비 보조금 "국제법질서의 다원화와 국제법 해석의 재검토: 국제법의 일반원칙과 조약법조약을 중심으로"(신진 연구(B), 2008년도~2010년도), "국제법 제 분야에서 '책임'의 여러 측면과 그 관계들"(2010년도~2012년도) 및 2010년도 센슈대학 연구조성 "통상관계조약에 있어서의 조약해석의 문제," 2011년 센슈대학 연구조성 "국제분쟁의 조약해석의 문제"와 2012년 센슈대학 연구원 특별연구원(특례)에 의한 연구성과의 일부이다.

참고문헌 (본문에서 인용한 것 이외)

1. 논문

Heiskanen, Veijo, "Arbitrary and Unreasonable Measures," in August Reinisch(ed.) *Standards of Investment Protection* (Oxford University Press 2008).

Schreuer, Christoph H., "Protection against Arbitrary or Discriminatory Measures," in Catherine A. Rogers and Roger P. Alford (eds.), *The Future of Investment Arbitration* (Oxford University Press, 2009).

2. 저서

Brown, Chester(ed.), *Commentaries on Selected Model Investment Treaties* (Oxford University Press, 2013).

Newcombe, Andrew and Lluis Paradell, *Law and Practice of Investment Treaties: Standards of Treatment* (Kluwer Law International, 2009).

Roe, Thomas and Matthew Happold, *Settlement of Investment Disputes under the Energy Charter Treaty*, Series: Law Practitioner Series (Cambridge University Press, 2011).

Vandevelde, Kenneth J., *U.S. International Investment Agreements* (Oxford University Press, 2009).

_____, *Bilateral Investment Treaties: History, Policy and Interpretation* (Oxford University Press, 2010).

제7장 혜택의 부인

Plama Consortium Ltd. (Cyprus) *v. Bulgaria*

岩月直樹 (이와츠키 나오키)

서론

불가리아에서는 1980년대 후반의 페레스트로이카 이후로 경제개혁이 진행되어 왔으며 1989년 즈음에는 사회주의 체제가 붕괴되고 시장경제체제로의 전환이 이루어지게 되었다. 국유 또는 지방자체단체 소유 기업의 '주식회사화', '민간소유화'를 통한 민영화는 체제전환의 중요한 수단이었기 때문에 불가리아 의회는 1991년의 독일 상법을 모방하여 상법을 제정하였고 1992년에는 민영화법을 제정하였다.[1] 그러나 기관투자자의 부재와 성숙하지 못한 증권시장 등으로 민영화는 당초 예상했던 것처럼 진행되지 못하였고 사회주의시절에 부담하였던 막대한 대내외 부채를 처리하기 위한 해외투자유치에도 난항을 겪는 등 1990 년대의 불가리아는 경제적으로 상당한 어려움을 겪게 되었다.[2]

본건은 불가리아가 이러한 어려움 속에서도 시장경제로의 체제전환을 강행하던 과정에서 발생한 사건이다. 분쟁 그 자체는 민영화 이후에 불가리아 당국이 석유관련 제품(윤활유) 사업에 관여한 것이 해외투자자의 사업활동을 부당하게 저해하였는지에 관한 것이었다. 그러나 본건 판단(관할권판단 및 본안판단)에서 최종적으로 관할권이 부정되었기 때문에 본건 투자자가 에너지헌장조약의 보호대상에 해당하는지 여부와 제17조 1항에 규정된 혜택의 부

---

1) 보다 상세한 것은 다음을 참조. ストイチェバ ビストラ, 「ブルガリアにおける国有企業の民営化とその法的問題点」, 比較法學(早稲田大学), 제31권 1호(1997년), 23 – 80면.

2) 岩林彪＝藤村博之, 「ブルガリアの市場経済化と国有企業の民営化」, 林昭ほか編, 『体制転換と企業・経営』(ミネルバ書房, 2001년) 143 – 149면.

인 조항의 원용요건 및 그 효과가 실질적인 쟁점이 되고 있다(더욱이 본건에서는 부수적 의견이기는 하지만 본안사항에 대해서도 상당 부분 언급하고 있다). 또한 본건은 에너지헌장조약에 의한 최초의 중재요청 사안이며 동 조약에 있어서의 혜택의 부인 조항의 원용에 관한 문제를 포괄적으로 논한 최초의 사례라는 점에서 주목을 받고 있다.3)

이하에서는 우선 본건 사실관계(제I절) 및 판정요지에서 다루어진 쟁점(제II절)을 소개하고 혜택의 부인 조항(제III절)에 대해서 검토해 보도록 하겠다.

I. 사실관계

본건은 민영화된 불가리아의 석유정제사업(Nova Plama사. 불가리아 국적,4) 이하 'NP사')에 투자한 Plama Consortium Limited(키프로스 국적, 이하 'PCL사')가 불가리아 당국의 방해행위 및 적절한 대응의 부재로 사업을 의도대로 이행할 수 없어 부당하게 손해를 입었다는 이유로 에너지헌장조약 및 불가리아-키프로스 양자투자협정에 의하여 중재를 요청한 사안이다.

NP사는 윤활유의 제조를 중심으로 하는 석유정제사업을 운영하는 기업이며 지역 규모로 전력공급을 할 수 있는 전력발전시설을 가지고 있었다. 국영기업이기는 하지만 민영화법에 의하여 1996년에 EuroEnergy Holdings사(불가리아 국적, 이하 'EEH사')에 주식이 양도되어 민영화되었다(제1차 민영화합의). 주식양도 당시 NP사는 사업이 정지된 상태였고 그 후에

---

3) 본건 외에 혜택의 부인 조항의 원용이 쟁점이 된 사안으로서는 양자투자협정에 의한 것으로서 *General Ukraine, Inc. v. Ukraine*, ICSID Case No. ARB/00/9, Award, 16 September 2003와 *Pan American Energy LLC and BP Argentina Exploration Company v. Argentine Republic*, ICSID Case No. ARB/03/13, Decision on Preliminary Objections, 27 July 2006. 또한 본건(관할권 판단) 이후에 내려진 에너지헌장조약의 혜택의 부인 조항에 관련된 것으로는, *Petrobart Limited v. Kyrgyz*, SCC Case No. 126/2003, Award, 29 March 2005(본서 제4장), *AMTO Limited Liability Company v. Ukraine*, SCC Case No. 080/2005, Final Award, 26 March 2008(본서 제5장)과 *Veteran Petroleum Limited v. Russian Federation*, PCA Case No. AA 2228, Interim Award on Jurisdiction and Admissibility, 30 November 2009가 있다.

4) 에너지헌장조약 제1조 7항은 다음과 같이 투자자를 정의하고 법인에 대해서는 설립준거법만을 기준으로 하여 그 국적을 결정하고 있다.
'투자자'란 다음을 말한다.
(a) 체약국은 경우, 다음의 (i)의 자연인 및 (ii)의 조직.
(i) 당해 체약국의 관계법령에 따라 당해 체약국의 시민권 또는 국적을 가지거나 당해 체약국에 영주하고 있는 자연인.
(ii) 당해 체약국에서 관계법령에 따라 조직된 회사 기타 조직.
(b) '제3국'의 경우, 자연인 또는 회사 기타 조직으로 체약국에 관한 (a)의 조건에 필요한 변경을 거친 조건에 부합하는 자.

도 자금운용이 호전되지 않아 사업을 재개할 수 없었다. 그러던 중 당시 André & Cie사(스위스 국적, 이하 'André사') 소속의 Vautrin(프랑스 국적, Jean-Christophe Vautrin)이 자금운용에 관여하게 되었고 그의 소개로 André사 및 Norwegian Oil Trading사(노르웨이국적, 이하 'NOT사')가 NP사의 주식취득 교섭에 참여하게 되었다. 그 결과 NP사의 주식을 NOT사 및 André사가 인수하는 것에 동의한다는 것을 확인하였고 최종적으로는 1998년 8월에 EEH사가 보유한 NP사의 모든 주식을 PCL사가 취득하는 것으로 합의하였다. 이후 불가리아 민영화청의 동의를 얻어 같은 해 12월에 주식양도가 이루어졌다(제2차 민영화합의). 1999년부터 NP사는 영업을 재개하였으나 그 해 4월에 또다시 영업을 정지하였다.

한편 PCL사가 NP사의 주식을 인수하는 일련의 과정이 진행되고 있었던 1998년 6월에 불가리아 부흥개발국가기금에 의해서 NP사에 대한 지급불능소송절차(insolvency proceeding)가 개시되어 같은 달에 관재인의 선임이 이루어졌다. 그 후 PCL사와 NP사가 재건계획을 제출하는 것으로 지방법원이 일단은 소송절차를 정지하도록 인정하여 1999년 8월에 사업을 재개할 수 있었지만 12월에 또 다시 영업이 정지되었다.

이와 같이 NP사의 주식을 취득한 뒤에도 PCL사는 사업활동을 실질적으로 재개할 수 없었는데, PCL사는 이것이 불가리아 당국이 방해행위를 하여 시의적절한 대응조치를 취하지 않았기 때문이라고 하였다.[5] 그리고 PCL사는 에너지헌장조약 및 불가리아-키프로스 양자투자협정에 위반되는 것임을 주장하면서 2003년에 ICSID에 불가리아 정부를 상대로 중재를 요청하였다. 그 직후 불가리아 정부는 PCL사의 소유관계에 관한 입증불비를 지적하면서 에너지헌장조약 제17조 1항을 근거로 동 회사에 대한 혜택의 부인의 의사를 ICSID에 통지하였다.[6]

또한 본건 중재요청 후 본안판단이 내려지기 전에 NP사의 채권자가 파산절차신청을

---

5) 이러한 작위·부작위에 의한 방해행위에 대해서는 판정요지 설명에서 상세히 다루기로 한다. 후술하는 II 2
  (2) 이하를 참조.
6) 에너지헌장조약 제17조는 다음과 같이 규정하고 있다. 체약국은 다음에 대해서 '제3부'의 규정에 의해서 혜택을 부인할 권리를 가진다.
  (1) 제3국의 국민이 소유하거나 지배하는 법인으로 당해 법인이 조직된 체약국 영토 내에서 실질적인 영업활동을 하지 않을 것.
  (2) 제3국의 투자자의 투자재산으로, 다음의 조건 중 하나를 만족하는 경우임을 부인하는 체약국이 입증할수 있을 것.
   (a) 당해 부인하는 체약국과 해당 제3국간에 외교관계가 없을 것
   (b) 당해 부인하는 체약국이 당해 제3국에 대해서 다음의 조치를 채택하거나 유지하고 있을 것
   (i) 당해 제3국의 투자자와의 거래를 금지하는 조치; 또는
   (ii) 이 부에 규정된 혜택을 당해 제3국의 투자자 또는 그 투자재산에 줄 경우에는 침해하거나 회피하게 되는 조치

하여 동 회사의 자산은 Highway Logistics Centre ECOD사에 매각되었다. 그동안 PCL사는 중재판정부에 동 회사 자산의 보전을 위한 긴급보전조치를 요청했지만 중재판정부는 이를 인정하지 않았다.[7]

PCL사는 관할권의 근거로서 에너지헌장조약 제26조와 불가리아-키프로스 양자투자협정의 최혜국조항에 따라 불가리아-핀란드 양자투자협정의 중재조항을 원용하였다. 이에 불가리아는 전자에 대해서는 제17조 1항에서 규정하는 혜택의 부인 조항에 의하여 중재판정부는 관할권이 없다고 주장하였고 후자에 대해서는 불가리아-키프로스 양자투자협정에 의한 최혜국대우조항은 중재절차에는 적용되지 않는다고 하여 PCL사의 불가리아-핀란드 양자투자협정에 의한 중재조항의 원용은 인정할 수 없다고 주장하였다. 이에 대하여 중재판정부는 다음과 같이 판단하였다. 우선 관할권 판단에 대해서는 최혜국대우에 대한 불가리아 정부의 주장을 인용하면서 본건에서는 에너지헌장조약에 의한 청구에 대해서만 관할권을 가진다고 하였다.[8] 그러나 혜택의 부인 조항에 대해서는 신청인도 키프로스에서 실질적인 사업 활동을 하지 않는다는 것을 인정하고 있으므로 이 요건은 충족되는 것이라고 하는 한편, 또 하나의 조건이었던 '제3국의 국민이 소유하거나 지배하고 있는 법인'인지에 대한 문제는 관할권에 관한 것이 아니므로 본안에서 다루는 것으로 하였다.

본안판단에서는 선결문제로서 혜택의 부인 조항 원용에 관한 상기 요건의 충족여부와 불가리아가 주장했던 투자상의 부실표시(misrepresentation)의 문제가 우선 다루어졌다. 중재판정부는 전자에 대해서는 NP사의 주식을 제3국(영국령 버진제도)의 기업이 소유하고 있으나 해당 기업을 에너지헌장조약 가입국 국민(Vautrin)이 소유하고 있으므로 불가리아는 혜택의 부인 조항을 원용할 수 없다고 판단하였다. 한편 부실표시에 대해서는 NP사의 주식취득시 불가리아 당국의 동의를 얻었음에도 불구하고 PCL사에는 신의성실에 어긋나는 기망적인 행위가 인정된다고 하여 그러한 방법으로 이루어진 투자에 대해서는 에너지헌장조약에 의한 보호를 부여할 수는 없다고 하였다.

이와 같이 본건 청구에서 신청인은 애초부터 에너지헌장조약에 의한 보호를 받을 수 없는 상황이었지만 중재판정부는 계속해서 본안 사안에 대해서도 언급하였고 결론적으로는

---

7) *Plama Consortium Limited v. Bulgaria*, ICSID Case No. ARB/03/24, Order of the Tribunal on the Claimant's Request for Urgent Provisional Measures, 6 September 2005.

8) 최혜국조항에 의하여 다른 양자투자협정에 의한 중재절차를 원용하는 것을 부정한 이러한 본건 중재판정의 입장 및 *Maffezini* 사건의 중재판정에 대한 비판은 혜택의 부인 조항과 함께 본건에서 매우 주목받았던 점이다. 에너지헌장조약에 특별히 관련된 것이 아니기에 본 장에서는 다루지 않지만, 이 점에 대해서는 다음을 참조. 西元宏治,「最惠國待遇－投資協定仲裁による解析とその展開」; 小寺彰編著,『國際投資協定－仲裁による法的保護』(三省堂, 2010), 56－83면.

모든 청구에 근거가 없다고 판단하였다. 또한 이를 주문으로 남기기로 하였다. 이에 더하여 모든 것은 충분한 자산도 없이 리스크가 높은 투자에 손을 댄 신청인과 그 소유자인 Vautrin의 무모한 계획(ambitious plan)의 결과라고 지적하였다.

그림   관계자 상관도

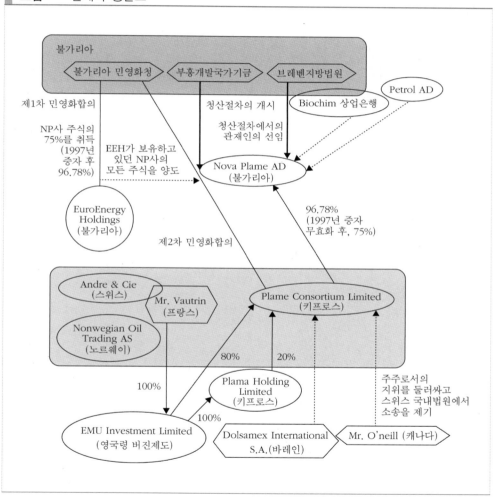

█ 본건에 있어서의 주요사실

1906 – 1997	불가리아가 NP사를 민영화. EEH사가 주식의 96.78%를 취득(제1차 민영화합의). 단, 민영화된 이후에도 NP는 영업이 중지된 상태.
1997말 –	EEH사가 석유정제시설을 위한 자금조달을 모색하던 중 당시 André & Cie사에 소속되어 있던 Vautrin이 관여하게 되었고 그의 중개로 André & Cie사 및 NOT사가 NP사의 주식취득을 위한 교섭에 참여.
1998.6	불가리아 부흥개발국가기금이 NP사에 대한 지급불능소송절차(insolvency pro-ceedings)를 개시. 잠정적인 관재인으로서 페네프와 도도로바를 선임.
1998.9.12.	불가리아 정부 민영화청이 일정한 조건 하에 NP사 주식을 NOT사 및 André & Cie사가 취득하는 것에 동의한다는 것을 확인(양해각서).
1998.9.18.	PCL사와 EEH사, 불가리아 정부 민영화청의 동의를 조건으로 NP사 주식의 양도에 합의.
1998.11.17.	PCL사와 불가리아 정부 민영화청, 제1차 민영화합의상의 의무를 승계할 것 등을 정한 합의서를 체결(제2차 민영화합의).
1998.11.23.	EEH사, 양해각서에 표시된 조건이 충족된 것을 확인하고 NP사 주식의 양도에 대해서 최종적으로 동의.
1999.1 – 4	NP사, 영업을 재개하였으나 4월에 또다시 정지.
1999.2	불가리아 환경보호법 개정으로 민영화 이전의 오염처리는 국가의 책임이 됨.
1999.5.5.	PCL사와 NP사, 브레벤 지방법원에 재건계획을 제출. 관재인으로서 페네프를 선임.
1999.7.8.	지방법원, 재건계획을 승인하고 NP사의 파산절차를 정지.
1999.8 – 12	NP사가 영업을 재개하였으나 12월에 정지.
2003.1.6.	ICSID, 신청인의 청구를 접수.
2003.2.18.	불가리아 정부, 에너지헌장조약 제17조 1항에 기초하여 PCL사에 대한 혜택을 부인함을 ICSID에 통지.
2003.8.19.	ICSID, 신청인의 청구를 등록.
2004	1997년의 증자가 판결로 무효화되었으므로 PCL사가 보유하는 NP사의 주식은 75%가 됨.
2005.2.8.	중재판정부, 관할권 판단을 송부.
2005.7	채권자가 NP사의 파산절차를 신청. 불가리아 최고파훼원(최고재판소)에 의하여 동 신청은 파기.
2005.7.29.	신청인, 중재판정부에 긴급보전조치를 요청.
2005.9.6.	중재판정부, 보전조치요청을 기각.
2006.4.28.	채권자에 의한 재신청을 받아 브레벤 지방법원이 파산절차의 재개를 결정. NP사, 청산절차에 들어감.
2007.6.18.	NP사 자산, Highway Logistics Center ECOD사에 매각.
2008.8.27.	중재판정부, 본안판단을 송부.

II. 판정요지

1. 관할권 판단9)

(1) 에너지헌장조약 제17조의 적용범위, 원용조건 및 효과

에너지헌장조약 제17조 1항은 동 조약 제1조에서 말하는 '투자자'에 해당하는 경우에도 당해 투자자가 '제3국의 국민이 소유하거나 지배하고 있는 법인으로 당해 법인이 조직된 당사국에서 실질적인 영업 활동 하고 있는 않는 때'에는 조약상의 보호를 거부할 수 있는 당사국의 권리를 인정하고 있다. 불가리아는 PCL사가 키프로스에서 실질적인 영업활동을 하지 않는다는 점과 본건 해당기간 동안 최종적인 소유자가 불명확하였고 이용가능한 증거에 의하면 PCL사의 주식은 오닐(캐나다 국적) 및 Dolsamex International SA사(바레인 국적, 이하 'Dolsamex사')가 보유하고 있으며 이들은 에너지헌장조약 비당사국의 국민 또는 법인이므로 본건에서 불가리아가 행사한 PCL사에 대한 혜택의 부인은 적법한 것이고 PCL사는 에너지헌장조약에 의한 보호를 주장할 수 없다고 하였다. 또한 적어도 오닐 및 Dolsamex사가 제기한 주주로서의 지위 확인에 관한 소송이 스위스 국내법원 등에서 계속되고 있는 중에 중재절차를 진행하는 것은 부당하다고 하였다. 이에 대하여 PCL사는 키프로스에서 실질적인 영업 활동을 하고 있지 않다는 점은 인정하였으나 오닐 및 Dolsamex사는 단순히 PCL사 주식의 관리자(chargee)에 지나지 않으며 그 최종적인 주식은 EMU Investment Ltd사(영국령 버진제도 국적, 이하 'EMU사')를 통해서 Vautrin이 소유하고 있으며 그는 에너지헌장조약 체약국인 프랑스 국적을 가지고 있으므로 본건에서는 혜택의 부인 조항을 원용하기 위한 조건이 충족되지 않았다고 주장하였다.

먼저 혜택의 부인 조항의 원용으로 부인되는 혜택의 범위에 대해서는 제17조가 명확하게 '이 부의 규정'인 '투자의 촉진 및 보호'에 규정된 실체적 보호(헌장 제3부)로 한정하고 있다는 것에 주목해야 한다. 또한 에너지헌장조약의 본래 취지와 목적을 고려한다면 혜택의 부인이 된 경우에도 당해 부인의 적법성을 투자자가 다툴 수 있는 절차로서 제5부 제26조가 중재요청절차를 규정하고 있고, 그러한 중요한 절차까지도 혜택의 부인의 대상으로 하고 투자유치국의 판단 여하에 따라 그 이용가능성이 좌우되도록 인정한다면 그것이야말로 동 조약의 취지목적에 반하는 것이 된다(paras. 147-151).

9) *Plama Consortium Limited v. Bulgaria*, ICSID Case No. ARB/03/24, Decision on Jurisdiction, 8 February 2005.

또한 혜택의 부인 조항의 원용과 관련하여, 에너지헌장조약이 혜택의 부인을 투자유치국의 '권리'로서 규정하고 있다는 것을 감안하면 당해 권리는 투자유치국이 행사해야만 비로소 효과가 발생되는 것이라고 할 수 있다. 또한 동 조약의 본래 취지와 목적에 비추어 그러한 혜택의 부인은 투자자 등이 합리적으로 알 수 있도록 공지되어야 하는데, 개개의 투자자에게 특정적으로 이루어질 필요는 없으며 관보 또는 국내법규정상의 일반적인 선언의 형식에 의하는 것으로 충분하다(paras.153–158).

혜택의 부인 조항의 효과에 대해서 투자자가 스스로 혜택의 부인 대상인지를 따져보는 것은 사업계획을 세울 때 매우 중요한 요소이며 이 점에 대해서 판단할 기회를 보장하는 것은 에너지 분야에서의 장기적인 협력을 촉진하기 위한 법적 체제로서의 에너지헌장조약의 취지와 목적에 합당하다. 이를 감안하면 혜택의 부인의 효과는 원용시점 이후의 장래적인 효과를 가질 뿐이다. 투자가 이루어진 뒤에 그 자신이 혜택의 부인의 대상이 되는 경우가 발생한다면 투자자가 장기적인 계획을 세우는 것 자체가 불가능하게 된다. 또한 투자자는 투자를 할 때에 혜택이 부인되지 않으면 조약상의 보호를 받을 수 있다는 정당한 기대를 갖는 것이 당연하다는 것을 고려해야 한다. 이에 에너지헌장조약 제17조의 규정이 있는 이상 투자자는 동조에서 규정하고 있는 조건에 비추어 혜택의 부인의 대상이 될 수 있음을 판단할 수 있었으므로 혜택의 부인의 대상이 되지 않는다는 점에 대한 정당한 기대를 인정할 수 없다고 불가리아는 주장하고 있는데, 그러한 해석은 에너지헌장조약에 기초한 투자자의 권리와 투자유치국의 의무를 무의미하게 하는 것이므로 인정할 수 없다(paras. 159–165).

또한 오닐 및 Dolsamex사가 제기한 주주로서의 지위 확인을 구하는 소송이 스위스 국내법원에 계속되고 있는 한 중재의 진행을 정지해야 한다는 불가리아의 주장에 대해서는, 어디까지나 본건 중재의 당사자가 PCL사와 불가리아이며 주주의 변경은 이 점에 아무런 영향을 끼치지 않으므로 당해 주장은 받아들일 수 없다(paras. 180–182).

(2) 최혜국조항을 통한 다른 양자투자협정의 중재절차의 원용

본건에 관한 중재관할의 근거로 PCL사는 에너지헌장조약 외에 불가리아—키프로스 양자투자협정의 최혜국조항을 규정하고 있는 제3조를 원용하고 동 조항에 의하여 불가리아—핀란드 양자투자협정에 규정된 중재절차를 이용할 수 있다고 주장하고 있다.

최혜국조항의 대상이 되는 '대우(treatment)'에 분쟁해결절차가 포함되는지에 대해서는 일반적으로 판단할 수 없지만 본 협정의 문언에 비추어 제3조 2항에서 경제공동체, 관세동

맹 또는 자유무역지역에 참가하여 제3국의 투자자에게 주어진 '특권(privilege)'에는 미치지 않는 것으로 동 조항의 대상을 제한하고 있다. 이 점을 감안하면 본 협정에서 최혜국조항의 대상이 되는 '대우'를 실체적 보호에 관한 것으로 풀이할 수 있다. 실제로 불가리아와 키프로스 양국은 1998년에 본 협정의 개정교섭을 하였으며 그때 분쟁해결조항에 대해서도 검토가 이루어졌지만 결국은 분쟁절차를 개정하는 부분에 대해서는 합의에 이르지 못하였다. 당해 사실을 보면 본 협정의 최혜국조항은 분쟁해결절차에 미치지 않는다는 것에 대해서 양국이 양해하고 있었다는 것을 추측해 볼 수 있다. 또한 본 협정이 체결될 당시 불가리아는 아직 공산체제하에 있었으며 동 체제에서는 투자자에 대한 보호 및 분쟁해결절차에 대해서 한정적인 태도를 취하고 있었다는 것이 인정된다. 또한 중재요청은 어디까지나 명료하고 명확한(clear and unambiguous) 합의에 근거해야 한다는 것을 명심해야 할 것이다. 이 점에 있어서 최혜국조항을 통해서 중재합의의 존재를 추정할 수 있는가에 대해서는 의문이다. 이를 위해서는 영국의 모델 양자투자협정 제3조 3항에서 볼 수 있는 것처럼 중재절차에 대해서도 최혜국조항이 미친다는 것이 조약으로 명시되어 있어야 할 것이다(paras. 183-208).

불가리아-키프로스 양자투자보호협정에서는 수용이라고 하는 특히 한정된 경우에 대해서 투자자에 의한 중재절차를 규정하고 있다. 이러한 경우 최혜국조항을 통해서 일반적인 중재요청을 가능하게 하는 것은 보다 좋은 대우를 부여한다기보다 오히려 전혀 다른 분쟁해결절차로 대체하게 되는 결과를 가져올 것이다. PCL사는 그 주장을 지지하는 것으로 몇 건의 선례를 들고 있는데 이들 중 어느 것도 이러한 대체를 인정한 것이라고 할 수 없다. 최혜국조항이 중재절차에도 미친다고 인정한 *Maffezini v. Spain* 사건 중재판정10)에서는 중재요청의 사전절차로서 국내법원이 심리할 수 있는 기간으로 18개월을 주어야 한다는 요건의 적용을 제외하려는 예외적인 문제였으며 그러한 예외적인 사안에서의 판단이 장래의 사안에도 타당한 일반원칙을 보여준 것이라 인정할 수 없다(paras. 209-226).

이상의 이유로 불가리아-키프로스 양자투자보호협정에서의 최혜국조항에 기초한 중재요청합의가 존재한다고 하는 PCL사의 주장은 동 조항의 올바른 해석에 기초한 것이라고 할 수 없어 인정할 수 없다(para. 227).

---

10) *Emilio Agustín Maffezini v. The Kingdom of Spain*, ICSID Case No. ARB/97/7, Decision on Objections to Jurisdiction, 25 January 2000.

2. 본안판단[11]

(1) 선결사항

(a) 혜택의 부인 조항의 원용 — '제3국의 국민이 소유 또는 지배하는 법인' 요건 해당성

신청인이 에너지헌장조약의 당사국인 설립지국가에서 실질적인 영업활동을 하고 있지 않고 또한 체약국의 국민이 소유 또는 지배하고 있지 않은 경우, 피신청국은 에너지헌장조약 제17조 1항에 의하여 제3부의 보호를 거부할 수 있다. 이들 두 요건은 체약국이 제17조 1항을 원용하기 이전에 충족되어 있어야 한다. 여기에서 말하는 '소유 또는 지배'는 직접적이거나 간접적인 것이라도 좋다는 점은 당사자 쌍방이 인정하고 있다. 본건 신청인 PCL사는 키프로스 법인이며 키프로스는 에너지헌장조약의 체약국이다. 그러나 동 국가에서 실질적인 영업활동을 하고 있지 않음은 신청인 자신도 인정하는 것이며 이 때문에 본건에서 신청인이 다른 체약국의 국민에 의하여 소유 또는 지배되고 있는지가 문제된다. 이 점에 관한 입증책임(burden of proof)은 신청인에게 있다(paras. 80–81).

이 점에 대해서 불가리아는 신청인이 에너지헌장조약의 당사국 국민에 의해서 소유 또는 지배되고 있기 때문에 동 조약상의 보호를 향유하는 주체라는 것을 증명하지 못했다고 주장한다. PCL사는 그 주식의 80%를 영국령 버진제도에서 설립된 EMU사가 소유하고 있으며 또한 EMU사의 주식은 세이셸 기업이 가지고 있다는 것이 확증된 반면에 Vautrin이 EMU사를 소유 또는 지배하고 있다는 것은 신뢰할 수 있는 증거로 제시되지 않았다. 이에 의하여 본건 청구는 수리불능(inadmissible)이라고 불가리아는 주장한다(paras. 83–88).

본건 본안절차에서 쌍방에서 제시된 증거를 살펴보면, PCL사 주식을 보유하고 있는 EMU사는 Vautrin의 지시에 따르고 있음이 인정된다. 또한 세이셸 기업에 대한 EMU사의 주식양도는 이는 단순히 검토되고 있었음에 불과하고 실제로 실행된 것은 아니다. 어느 쪽이든 간에 세이셸 기업은 Vautrin이 소유하고 있는 것으로 인정된다. 또한 PCL사의 소유를 둘러싸고 스위스 국내법원에서 지금까지 판결이 이루어지지 않고 있는 상황이 중재절차에 영향을 주는 것으로 볼 수 없다(paras. 89–93).

본 중재판정부로서는 PCL사에 대한 소유 또는 지배의 문제에 대한 입증책임이 신청인에게 있다는 것을 감안하더라도 Vautrin에 의한 동사의 소유 또는 지배에 대한 불가리아의 의심을 납득할 수 있는 것(convincing)으로 인정할 수 없다. 불가리아는 신청인이 스스로 소유·지배관계에 관하여 제출한 증거가 전혀 신뢰할 수 없는(wholly unreliable) 것이라거나

---

11) *Plama Consortium Limited v. Republic of Bulgaria*, ICSID Case No. ARB/03/24, Award, 27 August 2008.

Vautrin 이외의 자에게 동사가 소유 또는 지배되고 있음을 보여주는 설득력 있는 증거
(cogent evidence)를 제시하지 않고 있다(para. 94).

(b) 투자 시의 부실표시(misrepresentation)

불가리아 정부는 설사 관할권이 인정된다고 하더라도 신청인이 에너지헌장조약에 의한
투자의 보호를 주장하기 위해서는 그 투자가 적법한 것이어야 한다고 주장한다. PCL사가
EEH사로부터 NP사의 주식을 취득하기 위해서는 불가리아 민영화청의 동의가 필요할 것이
다(제1차 민영화합의 및 불가리아 민영화법에 근거한 요건). 불가리아 정부는 André사 및 NOT사가
PCL사의 주주가 아니었음에도 불구하고 그러한 오해를 야기한 채로 해당 동의를 얻어 NP
사의 주식양도에 관한 계약을 체결했다는 것을 비난하고 있다. 그러한 부실표시는 불가리
아 민영화법에 위반하는 것이기에 주식양도에 대한 민영화청의 동의는 당초부터 무효이다.
나아가 제2차 민영화합의도 무효이므로 본건에서 PCL사는 에너지헌장조약에 의하여 보호
되는 투자를 한 바 없다고 한다. 이에 대하여 PCL사는 제2차 민영화합의 체결교섭과정에
서 André사가 NP사의 주식을 직접 취득하는 것에 관심을 잃어 오로지 조언자로서 참가하
고 있었다는 점과 NOT사도 투자자로서 계획에 참가하는 것을 자제하고 있었다는 사실을
알고 있었다는 점에 대해서는 인정했지만 PCL사의 자금관계에 대해서 불가리아 정부에 통
지해야 하는 의무는 없었다고 주장한다. 또한 민영화청에는 두 회사를 '대표하는' 기업에
의해서 주식을 구입한다고 전달하였으며 상기 두 회사가 구입한다고는 전달하지 않았다고
한다. 본건에서 불가리아 정부는 주식의 구입자가 양사가 아니었다는 것을 알고 있었다고
보아야 하며 적어도 직접 정보를 요구했어야 한다고 주장한다. 이러한 점에서 PCL사로서는
부실표시를 한 것이 아니며 적어도 적극적으로 그러한 행동을 한 것은 아니라고 주장한다
(paras. 107−109).

NP사 주식양도에 관한 교섭 중에 불가리아 당국은 André사와 NOT사로 이루어진 컨
소시엄으로 양도가 이루어졌다는 인식을 세 번에 걸쳐 서면으로 나타내고 있으며 양해각서
도 양사와 불가리아 당국과의 사이에서 이루어졌다. André사가 주식취득에 관심을 잃은
이후에도 불가리아 당국에 표시된 양사의 관여방법에 관한 표기에는 변함이 없다. 이러한
점에 대해서 PCL사 측에서는 어떠한 설명도 하지 않았으며 오히려 불가리아 정부의 인식
을 수정할 기회가 있었음에도 불구하고 그렇게 하지 않았을 뿐만 아니라 André사가 건전
한 기업이라는 것을 보여주기 위해서 스위스대사를 교섭장에 동석시키기도 하였다. 이러한
사정을 보면 불가리아 당국이 PCL사를 NP사 주식의 취득을 목적으로 양사가 설립한 특수

목적회사라는 것을 믿을 만한 이유가 있다. 본건에서 Vautrin이 NP사에 투자한 주체가 누구인가에 대해 의도적인 부실표시를 하였다는 것이 명확하다(paras. 117-129).

상기 부실표시를 한 Vautrin은 불가리아 법에서 문제되는 소위 '배후인물'로, 다른 사람의 이익을 위해서 대신 행동한 것이 아니라 André사 및 NOT사의 자금력을 과시하면서 NP사에게 직접투자를 하려고 했던 것이다. 본건에서 불가리아 정부가 실제 투자자가 Vautrin이라는 것을 알고 있었다면 NP사 주식의 양도에 동의하지 않았음을 인정할 수 있다. 투자주체가 두 기업에 의한 컨소시엄에서 개인으로 변경된 사정에 대해서는 이를 통지해야 할 의무가 일반적으로 상시 요구되는 것은 아니라고 해도 본건과 같이 주식의 양도에 대해서 정부의 동의·승인이 법적으로 의무화된 경우에는 신청인은 신의칙에 기하여 그러한 사정의 변화에 대해서 정부에 통지해야 할 의무가 있다고 할 수 있다. 그럼에도 불구하고 교섭에서 그러한 점에 대해서 의도적으로 은닉해 온 것은 기망에 해당하며 본건 투자는 그러한 기망적 행위의 결과 이루어진 것으로 인정된다. 이러한 기망적 행위는 불가리아 민법에 명백히 위반하는 것이다(paras. 133-137, 145).

에너지헌장조약에는 다른 양자투자협정에서 볼 수 있는 투자의 국내법령과의 정합성을 요구하는 규정은 없지만 이는 국내법·국제법에 반하여 이루어진 투자도 에너지헌장조약의 보호를 받는다는 것을 의미하는 것은 아니다. 동 조약의 기본 목적인 '에너지문제에 있어서의 법의 지배의 강화'에 부합하는 해석을 위해서 중재판정부는 법에 위반하여 이루어진 투자에 대해서 에너지헌장조약의 실체적 보호는 미치지 않는다고 결론내려야 한다(paras. 138-139).

본건에 있어서의 부실표시는 또한 법의 일반원칙에도 반하는 것이다. 이러한 원칙으로서는 *Inceysa v. El Salvador* 사건 중재판정[12]에서 드러난 바와 같이 신의성실의 원칙(투자를 성립시키는 계약의 교섭 및 이행에서 기망이 없을 것)과 clean hand의 원칙(누구도 자신의 위법행위로부터 이익을 얻을 수 없다)을 들 수 있다(paras. 140-141, 144).

또한 위법한 행위에서 발생한 권리의 존재를 인정하는 것은 국제공공정책(international public policy)의 원칙이기도 한 법의 지배의 존중에도 반할 것이다. *World Duty Free v. Kenya* 사건 중재판정[13]에서 인정한 것처럼 "부도덕한 계약에 근거한 주장은 본 중재판정부가 인정할 수 없으며" 위법한 수단으로 얻어진 계약은 재판으로 집행되어서는 안 된다는 것은 국제공공정책의 기본관념이다(paras. 142-143).

---

12) *Inceysa Vallisoletana S.L. v. Republic of El Salvador*, ICSID Case No. ARB/03/26, Award, 2 August 2006.

13) *World Duty Free Company Ltd. v. Republic of Kenya*, ICSID Case No. ARB/00/7, Award, 4 October 2006.

(2) 본안사항[14)]

(a) 에너지헌장조약에 근거한 보호내용

(i) 에너지헌장조약 제10조 1항

① 안정되고 공평하며 우호적이고 투명한 투자조건 조성에 의한 보호

에너지헌장조약 제10조 1항 1문에는 '체약국은 이 조약에 따라 자국 영역 내에서 다른 체약국의 투자자가 투자를 하기 위한 안정된 공평하고 우호적이며 투명성 있는 조건을 조성한다'고 정했다. 불가리아 정부는 '자국의 영역 내에서 …… 투자하기 위한 …… 조건을 조성'이라고 되어 있으므로 이는 투자 전에 발생하는 문제에만 적용되는 것이라고 주장하지만, 사실상 그렇지 않다. 제2문에서 '이 조건에는 …… 항상 공정하고 공평한 대우를 부여한다는 약속을 포함한다'고 되어 있으며 제3문 이후에는 '이 투자재산'으로 제1문에서 말하는 투자에 대한 보호를 규정하고 있다는 점에서 제1문에서의 보호는 투자의 모든 단계에 미치는 것으로 해석하는 것이 옳을 것이다. 제1문에서 요구하는 조건은 다른 보호기준에 의존하기도 한다는 점에도 주의할 필요가 있다(paras. 171–173).

② 공정·공평한 대우의 제공

신청인에게 가장 유리하게 공정·공평대우의무를 해석해 보면, 이 의무에 의하여 보호되어야 할 '정당한 기대'란 투자자가 투자를 할 때 고려하는 '합리적이고 정당화할 수 있는 (reasonable and justifiable)' 기대이다. 국가가 투자자에게 특별히 인정해 준 조건이나 투자자가 신뢰한 조건 등이 이에 해당하며 또한 신의성실, 적법절차, 비차별 등의 충분히 확립된 기본적 기준을 국가가 준수할 것에 대한 기대도 포함한다(paras. 175–176).

투자유치국에서의 법제도의 안정성도 공정·공평대우의무에 의한 보호에 포함되는 것이라고 여겨지고 있으며 이때에는 국가가 정당한 규제권한을 유지하고 있다는 것이 공정·공평대우의무와의 적합성을 판단할 때 고려되어야 한다(para. 177).

③ 지속적 보호 및 보장

투자유치국은 투자재산에 대해서 '지속적 보호 및 보장'을 해야 하는데, 이는 투자의 보호와 보장에 관한 상당한 주의(due diligence)의무를 규정한 것이며 투자재산에 대해서 완전한 보호·보장을 하여야 하고 국내법령을 원용하는 것으로 그러한 보호·보장의 제공의무를 회피해서는 안 된다. 이는 국가가 투자재산의 보호를 결한 경우에 엄격한 책임을 규정

---

14) PCL사는 NP사의 주식을 취득한 뒤 불가리아 정부의 입법·사법·행정 각 기관에 의한 행위부작위가 NP의 석유정제사업 운영을 저해하였다고 하고, 이는 에너지헌장조약에 비추어 위법이라고 주장한다. 원래 본건투자는 동 조약으로 보호되지 않는 것이었다고 하면 본안판단을 내릴 필요는 없게 된다(또는 내릴 수 없다). 그러나 본안심리에서 양당사자의 노력을 인정하는 뜻으로 신청인이 제기한 개개의 청구원인을 들어 이에 관한 판단을 내리기로 하였다(para. 147).

한 것은 아니라는 것에 주의할 필요가 있다(paras. 179-181).

④ 부당·차별적 조치의 금지

부당한 조치의 금지는 공정·공평대우의무와 중복되는 부분도 있지만 이는 편견이나 개인적인 기호에 근거한 조치를 금지한다는 점에서 중요하다. 차별적 조치의 금지는 평등 대우원칙과 다를 바 없지만 합리적이고 정당화할 수 있는 대우의 차별까지 금지하는 것은 아니다(para. 184).

⑤ 투자자에 대해 인수한 의무의 준수

이른바 우산조항의 대상이 되는 의무의 범위에 대해서는 이론이 있지만 그 문언이 '어떠한 의무라도'라고 되어 있다는 점에서 그 성질의 여하를 불문하고 법령에 기초한 것을 포함하는 넓은 의미로 풀이되는 것으로 생각된다. 어느 쪽이든 본건에서와 같이 계약상의 의무가 포함된다는 것에는 변함이 없다(paras. 186-187).

(ii) 에너지헌장조약 제13조

에너지헌장조약 제13조는 공공의 이익을 목적으로 하는 것으로 비차별적이며 정당한 법의 절차에 따르고 신속, 충분, 효과적인 보상을 지불하는 경우를 제외하고 투자재산의 직접·간접적인 수용·국유화를 금지한다. 본건에서 신청인은 투자재산의 간접수용을 주장하고 있는데, 당해 주장을 판단하기 위해서는 (i) 투자에 대한 권리, 또는 투자의 일정부분에 대해서 그 경제적인 이용이 실질적으로 완전히 박탈되었을 것, (ii) 문제되는 조치가 되돌릴 수 없는 영속적인 것일 것, 그리고 (iii) 투자자가 입은 경제적 가치의 손실의 정도 등의 제문제를 평가할 필요가 있다(paras. 188-189).

(b) 신청인이 제시하는 청구원인에 비추어본 보호기준의 적용

(i) 환경오염에 대한 책임부담의 불합리하고 차별적인 변경에 근거한 손해

PCL사는 제2차 민영화합의나 그 합의가 체결되었던 당시에 유효했던 불가리아 국내법에 근거해도 NP사가 주식취득 이전에 사업활동지역에서 한 활동에 기인한 환경오염에 대해서 책임을 지지 않아야 하는데 불가리아 정부는 NP사에게 오염처리를 하지 않으면 지급불능소송절차를 개시하겠다고 위협하는 등으로 투자 전의 환경오염에 관한 책임을 부담시키려고 하였다고 주장한다. 또한 PCL사가 NP사의 주식을 취득한 후의 환경법의 개정에서는 민영화 이전에 발생한 오염의 처리에 대해서는 국가가 책임지는 것으로 하는 한편 당해 개정의 적용에서 PCL사를 제외하는 등으로 부당한 차별을 받았다고 주장한다(paras. 195-206).

개정 전의 불가리아 국내법 및 제2차 민영화합의의 규정에 비추어보면 신청인이 민영화 전에 발생한 환경오염의 처리에 관한 책임을 PCL사뿐만 아니라 NP사도 면제된 것으로 신청인이 생각하는 것도 이유가 없는 것은 아니다. 그러나 Vautrin의 증언에 따르면 제2차 민영화합의 교섭시에 그러한 책임의 부담에 대해서 불가리아 국내법은 불명확하였으며 교섭시에는 그러한 책임을 국가가 지는 것을 확인하는 것이 매우 중요하였다. 그러나 다른 민영화합의와는 달리 제2차 민영화합의에는 그 점에 대한 규정이 없다(paras. 212-217).

이러한 사정을 감안하면 아래의 사항을 확인할 수 있다. 우선 PCL사가 NP사의 주식을 취득한 시점에서의 불가리아 법은 과거의 환경오염에 대한 책임에서 NP사가 면제될 것을 PCL사에게 보장할 수 없었던 상황이었고 신청인도 그 불명확한 점을 인식하고 있었다. 제2차 민영화합의에 그 점에 관한 규정이 결여되어 있는 것은 그러한 책임을 국가의 부담으로 하는 것에 대해 순조롭게 교섭에서 확약을 받을 수 없다는 것을 보여주고 있다. 이 점에 대해서 신청인은 불가리아 국내법의 불비를 비난하고 있는데 도리어 그러한 불비에 대해서 신청인은 주의 깊게 살폈어야 하였다. 또한 PCL사가 투자를 하고 난 뒤에 불가리아 환경보호법이 개정된 것은 세계은행의 권고에 따른 것이다. 신청인은 제2차 민영화합의의 교섭을 할 때 불가리아 정부로부터 본 개정에 대해서 어떠한 통지도 받지 못하였다고 주장하는데 법 개정에 관한 논의의 기록은 공개되어 있었으며 스스로 살펴보았어야 하는 사실이었다(paras. 218, 220-221).

이상의 사정에 비추어 판단해보면 환경오염에 대한 책임부담을 둘러싼 문제에 관해 불가리아에 에너지헌장조약 제10조 1항 위반을 물을 수 없다. 공정·공평대우 의무는 합리적이고 정당화할 수 있는 투자자의 기대를 보호할 것을 요구하고 있는데 이는 투자유치국 법령의 모든 변경으로부터 투자자를 보호하는 것은 아니다. 본건에 대해서는 도리어 에너지헌장조약 제10조 1항이 규정하고 있는 투자자에게 양호한 조건을 양성할 의무의 이행조치라고 인정된다. 차별적 대우에 관하여는 분명 동법의 적용대상 밖에 있음에도 불구하고 국가에 의한 원조를 받고 있는 기업도 있을 수 있지만, 신청인은 스스로가 차별적이라고 비난할 만한 차별을 받았음을 입증할 수 있는 충분한 근거를 제시하지 못하였다. 또한 불가리아가 신청인과의 사이에서 체결한 어떠한 계약에 기초해서 투자전의 환경오염에 대한 책임을 인수한 바도 없다. 환경오염대책에 소요되는 비용을 위한 외부자금의 조달이 곤란해졌다고 주장하고 있는 점에도 충분한 근거가 없으며 이는 도리어 신청인 자신의 재산상태가 좋지 않았던 것에 기인하는 것으로 보인다. 어느 쪽이든 본건에서 불가리아 정부는 NP사에게 환경오염의 처리를 부담하게 하려는 조치를 취한 바 없으며 신청인이 주장하는 손해는 사실에 기초한 것이 아니므로 부당하다(paras. 219, 222-226).

(ii) 관재인의 방해행위에 대한 감독

NP사에 대한 지급불능소송절차 및 파산절차에서 불가리아 국내법원이 선임한 관재인은 자신의 급여를 부당하게 증액하거나 은행채무를 과도하게 승인하고 위법한 방법으로 자산을 관리하였으며 파업 및 '폭동'을 선동하기도 하고 PCL사와는 다른 재건계획을 제출하는 등으로 NP사의 영업을 방해하였다고 신청인은 주장하고 있다. 그리고 이러한 사태에 대해서 불가리아는 관재인에 대한 적절한 감독을 태만히 하고 노동자의 '폭동'에 대해서도 경찰에 의한 적절한 보호를 하지 않았기에 결과적으로 실질적인 수용에 해당하는 상태를 초래했다고 주장한다(paras. 229-238).

PCL사가 관재인에 의한 방해행위의 근거로 제출한 증거는 불가리아 정부가 제출한 것과 대조해보면 상호모순된다. 입증책임이 신청인에게 있는 이상 이러한 상황에서 청구를 인용할 수는 없다(paras. 248-249).

어느 쪽이든 간에 불가리아에 대해 에너지헌장조약의 위반을 묻기 위해서는 문제되는 관재인의 행위가 국가로서의 불가리아에게 귀속하는 것이어야 한다. 그러나 불가리아뿐만 아니라 다른 대륙법계에 속하는 국가에서의 중재인의 경험에 비추어보아도 관재인을 국가의 기관으로 보고 그 행위를 국가에 귀속하는 것으로 인정하기는 어렵다(paras. 251-253).

불가리아 국내법원이 관재인에 대하여 적절한 감독을 하지 않았다는 점에 대해서는 분명 그 책무가 국가기관인 법원에 있다고 인정될 수 있다고 하더라도 그 권한은 한정된 것일 뿐이라고 인정하지 않을 수 없다. 신청인 혹은 NP사는 직접 관재인에 대한 민원을 법원에 제기할 수 있었고 실제로 그렇게 하였는데, 그러한 민원을 제기하는 것이 법원에 의해 방해받았다는 증거는 없다. 이러한 사정을 감안하면 본건에서는 이 부분에 대해서 에너지헌장조약에 의한 책임을 불가리아 정부에 물을 수는 없다(para. 254).

(iii) 평가이익에 대한 과세

신청인에 따르면 불가리아는 지급불능소송절차를 종료한 기업의 회계처리에 관한 적절한 법적 구조가 없는 등 조세법제의 불비가 있어 그 때문에 재건계획에서 채무의 감액이나 변제기간의 연장(리스케줄링)을 하면서 얻어진 평가이익(paper profits)에 대해서도 과세하게 되었다. 이에 대응하기 위해서 NP사는 1999년부터 2001년까지 확정신고를 할 수가 없었고, 이 때문에 조세환급을 받을 수 없었을 뿐 아니라 도리어 추징을 받게 되었다고 한다.

그 결과 NP사는 필요한 자금을 얻을 수 없는 상태가 되었다. 이후 불가리아 정부는 자신의 세법상의 불비를 인지하여 2001년에 평가이익에 관한 과세면제를 채택하는 법 개정을 하였다. 이를 고려하여 신청인은 1999년부터 2001년까지 불가리아가 공정·공평대우의무를 필두로 하는 에너지헌장조약 제10조 1항에 따라 부여해야 할 보호를 하지 않은 것이라고 주장한다(paras. 256-259).

에너지헌장조약은 제21조에서 조세조치에 관한 유보를 명시하고 있으며 신청인이 주장하는 과세조치에 대해서는 단순히 불가리아 국내의 과세당국에 대해 신청을 할 수 있을 뿐이다. 그러한 불가리아의 조세법제에 대해서는 신청인이 투자를 하는 시점에서 스스로 알 수 있는 것이었으며 또한 주의를 기울였어야 하는 부분이라는 점이라고 하면 특별한 대우를 받을 것을 정당하게 기대할 수 있었다고 인정할 수 없다. 또한 제2차 민영화합의 교섭 시에 이 점에 대해서 대응을 구할 수도 있었을 것이며 투자 후에도 스스로 적절한 대응을 할 주의의무가 신청인에게 있었다고 볼 수 있다. 이러한 본건 사정하에서는 불가리아의 조세법제가 공정·공평함을 잃었다거나 차별적인 것이었음을 인정할 수는 없다. 역으로 이 문제에 대해서 불가리아 당국은 신청인 및 NP사에 도움을 주려고 하였으며 평가이익에 대한 과세를 집행하려고 하지는 않았다. 이러한 불가리아의 대응을 고려하면 투자자에 대한 지속적 보호와 보장을 제공하지 않았다는 비난은 옳지 않다. NP사가 영업자금을 얻을 수 없었던 것은 평가이익에 대한 과세가 원인이었던 것이 아니라 자체적인 재무상태가 나빴던 것에 기인한다(paras. 265-272).

(iv) 바르나항(Varna Port)의 이용에 대한 방해
PCL사에 의하면 불가리아에서 원유 및 석유제품을 운송할 수 있는 항은 바르나항(Varna Port)뿐이며 국영기업인 Petrol AD사의 민영화에 수반하여 바르나항이 동 사의 자산이 되었는데 이는 헌법을 비롯한 불가리아 국내법에 비추어 위법한 것이었다. 이러한 상황하에 NP사는 바르나항의 이용에 관한 Petrol AD사와의 교섭을 안정적으로 진행할 수가 없었으며 동 사는 NP사에게 바르나항의 이용에 부당한 요금과 조건을 제시하였다고 한다. 또한 불가리아가 바르나항의 이용과 관련하여 자의적이고 불법적으로 해사법을 개정했다고 하면서 이것을 모두 합해 공정·공평대우의무 및 지속적 보호와 보장의 제공을 하지 않은 것이었다고 주장한다(paras. 274-276).

신청인이 다른 이용자와 바르나항을 동등하게 이용할 수 없었다는 것은 증거에서 확인할 수 없었으며 이 점에 대한 신청인의 주장은 가상적인 것으로 생각된다. 어느 쪽이든 민

간기업인 Petrol AD사의 행위는 국가로서의 불가리아에 귀속되지 않는다. 바르나항의 민영화 및 이용에 관한 국내법령의 개정은 에너지헌장조약으로 금지된 것이 아니며 또한 법제가 자의적 또는 불법한 것이었다고 하는 것도 인정할 수 없다(paras. 279-282).

(v) 국영은행의 비협조적 태도

PCL사에 의하면 국영기업인 Commercial Bank Biochim(이하 'Biochim은행')은 채무처리에 관한 합의서 및 재건계획서에 반하는 형태로 채무처리를 강요하였고 또한 실제로 합의서에 규정된 의무를 이행하지 않는 등으로 NP사의 재건을 방해하였다. 또한 Biochim은행과의 이러한 채무처리에 관한 교섭의 과정에서 불가리아 정부가 신청인에게 지급불능소송절차를 재개한다는 위협을 하는 등의 위법한 개입이 있었다고 한다(paras. 285-289).

본건에서 신청인은 Biochim은행의 행위가 국가로서의 불가리아에 귀속함을 주장하지만 증거로 비추어보면 Biochim은행은 단지 자신의 상업적인 이익을 기초로 행위를 한 것이며 에너지헌장조약 제10조 1항에 비추어 위법한 것으로 볼 수 있는 행위가 있다고 볼 수는 없다. Biochim은행이 강요하였다고 해도 당시 불가리아가 NP사가 영업을 계속할 것을 강력히 바라고 있었다는 것을 고려하면 교섭시 타개될 여지는 신청인에게도 충분히 있었음이 인정된다. 또한 Biochim은행에 의한 압력에 대해서는 신청인이 주장하는 바와 같이 재건계획에 반하는 것이었다고 인정할 만큼의 증거도 없고 또한 불가리아가 부당한 개입을 했다는 점에 대해서도 충분한 증거를 인정할 수 없다(paras. 296-301).

(vi) 파산절차의 재개

신청인은 파산절차의 재개결정이 신청인의 권리를 침해한다고 주장하지만 불가리아 국내법원에 이의신청이 되어 있고 그 결과에 따라 보완될 수 있는 것이었다. 어느 쪽이든 신청인은 이 점에 관한 청구의 기초에 대해 납득할만한 증거를 제출하지 않았다(para. 304).

III. 혜택의 부인

1. 혜택의 부인 조항의 의의와 성질

이른바 '혜택의 부인 조항(denial of benefits clause)'이란 원래대로라면 조약에서 규정된 보호를 향유할 수 있는 투자자에 대해서 일정한 조건하에 투자유치국이 당해 보호의무에서 벗어날 수 있다는 것을 정한 규정을 말한다. 이러한 규정은 원래 조약상의 보호를 법인인 기업에 미치게 하는 것에 대해서 신중하였던 미국의 태도에서 유래된 것이며 제2차 세계대전 이후의 우호통상항해조약에서 나타난 것이라고 한다.[15]

이러한 규정의 목적은 조약상의 보호가 당사국간의 상호주의를 전제로 하여 부여되고 있는 이상 제3국의 국민이 명목상의 기업(mailbox company)을 다른 일방의 당사국 내에 설립하는 것으로 조약상의 보호에 소위 '무임승차'하는 것을 방지하기 위한 것으로 이해된다.[16] 그러한 기업에 대해서까지 조약상의 보호를 인정한다면 실질적으로는 제3국에 대해서 조약상의 혜택을 일방적으로 부여해야 하는 결과가 된다는 점에서 조약당사국이 부당한 부담(불이익)을 지게 되기 때문이다.[17] 이러한 부담을 피하기 위한 여지를 당사국에게 남겨주는 것이 혜택의 부인 조항이 설계된 취지라고 할 수 있다. 오늘날 수많은 투자보호협정에서 볼 수 있는 혜택의 부인 조항도 이러한 취지를 계승한 것으로 볼 수 있다.[18]

더욱이 이러한 부담이 원래부터 회피되어야 하는 것이라고 생각한다면 보다 직접적으로 조약상의 보호의 대상이 되는 상대국가의 기업에 대해서 보다 한정적인 정의규정을 두는 것이 적당하다고도 생각할 수 있다. 예를 들어 스위스-에티오피아 양자투자협정은 '투자자란 …… 일방 당사국의 법령에 따라 설립 또는 조직된 법인으로 당해 당사국의 영역에서 실질적인 경제활동을 하는 자를 말한다'고 한다. 보호대상이 되는 투자자를 이와 같이 정의하면 당사국에서 실질적인 경제활동에 종사하는 것이 조약상의 보호를 향유하기 위한 전제가 되며 명목상 회사는 당연히 그 대상에서 제외된다. 이러한 규정에 따라 제3국 국민 또는 기업에 의해서 지배되는 법인투자자를 조약의 보호대상에서 제외하고 싶다면 그 정의

15) See H, Walkerm Jr., "Provisions on Companies in United States Commercial Treaties," *American Journal of International Law*, vol. 50 (1956), pp. 373 *et seq.*
가령 1953년에 체결된 미일우호통상항해조약에도 다음과 같은 규정이 있다(제21조).
1. 이 조약은 다음의 조치를 집행하는 것을 방해하지 않는다 …….
   (e) 제3국의 국민이 그 소유 또는 관리에 의해서 직접 또는 간접적으로 지배적 이익을 가지는 회사에 대해서 이 조약에서 규정하는 이익(법률상의 지위를 인정하는 것과 아울러 법원의 재판을 통하여 또는 행정기관에 대하여 신청할 권리를 제외)을 거부하는 조치
16) *Ibid.*, p. 388.
17) See J.W. Salacuse, "BIT by BIT: The Growth of Bilateral Investment Treaties and Their Impact on Foreign Investment in Developing Countries," *International Lawyers*, vol. 24 (1990), p. 665.
18) L.A. Mistelis, C.M. Baltag, "Denial of Benefits and Article 17 of the Energy Charter Treaty", *Penn State Law Review*, vol. 113 (2009), pp. 1305-1309.
또한 혜택의 부인 조항은 투자보호협정뿐만 아니라 서비스무역의 자유화에 관한 조약에도 보인다. 渡邊伸太郎,「サービス貿易の自由化に伴うFTAにおける利益否認條項」, REITI Discussion Paper Series 07-J-036, available at <http://www.rieti.go.jp/jp/publications/summary/07090004.html> (최종방문일: 2013. 6. 15.) 참조.

규정에서 법인투자자의 경우에 제3국의 투자자가 소유하고 있는 또는 지배하는 것은 포함하지 않는 등의 뜻을 규정하는 것도 생각해볼 수 있다.19) 실제로 가령 서비스에 관한 ASEAN체제협정에서는 ASEAN 비가입국의 국민이 지배·소유하고 있는 법인으로 ASEAN 가입국에서 설립되었지만 가입국 영역 내에서 실질적인 영업활동을 하지 않는 자에 대해서는 당해 협정에 기초한 혜택을 처음부터 부정한다(shall be denied)고 하고 있다(제6조, 필자강조).20) 그러나 투자협정에 관한 한, 투자자의 정의를 이러한 자본에 기초한 소유·지배관계를 기준으로 하는 것은 실제로는 없다. 도리어 투자자의 정의를 규정한 것과 같은 조문에 혜택의 부인 조항을 두는 선에 머무는 등 투자자의 정의의 문제와 혜택의 부인의 문제를 명확하게 구별하고 있다.

이러한 규정방식이 채택된 이유는 명확하지 않은데, 극히 복잡하고 다층적인 자본구조로 투자가 이루어지는 오늘날에는 투자자의 정의를 자본관계의 지배로 정의하는 것은 투자의 보호 및 촉진이라는 투자협정의 목적에 반드시 적합한 것은 아니라는 점을 들 수 있을 것이다. 투자자의 입장에서 보면 자신의 자본관계에 따라 투자협정의 보호대상 해당 여부가 항상 변화할 수 있다는 불안정한 상태는 바람직한 것이 아니다. 특히 자본구조를 어떻게 구축하는지가 투자전략의 중요한 일부분이 된다는 점을 고려하면 투자자의 정의에 소유·지배기준이 포함되는 것은 그러한 전략을 크게 제약하는 것이 된다. 한편 투자유치국으로서는 바로 그러한 투자전략으로서 제3국의 투자자가 양자투자협정상의 혜택을 향유하는 것을 배제하고 싶어 하는 것인데 투자자의 정의에 지배·소유기준을 포함하는 것은 자국에의 투자를 유치하는 과정에서는 너무나도 불필요하게 획일적인 기준이라고도 할 수 있다. 그렇다면 정의에 있어서는 투자자를 넓게 정의하고, 투자유치국에게 있어서 '제3국성'이 강하여 보호대상으로서 인정하기 어려운 것에 대해서는 별도로 당해 국가의 판단에 따라 보호대상에서 제외할 수 있는 여지를 혜택의 부인 조항으로 남기는 것이 정책적으로는 적당하다고도 생각할 수 있다.21) 이러한 정책적 배려가 투자협정상의 혜택의 부인 조항의 기초가

---

19) 가령 국제법위원회는 외교적 보호에 관한 조문 초안에서 다음과 같이 규정하여 회사의 국적 인정기준의 하나로서 지배기준을 포함하는 견해를 보이고 있다(제9조).
   '회사의 외교적 보호의 운용에서의 국적국이란 회사가 그 설립시에 준거한 법령국을 말한다. 다만 회사가 하나 또는 복수의 타국의 국민에 의하여 지배되어 설립국에서는 어떠한 실질적인 영업활동을 하지 않고 있으며, 회사의 경영 및 재무상의 지배근거지가 모두 타국에 있는 경우에는 해당 국가를 국적국으로 본다.'
20) 본건 중재판정도 본 체제협정을 언급하고 있으며 에너지헌장조약에서는 '혜택을 부정하는 권리를 유보한다'고 하여 혜택의 부인이 명확하게 투자유치국의 권리로서 규정되고 있다는 것에 특히 주의를 기울이고 있다.
   Plama v. Bulgaria, Decision on Jurisdiction, *supra* note 9, paras. 155-156.
21) See *AMTO v. Ukraine*, *supra* note 3, pp. 39-40. Cf. P.D. Cameron, *International Energy Investment Law: the Pursuit of Stability* (Oxford University Press, 2010), para. 4.17.

되었다고 생각하면 동 조항은 한편으로는 투자에 있어서의 자본형태의 구성에 대해서 투자자의 자유를 인정하면서도 다른 한편으로는 당해 자유의 남용22)에 대하여 투자유치국에 대한 대응의 여지를 남긴다는 두 개의 요청의 균형점으로 의의를 가진다고 할 수 있다.23)

에너지헌장조약 제17조에서 보이는 혜택의 부인 조항도 이러한 양자투자협정에 있어서의 혜택의 부인 조항을 고려하면서 다자조약이라는 상이한 체제에서 동 조약에 포함되는 영역에서의 투자의 촉진과 투자유치국에 의한 대응필요성의 조정을 하는 하나의 구조로서 설계된 것으로 볼 수 있을 것이다.24)

또한 에너지헌장조약 제17조는 혜택의 부인을 할 수 있는 경우로서 제3국의 국민이 소유하거나 지배하는 법인으로 (1) 당해 법인이 조직된 당사국의 영역에서 실질적인 영업활동을 하지 않은 경우에 더하여 (2) 외교관계가 없는 제3국의 투자자에 의한 투자재산인 경우 및 (3) 제3국에 대한 경제체재 기타 무역제한조치 등을 실시하고 있으며 에너지헌장조약에 기초한 실체적 보호의 제공이 당해 조치를 저해하거나 이를 회피하는 경우25)에 대해서도 혜택을 부인할 수 있도록 하고 있다. 뒤의 두 가지의 경우(제17조 2항의 경우)는 특히 미국이 자국의 외교정책에 의한 행동의 자유를 확보하기 위해서 양자투자협정의 혜택의 부인 조항에 추가한 것이며 에너지헌장조약의 규정도 그러한 예를 따른 것으로 보인다. 이러한 외교정책적 배려는 먼저 지적한 혜택의 부인 조항의 의의를 변질시키는 것이 아니라 도리어 오늘날의 투자협정에서 볼 수 있는 혜택의 부인 조항이 투자활동의 보호·촉진과 투자유치국의 당해 투자유치가능성과의 균형점으로서의 의의를 가진다는 것이 거듭 확인되는 것이라 볼 수 있다.

---

22) 가령 투자중재절차를 이용할 자격을 얻기 위해서만 회사가 설립된 경우 등을 생각할 수 있다. 실제로 그러한 회사의 설립이 투자중재절차의 남용에 해당한다고 한 사례도 있다. See *Phoenix Action Ltd. v. Czech Republic*, ICSID Case No. ARB/06/5, Award, 15 April 2009.
23) R. Dolzer & Ch. Schreuer, *Principles of International Investment Law* (Oxford University Press, 2008), p. 55.
24) See S. Jagusch & A. Sinclair, "Denial of Advantage under Article 17(1)," in G. Coop & C. Ribeiro (eds.), *Investment Protection and the Energy Charter Treaty* (Juris Publishing, 2008), p. 38; R. Thorn & J. Doucleff, "Disregarding the Corporate Veil and Denial of Benefits Clauses: Testing Treaty Language and the "Concept of Investor"" in M. Waibel *et al.* (eds.), *The Backlash against Investment Arbitration: Perceptions and Reality* (Kluwer Law International, 2010), pp. 9−11.
25) See Mistelis and Baltag, *supra* note 18, p. 1305.

2. 혜택의 부인 조항(제17조 1항)의 원용요건

(1) 혜택의 부인에 관한 통고 필요성 여부

제3국의 투자자에 의한 것인지를 불문하고 투자를 유치하기는 했지만 투자유치국으로서는 보호대상에 포함시키기 어려운 투자에 대해 개별적으로 대응하기 위한 구조로서 혜택의 부인 조항을 이해한다면, 동 조항을 투자유치국의 권리로 보아 당해 국가의 행사 여부를 불문하고 명목적인 회사가 투자보호협정상의 보호를 법률상 당연히(ipso jure) 잃는 것은 아니라는 본건 중재판정은 타당한 것이라고 할 수 있다. 혜택의 부인 조항은 투자유치국에 부인할 수 있는 재량을 유보한 것이며 그러한 재량을 투자유치국이 행사하지 않는 한(혜택의 부인 조항이 원용되지 않는 한) 정해진 효과를 발휘하는 일은 없다.[26]

에너지헌장조약은 투자유치국이 혜택의 부인 조항을 원용하는 방식에 대해서 특별한 규정을 두지 않았다. 가령 NAFTA와 같이 다른 조약에서는 일방 당사국에 대한 사전통고 및 협의가 조건이 된다는 점을 명시적으로 규정한 것도 있다(제1113조). 일본-멕시코 경제제휴협정 투자챕터의 혜택의 부인 조항도 동일한 규정을 채택하고 있다. 이들 규정의 특징은 먼저 혜택의 부인이 가능한 상기의 세 가지 경우 중에서 설립준거법국가인 당사국에서 실질적인 영업활동이 이루어지지 않은 경우에 한하여 사전통고 및 협의가 요구된다는 점이다. 또한 사전통고 및 협의의 대상은 설립준거법국인 타방 당사국이며 혜택의 부인의 구체적인 대상이 되는 개개의 기업이 아니라는 점에도 주목해야 한다. 이러한 특징은 NAFTA 또는 일본-멕시코 경제제휴협정과 같이 당사국간에 포괄적인 경제자유화를 목적으로 하는 조약에 있어서 혜택의 부인 조항이 당해 목적을 해하는 형태로 원용되는 일이 없도록 정보공유를 통한 최소한의 상호감시를 할 수 있다는 점, 또 자유화를 향한 협력을 꾀하기 위한 제도적인 절차가 별도로 마련되어 있다는 점에서 이를 혜택의 부인 조항의 원용에 관해서도 이용하려는 것이 적합하다고 여기는 점에서 비롯된 것이라고 생각된다.[27]

그러한 NAFTA 등의 예에서 혜택의 부인 조항의 원용에 관한 통고상대로서 상대 당사국이 지정되어 있다는 점은 에너지헌장조약에서의 혜택의 부인 조항의 원용방식을 생각해 볼 때 매우 흥미롭다. 혜택의 부인에 관한 특정적·형식적인 절차를 두고 있는 NAFTA 등

---

26) *Veteran Petroleum Limited v. Russia*, *supra* note 3, para. 512.

27) 또한 캐나다 정부의 2004년 모델 양자투자협정 제18조 2항은 설립준거법국 영역 내에서 실질적인 영업활동의 결여를 이유로 한 혜택의 부인의 경우에 타방당사국에 대한 사전통고 및 협의조건을 규정하고 있다. Available at <http://italavv.com/documents/Canada2004-FIPA-model-en.pdf> (최종방문일: 2013. 6. 15.) 제18조 1항은 무역제한조치대상국의 투자자에 의한 실질적 지배를 이유로 한 혜택의 부인을 인정하는 것인데, 이 경우에는 사전통고요건이 필요하지 않다고 한다.

에서도 혜택의 부인의 구체적인 대상이 되는 개개의 기업에 대한 통고는 필요하지 않다고
한 점을 보면 에너지헌장조약의 경우에도 그러한 개별적 통고는 반드시 요구되는 것이 아
니라고 해석할 수 있다.[28]

이와 같이 에너지헌장조약에 있어 혜택의 부인 조항을 원용하기 위해서는 동 조약 제
17조에 유보되어 있는 권리를 투자유치국이 실제로 원용할 의사를 가지고 있다는 점을 투
자자가 알 수 있는 방법으로 제시하는 것만이 요구되고 있으며 그 이상의 구체적 또는 개
별적인 의사표시를 해야 하는지에 대해서는 투자유치국의 판단에 맡겨져 있다고 생각할 수
있다. 중요한 것은 에너지헌장조약의 목적 중 하나는 투자환경의 안정성을 확보하는 것이
고 그러한 관점에서 보아 부당하지 않는 한 어떠한 방식에 의해도 무관하다고 할 수 있다.
본건에서의 '혜택의 부인은 투자자 등이 합리적으로 알 수 있도록 공지하여야 하는데, 개개
의 투자자에게 특정적으로 이루어질 필요는 없으며 관보 또는 국내법규정상의 일반적인 형
식인 선언에 의하는 것으로 충분하다'고 한 중재판정부의 판단의 기초에도 이러한 이해가
있는 것으로 이해된다.[29]

(2) 혜택의 부인 대상의 해당성

혜택의 부인 조항이 투자유치국에 재량권을 유보하고 있다고 해도 당해 재량권은 에너
지헌장조약 제17조 1항에서 인정되는 특정한 경우, 즉 ① '제3국의 국민이 소유하거나 지배
하는 법인'으로 ② '당해 법인이 조직된 당사국 지역 내에서 실질적인 영업활동을 하고 있
지 않은 자'인 경우에만 혜택을 부인할 수 있다. *AMTO v. Ukraine* 사건에서 우크라이나 정
부는 혜택의 부인은 국가가 권리로서 행사하는 것이므로 그 당부에 대해서 중재판정부가 판
단을 하는 것은 인정할 수 없다고 주장하였지만 당연히 그러한 주장은 인정되지 않았다.[30]

(a) 제3국의 국민이 소유 또는 지배하는 법인

에너지헌장조약은 법인에 대한 '지배'가 어떻게 인정되어야 하는지에 대해서 어떠한
규정도 두고 있지 않다. 다른 투자보호협정에서는 당사국의 국민·기업이 과반수의 주식을
소유한 경우 또는 과반수의 임원을 임명할 권한을 갖는 경우에 제3국에서 설립된 회사라고
해도 당사국의 회사로서 보호된다고 하는 예가 보인다.[31]

---

28) See Thorn & Doucleff, *supra* note 24, p.24.
29) 이에 대해 어떠한 의미로든 사전의 통지·통고는 필요하지 않으며, 투자유치국은 언제라도 혜택의 부인을 할
수 있다고 하여 본건 중재판정을 비판하는 견해도 있다. Jagusch & Sinclair, *supra* note 24, pp. 35-42.
30) *AMTO v. Ukraine, supra* note 3, p. 39.
31) 가령 스위스-에티오피아 양자투자협정에서는 '그 자본의 50% 이상이 당사국의 국민에 속하는 경우' 또는

이들은 경영상의 의사결정에 있어서의 의결권에 주목하여 '지배'를 법적으로 판단한
것이라고 볼 수 있다. 그러나 실제로는 주식이 과반수에 달하지 않는 경우라도 상대적으로
다수의 주식을 갖는 주주가 사실상의 지배를 하는 경우도 있다. 이러한 경우 이른바 사실상
의 지배를 하는 경우에 대해서는 어떻게 생각해야 할까.

이 점에 대해 회사의 지배주주가 투자중재를 제소하는 것을 인정한 NAFTA 제1117조
에 근거한 중재에서 신청인인 주주가 주식의 과반수를 가지고 있지 않다는 이유로 '지배'요
건의 해당성이 다투어진 *Thunderbird v. Mexico* 사건에서, 중재판정부는 NAFTA 제1117
조가 '지배'에 대해서 어떤 정의도 하지 않고 있는 이상 현실사회에서 볼 수 있는 사실상의
지배(de facto control, 가령 중요한 경영사항에 대한 실질적인 결정권 또는 물자·자본의 조달 등을 통한 지
배)라고 해도 그러한 지배가 현실적으로 확인된 이상, 동조에서 말하는 '지배'에 해당한다고
인정할 수 있다고 판단하였다.[32]

중재절차에서 원고적격의 기준으로서의 '지배'에 대해서는 이렇게 해석하는 것이 투자
재산 및 투자자의 보호를 위해 적절하다고 할 수 있지만[33] 혜택의 부인의 대상 해당성에
관한 기준으로서의 '지배'에 대해서도 동일하게 생각할 수 있는지는 이론의 여지가 있을 것
이다. 혜택의 부인을 할 때 사실상의 지배를 가지고 '지배'라고 인정하는 것은 투자재산 및
투자자의 보호가 박탈될 여지를 널리 인정하는 것이 되며 그 점에 주목하는 한, 전자와 동
일하게 생각해서는 안 된다고 볼 수 있다. 그러나 그러한 경우도 포함해서 제3국의 투자자
가 에너지헌장조약상의 보호를 향유할 기회를 얻는 것을 배제하는 것이 혜택의 부인 조항
이 의의가 있다고 생각하면 마찬가지로 생각해도 된다고 할 수 있다. 이 점에 대해서 조문

'당사국의 국민이 임원의 과반수를 지명하고, 또는 기타 방법으로 경영을 지휘할 권리를 가지는 경우'에는
제3국에서 설립된 법인이라도 협약상의 보호대상이 된다고 한다. See OECD, *International Investment
Law: Understanding Concepts and Tracking Innovations* (2008), pp. 18-19.

32) *International Thunderbird Gaming Corporation v. United Mexican States*, UNCITRAL Arbitration,
Arbitral Award, 26 January 2006, paras.107-110 ("It is quite common in the international corporate
world to control a business activity without owning the majority voting rights in shareholders
meetings. Control can also be achieved by the power to effectively decide and implement the key
decisions of the business activity of an enterprise and, under certain circumstances, control can be
achieved by the existence of one or more factors such as technology, access to supplies, access to
markets, access to capital, know how, and authoritative reputation. Ownership and legal control may
assure that the owner or legally controlling party has the ultimate right to determine key decisions.
However, if in practice a person exercises that position with an expectation to receive an economic
return for its efforts and eventually be held responsible for improper decisions, one can conceive the
existence of a genuine link yielding the control of the enterprise to that person (para. 108).")

33) 에너지헌장회의 최종의정서와 함께 채택된 '양해(Understanding)'에서는 에너지헌장조약 제1조 6항에서
말하는 '지배'의 의미로서 경영상의 결정이나 임원의 선임에 대한 실질적인 영향을 미치는 능력(ability) 등
의 사실상의 지배를 포함하려는 뜻이 확인되고 있다(양해 제3항).

및 앞서 살펴본 혜택의 부인 조항의 의의를 감안하면 후자와 같은 해석을 부정해야 할 이유를 찾기가 어렵다. 실제로도 본건 중재판정에서는 일반론으로서 사실상의 지배라도 좋으며 법인의 운영에 대해서 실질적인 결정을 하거나 임원의 임명을 하는 경우도 포함된다고 하고 있다.34) 또한 *AMTO v. Ukraine* 사건에서 중재판정부는 AMTO사를 법적으로 지배하고 있는 것은 리히텐슈타인 법인이지만 당해 법인의 결정권이 실질적으로는 러시아 국민인 임원에게 있었다는 점에서 동사는 러시아 국민의 지배를 받고 있다고 하여 사실상의 지배만으로 '지배'를 인정하고 있다.35)

그런데 제3국의 투자자에 의한 '지배'에 대해서는 자본관계를 어디까지 거슬러 올라가서 인정해야 하는지가 문제된다(간접지배의 문제). 가령 본건에서는 신청인인 PCL사를 직접적으로 지배하고 있는 것은 영국령 버진제도 법인인 EMU사였지만, 본건 중재판정은 EMU사가 Vautrin의 지배를 받고 있다는 것을 인정하고 그의 국적국인 프랑스가 에너지헌장조약의 당사국이었으므로 PCL사에 대해서는 '제3국의 국민이 소유하거나 지배하는 법인'에 해당하지 않는다고 판단하였다. 지배구조를 첫 단계부터 차례로 거슬러 올라가 최종적인 소유·지배를 하는 자가 제3국의 투자자인지 여부를 본 요건의 해당성을 판단하는 기준으로 한 것이다. 회사에 의한 '지배'가 문제되는 경우에 이러한 지배구조를 최종적인 단계까지 거슬러 올라가야 하는가에 대해서는 이론의 여지가 있겠지만36) 앞서 살펴본 '지배'의 의미에 대해서 사실상의 지배도 포함해서 이해한다면 실제로 누구에 의하여 지배되고 있는가를 판단하기 위해서는 이것이 명확해지는 단계까지 지배구조를 거슬러 올라가야 한다고 보아야 할 것이다.37)

---

34) *Plama v. Bulgaria*, Decision on Jurisdiction, *supra* note 9, para. 170 ("[I]n the Tribunal's view, ownership includes indirect and beneficial ownership; and control includes control in fact, including an ability to exercise substantial influence over the legal entity's management, operation and the se-lection of members of its board of directors or any other managing body.")

35) *AMTO v. Ukraine*, *supra* note 3, para. 67. 또한 *Veteran Petroleum Limited V. Russia* 사건에서는 신청인에 대한 지배가 신탁에 의한 것으로서 신탁재산으로서의 주식이 언제라도 위탁자에게 반환될 수 있는 경우라도, 이는 에너지헌장조약 제17조에서 말하는 '지배 또는 소유'의 판단에 영향을 끼치는 것은 아니라고 하였다. *Veteran Petroleum Limited v. Russia*, *supra* note 3, paras. 516-548.

36) *Aguas del Tunari v. Bolivia* 사건에서는 양자투자협정의 타방 당사국(네덜란드)의 투자자에게 '직접 또는 간접적으로 지배되는' 투자유치국(볼리비아) 법인이 동 협정에 의하여 중재요청을 하였는데, 볼리비아는 당해 신청인인 회사를 지배하는 네덜란드 기업은 제3국의 투자자에게 지배되는 명목상 회사에 지나지 않는다고 하였고 이러한 경우에는 신청인인 회사는 양자투자협정에 의한 보호를 향유할 수 없다고 주장하였다. 그러나 중재판정부는 본건 투자협정에서는 최종적인 지배가 체약국 국민에 의할 필요까지는 없으므로 체약국 국민이 과반수의 주식을 가지고 법적 지배를 하고 있는 경우에는 가령 최종적으로는 제3국의 투자자에게 지배되고 있다고 해도 문제가 되지 않는다고 판단하였다 (*Aguas del Tunari S.A. v. Republic of Bolivia*, ICSID Case No. ARB/02/3, Decision on Respondent's Objections to Jurisdiction, 21 October 2005, paras. 214-264).

37) See *supra* note 34.

특히 이렇게 혜택의 부인 조항에 대해서 문제되는 '지배'를 사실상·실질상의 지배라고 이해하는 경우에는 투자유치국은 그 증명에 상당한 곤란을 겪게 된다. 이 점에 대해서는 별도로 항을 바꾸어 다루기로 한다.[38]

(b) 설립준거법 국가 영역 내에서의 실질적 영업활동의 결여

에너지헌장조약 제17조 1항이 혜택의 부인의 대상이 되는 것은 제3국이 소유·지배하는 당사국의 투자자가 당해 당사국(설립준거법국) 영역 내에서 실질적인 영업활동을 하지 않는 경우이다. 특히 여기서 상정하고 있는 '실질적인 영업활동(substantial business activities)'이 어떤 것을 말하는가에 대해서는 에너지헌장조약에서는 정의되지 않고 있다. 이 점에 대해서 *AMTO v. Ukraine* 사건 중재판정부에서는 에너지헌장조약의 취지를 살리려면 본 요건의 의의가 '편의적 국적(nationality of convenience)'을 가진 법인을 통한 제3국의 투자자에 대한 보호를 부정하는 것에 있다고 하였는데 이러한 관점에서 보면 "'실질적인'이란 단순히 형식뿐만 아니라 '실체를 가질 것'을 의미한다. 이는 '규모'를 의미하는 것이 아니라 영업활동의 규모뿐만 아니라 '구체성'으로 결정할 문제이다"라고 하였다. 본건에서 AMTO사는 우크라이나에 조세를 지불하고 있다는 것, 은행에 복수의 외환계좌를 가졌다는 것, 상근 직원을 고용하여 사업을 하고 있었음을 보여주는 증거자료를 제출하였는데, 중재판정부는 미약하긴 하지만 상근 직원을 고용하여 투자관계의 활동을 하고 있었다는 점에 주목하여 상기 기준에 비추어 AMTO사가 우크라이나에서 실질적인 영업활동을 하고 있었음을 인정할 수 있다고 하였다.[39] 이렇게 영업활동의 '실질성'을 양적인 의미가 아닌, 이른바 질적인 의미로 해석하는 것은 양적인 특정이 곤란하다는 점에 미루어 타당하다고 할 수 있다. 특히 이 경우에도 어느 정도의 '질'을 요구하고 있는가라는 문제는 발생할 수 있지만 *AMTO v. Ukraine* 사건 중재판정에 따르는 한 당사가 국내에서 상근직원을 고용하는 사무실을 가지고 활동하고 있다면 이로써 충분하다고 볼 것이다.[40]

3. 혜택의 부인의 효과

투자유치국이 혜택의 부인 조항을 원용하는 경우 투자자의 정의에 따라 보호대상이 되는 투자자라고 하더라도 에너지헌장조약상의 보호를 받을 수 없게 된다. 에너지헌장조약

---

38) 후술, '4. 입증책임'을 참조.
39) *AMTO v. Ukraine*, *supra* note 3, paras. 68−69.
40) Thorn & Doucleff, *supra* note 24, p. 23.

제17조에는 이러한 경우 보호받을 수 없는 혜택의 범위에 대해서 제3부(투자의 촉진 및 보호)에 명시하고 있으며, 따라서 제5부에서 규정하고 있는 투자자에 의한 투자중재절차에 대해서는 혜택의 부인을 할 수 없도록 규정되어 있다. 이는 가령 투자유치국이 혜택의 부인의 대상이 되는 제3국이 소유·지배하고 있는 투자자라고 보는 경우에도 투자자가 그러한 인정을 다투기 위해서 투자중재절차를 이용하는 것을 거부할 수는 없다는 것을 의미한다. 조약상의 투자자의 정의에 해당하는 한 당해 투자자는 일단은 조약상의 보호를 받게 되며 당해 보호를 위한 분쟁을 투자중재절차에 요청하는 것이 인정된다. 그러나 투자유치국이 혜택의 부인을 하는 경우에는 부인 대상인 투자자는 조약상의 보호를 주장할 수 없게 된다. 또한 그러한 의미에서 혜택의 부인이 투자중재절차에서 원용되는 경우 이는 관할권이 아니라 청구의 수리가능성에 관한 항변으로서의 성질을 갖는다.[41][42]

혜택의 부인의 효과와 관련하여 가장 중요한 의미를 갖는 것은 과연 그것이 소급적인 효과를 갖는 것인지 아니면 부인의 의사를 표시한 뒤의 장래적인 효과만 갖는 것인지의 문제이다. 이 점에 대해서 본건 중재판정은 소급적인 효과를 인정하는 것은 보호를 향유하는 것에 대한 투자자의 정당한 기대를 배신하는 것이므로 타당하지 않으며 혜택의 부인은 어디까지나 장래적인 효과만을 인정할 수 있다는 입장을 보였다. 이러한 입장에 따르면 분쟁

---

41) 또한 이러한 점에 대해서는 양자투자보호협정에서 일반적으로 보이는 것처럼 단순히 '본 협정에 의한 혜택을 거부할 수 있다'고 규정하는 경우는 있어도 결과적으로는 마찬가지인 것으로 생각된다. 가령 *Generation Ukraine V. Ukraine* 사건에서 우크라이나는 혜택의 부인 조항을 원용하여 결과적으로 중재판정부는 관할권을 가지고 있지 않다고 주장하였다. 그러나 중재판정부는 혜택의 부인 조항은 신청인이 입증해야 할 관할권의 존부에 관한 것이 아니라 청구의 수리가능성에 관한 것으로서 그 점을 다투는 우크라이나 정부가 입증해야 할 문제라고 하였다. *Generation Ukraine, Inc v. Ukraine, supra* note 3, para. 15.7. 상사중재분야에서는 중재관할을 정한 조항은 실체적인 권리의무에 관한 조항과는 별개의 합의가 이루어진 것으로 보며, 후자의 무효·취소가 다투어지는 경우에도 전자는 유효한 것으로 다루어진다(중재조항의 분리가능성론). See Nicholas Pengelley, "Separability Revisited: Arbitration Clauses and Bribery: *Fiona Trust & Holding Corporation v. Privalov*," *Journal of International Arbitration*, vol. 24 (2007), pp. 445–454. 투자중재에 있어 이러한 취급이 타당한 것으로서 받아들여지는 한 '본 협정에 의한 혜택을 거부할 수 있다'고 하는 경우에도 이러한 문언을 근거로 중재합의의 존재 또는 이에 따른 관할권의 부존재를 주장할 수는 없게 된다.

42) 국제투자중재분야에서는 지금까지 관할권에 대한 항변과 수리가능성에 관한 항변의 구별에 대해서 반드시 명확하게 구별해온 것은 아니지만, 전자가 인정된 경우에는 중재판정부는 단적으로 청구를 각하해야 하지만, 수리가능성에 대한 항변이 인정된 경우에는 중재판정부는 관할권이 인정되는 한 소송은 계속하면서 수리가능성에 대한 하자가 치유되기까지 심리를 정지시킬 수도 있다. E.g., *SGS Société Géuérale de Surveillance S.A. v. Republic of the Philippines*, ICSID Case No. ARB/02/6, Decision of the Tribuna on Objection to Jurisdiction, 29 January 2004, paras. 154, 171, 176. 또한 학설상 수리가능성에 관한 판단에 대해서는 ICSID 협약에 의한 취소청구절차의 심사대상이 되지 않는다는 견해도 있다. See Z. Douglas, *The International Law of Investment Claims* (Cambridge University Press, 2009), pp. 141–150; J. Paulsson, "Jurisdiction and Admissibility," in G. Aksen *et al.* (eds.), *Global Reflections on International Law, Commerce and Dispute Resolution* (ICC Publishing, 2005), pp. 601, 608.

이 발생한 시점에서 또는 중재요청이 이루어진 시점에서 투자유치국이 혜택을 부인하였다고 해도 당해 분쟁에 관한 한 혜택의 부인의 효과를 주장할 수 없게 된다. 그래서 만약 투자유치국이 특정의 투자자에 대해서 혜택을 부인하고 특히 투자중재를 통한 청구를 막고 싶다면 적어도 문제가 되는 조치가 이루어지기 이전의 단계에서 그 의사를 표시해야 할 필요가 있게 된다.

이러한 입장은 '에너지 분야에서의 장기협력을 촉진하기 위한 법적 체제를 구축한다'는 에너지헌장조약의 취지에 따르는 것으로 그 타당성이 확실하다고 생각한다. 실제로 *Veteran Petroleum Limited v. Russia* 사건에서 중재판정부는 에너지헌장조약의 그러한 목적을 강조하면서 혜택의 부인 조항의 소급효를 인정하는 것이 당해 목적과 양립할 수 없다고 하였다.[43] 그렇지만 현실적으로는 투자유치국이 자국에서 어떠한 투자가 어떠한 자본구조를 가지는 투자자에 의해서 이루어지고 있는지를 파악하고 있는 것이 아니며 또한 이것을 시종일관 파악하는 것이 가능하지도 않다. 투자유치국이 혜택을 부인하려고 생각하는 것은 실제로는 특정의 문제가 발생한 뒤에 특정의 투자자의 지배관계에 대해서 관심을 가진 경우라는 것이 일반적이라는 점에서 보면 그러한 상황에 대해서 무조건 혜택의 부인이 장래적인 효과만을 가진다는 입장을 고수하는 것은 혜택의 부인 조항의 존재의의를 실질적으로 없애는 것으로 될 수밖에 없다.[44]

그 결과 투자유치국은 혜택의 부인 조항을 이용하려는 경우에는 국내법령 등에서 일반적인 형태로 혜택의 부인 조항을 원용하고 제3국이 소유·지배를 하는(할 수 있는) 투자자에 대해서 에너지헌장조약상의 보호에 대한 정당한 기대를 가질 수 없음을 통지할 수밖에 없게 된다. 그러나 이것은 결국 조약상의 보호대상이 되는 투자자의 범위를 미리 좁히는 것과 마찬가지의 결과가 된다. 앞서 살펴본 바와 같이 혜택의 부인 조항의 의의는 널리 당사국의 투자자로부터의 투자를 촉진하면서도 투자유치국으로서 보호를 하는 것이 부당한 경우에 예외적으로 보호를 거부할 수 있는 여지를 남기기 위한 것이었다는 것을 고려하면 이러한 형태로 혜택의 부인 조항을 원용하도록 투자유치국에 요구하는 해석이 과연 타당한 것인가에 대해서는 의문의 여지가 없지 않다.[45] 그러나 그러한 형태로 배제할 것인가의 여부에 대해서 에너지헌장조약은 개개의 투자유치국의 판단에 맡기기로 한 것이라고 해석할 수 있으며 혜택의 부인 조항의 취지에 비추어도 그러한 해석은 반드시 타당성을 결한 것이라고

---

43) *Veteran Petroleum Limited v. Russia*, *supra* note 3, para. 514. See also, *Plama v. Bulgaria*, Decision on Jurisdiction, *supra* note 9, paras. 159-162.

44) Thorn & Doucleff, *supra* note 24, pp. 25-26; Jagusch & Sinclair, *supra* note 24, pp. 40-42.

45) See *ibid*., p. 40.

는 할 수 없다고 생각한다.

4. 입증책임

국내법령을 통한 일반적인 형태의 혜택의 부인을 한다고 해도 실제로 특정한 투자자에 대해서 혜택을 부인하면 투자유치국은 또 다른 보다 심각한 문제에 직면하게 된다.

혜택의 부인을 할 때에는 항상 그 대상이 되는 투자자가 제3국의 투자자에게 소유·지배된다는 것이 전제가 되는데, 사실 현실적으로 문제가 되는 투자자가 어떤 지배구조 하에서 활동하고 있는지를 파악하는 것은 지극히 어렵다. 이 때문에 신청인인 투자자의 지배관계에 대해서 관련된 증거에 비추어도 명확하지 않은 경우에 그 불이익은 어느 당사자에게 부담시켜야 할 것인지(객관적 입증책임) 또한 이를 회피하기 위해서 각 당사자는 무엇을 어디까지 증명해야 할 것인지(주관적 입증책임)가 문제된다.

이 점에 대해서 본건 중재판정은 신청인이 에너지헌장조약에 근거한 보호를 받는 투자에 관한 지배·소유관계에 대해서 신청인이 입증책임을 진다는 전제하에 혜택의 부인 조항에 관해서도 신청인이 체약국의 국민에 의해 소유·지배되는 것을 증명해야 한다고 하였다.[46] 이는 에너지헌장조약 제3부에 의한 보호에 관한 한 입증책임은 당해 보호를 구하는 투자자에게 있다는 원칙적 입장을 혜택의 부인 조항의 경우에 대해서도 유지한 것이라고 할 수 있다. 즉 제17조 1항이 원용되는 경우에는 신청인은 제1조 7항에서 말하는 투자자에 스스로가 해당한다고 하는 적극적 요건을 만족하는 것만으로는 충분하지 않으며 그에 더해서 '제3국의 국민이 소유하거나 지배하는 법인'에 해당하지 않을 것 및 설립지국에 있어서의 실질적인 영업활동 조건을 흠결한 것이 아니라는 소극적 요건을 충족해야 한다는 것을 투자자가 증명해야만 비로소 에너지헌장에 의한 실체적 보호를 향유할 수 있다고 인정된다는 것이다.

이에 대해서 *AMTO v. Ukraine* 사건 중재판정은 에너지헌장조약 제1조 7항에서 말하는 당사국의 투자자라는 것을 증명할 책임은 당해 자격을 주장하는 신청인에게 있음에 반해, 그러한 투자자에 대해서 혜택의 부인의 대상에 해당하는지에 대해서는 혜택의 부인 조항을 원용하는 투자유치국에 있다고 하였다.[47] 특히 에너지헌장조약 제17조 1항이 입증책임에 대해서는 2항과는 달리 중립적인 규정형태를 채택하고 있는 점,[48] 그중에서도 특히

---

46) Cf. *Generation Ukraine, Inc v. Ukraine*, *supra* note 3, para. 15.8.
47) *AMTO v. Ukraine*, *supra* note 3, para. 64.
48) 에너지헌장조약 제17조 2항은 허용되는 외교정책적 배려에 기초한 혜택의 부인에 대해서는 "체약국이…입

관련된 증거자료를 투자유치국이 얻기가 어렵다는 점을 인정하면서도 그러한 사정은 입증책임을 신청인 측에 전환시키는 것을 정당화할 수 없다고 하였다.[49] 한편 중재판정부는 이와 같이 설시하면서도 다른 한편으로는 신청인 측에서는 투자유치국이 입수할 수 없는 자료에 대해서 공개할 의무가 있고 투자유치국 또는 중재판정부의 증거제출요청에 신청인이 응하지 않는 경우 이것이 신청인에게 불리한 형태로의 추론이 가능하도록 작용할 수 있다고도 지적하였다.[50] 이는 즉 객관적 입증책임의 부담과 주관적 입증책임으로서의 증거제출의무를 구분하고, 전자는 어디까지나 투자유치국에 있다고 하면서도 후자를 신청인인 투자자에게 있다고 하여 중재절차의 진행에 관한 성실한 협력을 투자자에게 강하게 요구하는 것으로 볼 수 있다.[51]

이와 같이 객관적 입증책임에 관한 한 본건 중재판정과 *AMTO* 사건 중재판정은 서로 대립하는 입장을 나타내고 있어 이들 원칙적 입장(객관적 입증책임의 제1차적 부담자)에 있어서의 상이함은 이론적 관점에서는 매우 중요하며, 이들 견해의 타당성에 대해서는 신중한 검토를 필요로 한다. 그런데 이것은 실제적인 중재절차의 진행의 운용에 반드시 커다란 차이를 초래하는 것은 아니다. 객관적 입증책임을 투자유치국에 있다고 하는 *AMTO* 사건 중재판정도 신청인인 투자자에게 스스로의 소유·지배관계에 대해서 적극적으로 증거를 제출할 것을 요구하고 이것이 불충분한 경우에는 신청인에게 불리한 추정이 작용할 수 있다는 점에서 결국 투자유치국은 신청인이 제출한 증거가 당사국의 국민에 의한 소유·지배를 나타내기에는 불충분하다는 것을 납득할 수 있도록 주장해야 할 필요가 있게 된다. 이는 결국, 객관적 입증책임도 신청인인 투자자에게 있다고 하며 그 증거의 신뢰성과 증명의 합리성에 대해서 투자유치국이 납득할 수 있는 의문을 제시할 것을 요구하는 본건 중재판정의 입장

증하는 것"이라고 하여 입증책임을 명시적으로 투자유치국에 지우고 있다.

49) *AMTO v. Ukraine*, *supra* note 3, para. 65.

50) *Ibid.* ("Nevertheless, the relative accessibility of evidence would not seem to justify any modification to the normal rules regarding the burden of proof. It would support a duty to disclose evidence so that a respondent could request the disclosure of specific documents from the claimant where the documentation is not otherwise accessible. Alternatively, where the agreed procedure, as in this case, provides for Tribunal questions then the Tribunal can request the necessary clarifications. *In both cases, negative inferences might be drawn against the claimant for a failure to provide the re-quested documents or information.* Alternatively, as the Respondent sought to do in this case, the Respondent might seek to exploit the paucity or ambiguity of the evidence relating to the claimants business activities to argue these activities have no substance, thereby effectively compelling the Claimant to supplement this evidence, or defend its limitations.") (Italics added.)

51) Elvia R. Gadelshina, "Burden of Proof Under the 'Denial-of-Benefits' Clause of the Energy Charter Treaty: *Actori Incumbit Onus Probandi?*," *Journal of International Arbitration*, vol. 29 (2012), p. 283.

과 실제적인 차이는 거의 인정되지 않을 것이다.

IV. 그 외의 논점

본건 *PCL v. Bulgaria* 사건 중재판정에서 주목되는 기타 논점은 다음과 같다. 지면의 한계로 이에 대해서는 쟁점을 제시하는 것에 그치기로 한다.

1. 투자시 투자자에게 요구되는 주의의무와 투자유치국이 부담해야 할 투자리스크

본건 판정에서 중재판정부는 신청인이 제기한 불가리아의 대응(주식취득교섭 및 행정·사법절차에 대한 것)이나 국내법제도의 불명확성(환경오염처리에 관한 책임부담, 조세제도 등)에 대해서 투자자 자신이 주의 깊게 대처 및 조사하였어야 할 것이라고 판단하였다. 본건의 특유한 사정에 의한 부분도 있겠지만[52] 다른 중재판정에 비하여 투자자에게 엄격한 판단으로 생각된다.

분명 투자자는 일정한 리스크를 부담하고 투자활동을 하는 것이지만 그러한 투자협정은 투자유치국에서의 '부당한' 리스크에서 투자자를 보호하는 것에 존재의의가 있다. 문제는 리스크의 '부당함'을 어떻게 판단할 것인가이다. 양자투자협정이나 에너지헌장조약에 규정된 보호기준은 이러한 리스크의 '부당함'을 판단하고 분별해내는 기준이어야 하는데 문언상 그 기준이 매우 모호한 것임을 부정할 수는 없다.[53]

이 점에 있어 본건 판정은 법령에 있어서의 불명확함에서 기인하는 리스크에 대해서도 이는 당연히 '부당한' 것으로서 투자유치국의 책임으로 이어지는 것은 아니라고 한 점에서 역시 외국인투자자에 대해서는 불리한 판단이었음을 부정할 수 없다.

특히, 이러한 리스크를 단순히 투자자에게만 부담시키는 것이 본건 판정의 취지가 아닌 것처럼도 생각된다. 투자활동을 행하는 이상, 투자자는 이에 수반되는 당연한 주의를 기울여 투자유치국의 국내법이나 국내사정에 대해서 조사해야 하며 그러한 주의를 기울였음에도 회피할 수 없었던 리스크에 대해서는 투자유치국이 부담해야 한다고 판단한 것으로 생각된다. 그렇다고 하면 본건 판정의 타당성은 단순히 그러한 투자자에게 요구되는 '주의의무'를 어느 정도로 요구하는가에 따르게 되는데 이 점에 대해서는 실무적인 관점·감각

---

52) See *Plama v. Bulgaria*, Award, *supra* note 11, para. 305.
53) 이 점에 대해서는 小寺彰編著, 전게주 8)의 제2부를 참조.

에서의 평가가 중요한 의미를 가질 것이다.

2. 위법한 행위로 인해 생긴 투자에 대한 보호 부정

본건과 같이 위법한 행위로 투자가 이루어진 경우에는 당해 투자에 대한 조약상의 보호를 하지 않는다는 것은 직감적으로 정당한 것처럼 생각된다. 더욱이 중재판정부가 그와 같이 투자에 대한 보호를 박탈하는 근거에 대해서는 확인해둘 필요가 있을 것이다.[54]

본건에서는 에너지헌장조약의 목적에 비추어, 국내법·국제법(법의 일반원칙)에 반하여 이루어진 투자에 법적 보호를 주는 것은 '법의 지배'를 촉구하는 것이 아니라고 하였다. 그러나 이 점에 대해서는 이론이 있을 수 있다. 가령 뇌물을 통해서 이루어진 투자는 위법한 것으로 비난할 수는 있지만 이것이 법에 기초하지 않고 부당하게 수탈되는 경우에도 어떠한 구제도 인정되지 못한다고 하면, 투자재산에 대한 침해가 현저한 경우에는 오히려 당해 침해행위의 위법성을 물을 수 있는 쪽이 '법의 지배'를 실현할 수 있는 것이라는 주장도 있을 수 있다. 양자투자협정에서는 보호되어야 할 투자재산에 대해서 '투자유치국의 국내법에 적합할' 것을 요구하는 예도 있지만 그러한 경우라고 하더라도 애초에 보호대상이 되지 않는다고 하여 구제를 부정당할 수도 있다.[55] 그러나 그러한 조건이 명시되어 있지 않은 경우에도 마찬가지로 생각할 수 있는가에 대해서는 반드시 명확한 것은 아니다.

또한 일정한 경우에 보호를 부정할 수 있다고 하여도 검토해야 할 문제가 몇 가지 있다. 가령 투자의 '위법성'을 어떤 법에 의하여 인정할 것인가에 대해서는 투자유치국의 법에 의할 것인지 또는 투자자의 본국의 법도 함께 판단해야 하는지가 문제가 된다. 법의 일반원칙이나 국제공공정책을 위법성의 기준으로 하는 경우에는 이를 어떻게 인정해야 하는가도 문제될 것이다. 이에 더하여 어떤 내실을 가진 '위법성'인 경우에 보호는 부정되어야 하는 것일까. 국내법에 따른 절차상의 경미한 위반을 가지고 투자재산에 대한 보호를 부정할 수 없다는 것은 명확할 것이다. 한편 *World Duty Free v. Kenya* 사건에서 처럼[56] 뇌물로 투자가 가능하게 된 경우에는 당해 투자에 대해서 양자투자조약상의 보호를 인정하는 것은 기본적으로 타당하지 않다. 이렇게 판단이 비교적 쉬운 경우는 별론으로 하고, 이른바 그 중간형태의 경우에는 어떻게 판단기준을 세울 것인가에 대해서는 일반적으로 특정하는

---

54) See in general, G. Bottini, "Legality of Investments under ICSID Jurisprudence," in M. Waibel *et al* (eds.), *supra* note 24, pp. 297-314.

55) 伊藤一頼, '投資家·投資財産', 小寺編著, 전게주 8), 34-36면 참조.

56) *World Duty Free v. Keyna, supra* note 13, paras. 108, 157.

것은 물론 개별적으로도 쉽지 않은 문제이다. 본건은 바로 그러한 중간 형태에 해당하는 경우였다고 볼 수 있다.

또한 지금까지의 양자투자협정에 기초한 투자중재에 있어서의 판단례에 있어서는 위법한 행위에 의해서 이루어진 투자에 대해서 중재판정부는 강한 비난을 하는 경향이 있고 이는 중재비용의 배분에도 반영되고 있다. 가령 본안판단 및 *World Duty Free v. Kenya* 사건 중재판정에서는 중재비용의 전액에 더하여 피신청인의 변호비용의 일부까지를 신청인의 부담으로 하고 있다.57) 많은 중재판정에서 주장의 당부를 묻지 않고 신청인과 피신청인이 중재비용을 균등하게 부담하고 각각의 변호비용은 각자의 부담으로 하고 있다는 점에서 보면 이는 극히 이례적인 것이라고 볼 수 있다.

이러한 판단은 위법한 투자활동에 대한 일종의 제재로서 받아들일 수 있는데 중재비용의 배분에 관한 재량을 이러한 형태로 이용하는 것에 대해서는 국제투자중재의 분쟁해결절차로서의 성질을 고려하여 검토되어야 할 문제를 포함하고 있는 듯하다.

3. 선결사항에 관한 신청의 인용과 본안판단

본건 판정에서는 신청인의 부실표시 때문에 그 투자에 대한 에너지헌장조약에 의한 보호를 받을 수 없음을 인정하였다는 점에서 원래는 본안사항에 대해서는 판단할 수 없는 경우였다. 실제로 불가리아 정부에서는 본건 청구에 대해서는 수리불능이므로 각하할 것을 구하고 있었다. 이 점에 대한 중재판정은 에너지헌장조약상의 보호의 대상이 되는 투자인지는 관할권에 관한 문제가 아니라고 못 박고 수리가능성으로는 다루지 않았던 점이 주목된다.

또한 판결이유에 대해서 실질적으로 본안판단을 내리는 경우는 다른 곳에서도 볼 수 있지만 본건에서는 그러한 판단을 판결주문에 포함하고 있는 점이 특징적이다. 이러한 판단의 형식이 중재판정부에 의한 관할권의 행사의 방식으로서 적당한지는 중재절차규칙의 관점뿐만 아니라 국가에 대하여 판단을 내리는 절차로서의 국제투자중재의 성질이라는 관점에서도 검토해 볼 여지가 있을 것이다.

본건과 같이 중재판정부가 관할권을 가진다고 하여도 애초에 신청인이 에너지헌장조약상의 보호를 받지 못하는 경우에는 투자유치국이 그러한 보호를 하였는지에 대해서 판단하는 것은 불가능하며 관할권의 행사가 저해될 것이다. 그러나 국제투자중재에서는 관할권에

---

57) *Ibid.*, paras. 182-188.

대해서는 그 유무만이 문제가 되며 그 행사의 적부의 문제에 대해서는 별로 의식하지 않는 모양이다. 그러나 어느 국가의 법관할에 복종하는 것이 당연히 전제가 되는 자연인·기업과는 달리 국가가 제3자의 구속적 판단에 복종하는 것은 예외적인 경우이므로 적어도 국제법의 문맥에서는 국가를 당사자로 하는 재판절차에 있어서는 관할권의 유무뿐만 아니라 그 행사를 저해하는 사정이 존재하지는 않는지(수리가능성)가 문제되어 왔다. 이러한 고려는 국제투자중재에 대해서도 타당하다고 여겨지는데 이러한 관점에서 본건에 있어서의 관할권의 행사방식이 적합한 것인지를 검토해 보아도 좋을 것으로 생각된다.58)

58) 岩月直樹, '管轄權と受理可能性', 小寺編著, 전게주 8), 239－241면 참조.

제8장 잠정적 적용

Yukos Universal Ltd. (UK−Isle of Man) *v. The Russian Federation*

藤井康次郎 · 菅 悠人 (후지이 코우지로우 · 스가 유우진)

서론

본건은 러시아연방(이하 '러시아') 조사기관이 러시아 소재의 세계유수 석유회사였던 Yukos Oil Corporation(이하 'Yukos')를 형사조사한 것에서 비롯되었다. 러시아 조사기관은 2003년 7월부터 형사조사를 개시하고 탈세 등의 혐의로 CEO를 포함한 Yukos의 주요 경영진을 체포하였고 러시아 과세당국은 Yukos에 추징과세를 하여 그 재산을 동결하였다. 이들 조치에 의하여 Yukos의 업무는 사실상 정지되기에 이르렀다. 이러한 사태를 맞이하여 Yukos사의 주식을 소유하고 있었던 영국령 Man섬(이하 '만섬')의 법인인 Yukos Universal Limited(이하 '신청인')는 2005년 2월 에너지헌장조약(이하 'ECT')에 근거하여 러시아의 조치가 수용에 해당하고 투자재산에 대한 공정하고 공평한 대우를 해야 할 의무에 반한다는 등으로 해당 조치로 입은 손해의 금전배상 등을 구하며 러시아를 상대로 중재를 신청하였다.[1]

본장에서 다루는 것은 본건 중재판정부에 의한 관할권에 대한 판단이다. 관할권의 판단에 있어서는 특히 ECT가 규정하는 잠정적 적용의 의의가 러시아와의 관계에서 문제시되

---

1) 본건과 관련하여 신청인 이외에도 ECT의 중재를 신청한 투자자가 있다(Hulley Enterprises Limited와 Veteran Petroleum Limited 모두 신청인과 마찬가지로 Yukos의 주주였다). 이들 중재에서 실질적인 쟁점과 결론은 본건과 마찬가지로 심리와 병행하여 이루어졌다(para. 2). 또한 본건에 대해서 Yukos는 러시아의 조치에 대하여 러시아 국내의 다양한 소송절차를 개시하였다. 또한 러시아의 주장에 의하면 Yukos 및 Yukos의 CEO였던 Khodorkovsky 및 Hulley Enterprises Limited의 사장이었던 Lebedev는 각각 2004년에 유럽인권재판소에도 제소하였다(para. 591).

었다. 즉 ECT 제39조는 서명국은 동 조약을 비준해야 한다고 규정하고 있다. 그리고 ECT 제45조는 ECT가 자국에 효력을 발생하기까지 서명국은 자국의 헌법 또는 법령에 저촉되지 않는 범위 내에서 ECT를 잠정적으로 적용해야 한다고 규정하고 있다. 본건 중재를 신청할 당시 러시아는 ECT에 서명은 하였지만 아직 ECT를 비준하지 않고 있었다. 이 때문에 ECT가 러시아에 잠정적으로 적용되는 것인지, 적용된다면 러시아가 어느 범위까지 ECT의 의무를 이행해야 하는지에 대해서 다투어졌다.

기타 관할권과의 관계에서는 신청인은 ECT 제1조 7항에서 말하는 '투자자'에 해당하는지, 신청인이 ECT 제1조 6항에서 말하는 '투자재산'을 소유 또는 지배하고 있는지, 신청인의 청구에 ECT 제17조에 규정된 혜택의 부인 조항이나 ECT 제21조의 '과세조치'의 제외나 ECT 제26조 3항(b)(i)에 규정된 선택조항으로 방어할 수 있을 것인지가 문제되었다.

Ⅰ. 사실관계

1. 신청인 및 Yukos

(1) Yukos

Yukos는 러시아에서 1993년 대통령령으로 설립된 주식회사이며 1995년부터 1996년에 걸쳐 완전히 민영화되었다. Yukos사는 러시아에서 석유나 천연가스의 채굴·제조·정제·판매까지 폭넓게 취급하는 기업그룹의 핵심이었다. 2002년에는 러시아 회사로는 처음으로 시가총액으로 세계 석유회사의 상위 10대 기업에 진입하였다. 2003년에는 약 10만 명의 직원을 두게 되었고, 6개의 석유정제소를 소유하여 시가총액으로 330억 달러에 이르게 되었다(para. 46).

Yukos는 같은 해 Sibneft[2]와 합병하여 그 석유생산규모가 BP,[3] ExxonMobil,[4] Shell[5]

---

2) Sibneft는 러시아의 석유기업이다. Yukos와 합병한 2003년 10월 당시, 러시아 국내의 석유제조·정제 기업으로서는 5번째의 규모를 자랑하는 석유회사였다.
3) BP(BP p.l.c.)는 '영국'에 본거지를 둔 에너지 관련기업이며 석유사업을 세계적으로 경영하는 대규모 국제석유자본(이른바 수퍼메이저) 중의 하나이다.
4) Exxon Mobil(Exxon Mobil Corporation)은 미국 텍사스주에 본거지를 둔 종합에너지기업이며 민간석유회사로서는 세계최대의 기업이다.
5) Shell(Royal Dutch Shell p.l.c)은 네델란드 헤이그에 본거지를 둔 네델란드와 영국기업으로 세계 제2위의 석유에너지기업이다.

에 이어 세계 4위였다고 한다. 또한 Yukos는 ExxonMobil 및 Chevron[6]과 합병교섭을 개시했는데 그 후 Yukos 및 그 경영진에 대한 러시아 당국의 형사조사 등이 개시되었다.

(2) 신청인

본건 신청인인 Yukos Universal Limited는 만섬의 법률에 의하여 설립된 회사이다(para. 1). 신청인은 러시아의 석유회사인 Yukos의 주식 중에서 2.25%를 소유하고 있었다(para. 463).

이에 더하여 신청인은 키프로스공화국(이하 '키프로스') 법인인 Hulley Enterprises Limited(이하 'HEL')를 통하여 간접적으로도 Yukos의 주식을 소유하고 있었다. 즉 신청인의 100% 자회사인 HEL은 키프로스 법에 따라 설립된 회사이며 Yukos 주식 중에서 48.72%를 소유하고 있었다. 또한 신청인이 위탁자로 설정된 신탁과 일정한 자본관계를 갖는 Veteran Petroleum Limited(이하 'VPL')는 키프로스 법에 따라 설립된 회사이며 Yukos 주식의 10%를 소유하고 있었다(아래의 자본관계도를 참조).

또한 신청인은 Group Menatep Limited(이하 'GML')의 100% 자회사였다. GML은 1997년 지브롤터에서 설립된 회사로서 100% 자회사를 통해서 이루어지는 투자활동이 주된 사업이었다. GML의 주식은 영국령 건지섬(Bailiwick of Guernsey, 이하 '건지섬')에 설립된 7개의 서로 다른 신탁이 각각 다른 비율로 소유하고 있었다(para. 463).

이상의 관계를 그림으로 풀어보면 다음과 같다.

▌ **그림**   석유·천연가스

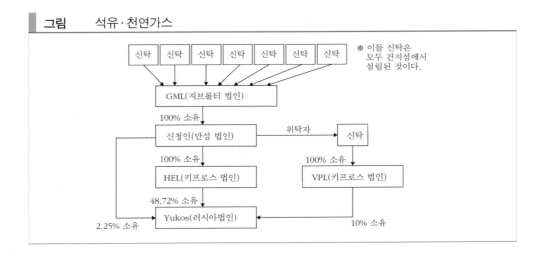

―――――――――
6) Chevron(Chevron Corporation)은 미국 캘리포니아에 본사를 둔 석유관련기업으로 세계 180개국 이상에서 사업을 전개하는 다국적 기업이다.

또한 건지섬과 지브롤터는 영국이 ECT 가입시에 했던 선언에 따라 ECT에 한해서는 영국영역에 포함되는 것으로 취급된다(para. 537). 비준시에 영국은 만섬에 대해서도 ECT가 적용된다고 하였다(para. 405). 키프로스 또한 ECT의 당사국이다.7)

2. 러시아연방공화국

러시아는 본건의 피신청인이다. 러시아는 1994년 12월 17일(para. 247)에 ECT에 서명 했지만 동 조약을 비준하지는 않았다(paras. 36–38).8) 특히 ECT 제45조 1항은 "서명국은 전조의 규정에 따라 이 조약이 자국에 효력을 발하기까지 자국의 헌법 또는 법령에 저촉되지 않는 범위 내에서 이 조약을 잠정적으로 적용하는 것에 합의한다"고 규정하여 서명국에 대해서 자국의 헌법 또는 법률에 반하지 않는 범위에서 조약의 잠정적 적용이 이루어져야 함을 규정하고 있다. 또한 동조 2항에서는 ECT 제45조 1항의 규정에도 불구하고 서명국은 "서명 시에 잠정적 적용을 할 수 없다는 뜻의 선언을 기탁자에게 송부할 수 있다"고 규정하고 있는데 러시아는 ECT에 서명한 때에도 그 이후에도 동조 2항에 따른 선언을 하지 않았다(para. 247). 후술하는 것처럼 이러한 사실관계에 기초하여 러시아에 대한 ECT의 잠정적 적용의 유무와 그 범위가 격렬하게 다투어졌다.

또한 러시아는 2009년 8월 기탁자인 포르투갈에 대하여 ECT의 당사국이 되지 않는다는 의도를 통보하였다. 통보의 근거가 되는 조문은 ECT 제45조 3항(a) 및 제49조이며 이에 의하면 서명국은 당사국이 되지 않겠다는 의도를 기탁자에게 통보하는 것으로 잠정적 적용을 종료시킬 수 있다고 하고 있다(paras. 39, 338). 그러나 ECT 제45조 3항(b)는 서명국이 동항(a)의 규정에 기초하여 잠정적 적용을 종료시킨 경우에도 잠정적 적용의 기간 중에 자국의 지역에 다른 서명국의 투자자가 형성한 투자재산에 대해서는 ECT 제3부 및 제5부의 규정을 적용할 의무는 잠정적 적용의 종료가 효력을 발생하는 날로부터 20년간 효력을 가진다고 규정하고 있다. ECT 제45조 3항(b)에 규정된 의무는 ECT 제45조 3항(c)에서 규정하는 부속서 PA에 있는 서명국에 대해서는 적용되지 않지만 러시아는 동 부속서에 있는 서명국에는 포함되지 않으므로 동항(b)에 규정한 잠정적 적용 종료 후의 의무를 피할 수는 없다고 한다(paras. 247, 339).

---

7) 에너지헌장조약 사무국 홈페이지 참조 (http://www.encharter.org/).
8) 즉 ECT는 러시아 의회의 승인을 받은 바 없다(para. 386).

3. 투자중재에 이른 경위

(1) Yukos에 대한 형사수사 개시

2003년 7월부터 Yukos의 경영진에 대한 형사수사가 개시되었다. 이에 따라 동년 7월부터 10월에 걸쳐 Yukos 및 그 관련 회사의 중요한 지위를 차지하고 있었던 임원 3명이 체포되기에 이르렀다. 즉 신청인의 임원으로 신청인의 100% 자회사인 HEL의 사장이었던 Platon Lebedev(사기 및 횡령 혐의), Yukos－Moscow[9])의 사장이었던 Vasily Shakhovsky(탈세 혐의), Yukos의 CEO였던 Mikhail Khodorkovsky(위조, 사기, 탈세 혐의)였다. 결과적으로 Yukos와 그 관련 회사의 중역이었던 관계자는 모조리 해외로 도피하기에 이르렀다(para. 49). 2004년이 되자 관계자로 체포되는 자의 수는 증가되었다(para. 50).

(2) 형사수사의 동기, 적정성

러시아에 의한 상기 형사수사의 동기, 적정성에 대해서 신청인 및 러시아의 주장은 격렬하게 대립되고 있다. 이 점에 대해서 쌍방의 주장 내용은 관할권의 문제가 아니라 본안의 문제에 관한 것인데 이하에 간략하게 요약한다.

신청인들은 상기 형사수사에 대하여 Yukos의 CEO인 Khodorkovsky가 정치활동에 관여하고 있었다는 것에 대한 부당한 간섭과 협박이며 정치적인 행위라고 주장한다(paras. 48, 51).

이에 대하여 러시아는 상기 조사는 신청인들이 여러 가지 위법행위를 반복해온 것에 대한 당연한 귀결에 지나지 않는다고 한다. 러시아에 따르면 신청인들은 러시아 국내의 조세우대 지역을 악용하였고 이전가격을 부당하게 조작하는 등으로 탈세를 반복했다고 한다. 이에 더하여 러시아는 Yukos의 간부가 과세당국 관계자나 Yukos의 이익에 반하는 자 등에 대한 살인이나 상해 기타 흉악범죄에 관련되어 있다고도 주장한다(paras. 52－54).

(3) Yukos에 대한 당국에 의한 추가적인 처분 및 조치들

Yukos는 2003년 10월 당시 Sibneft와의 합병절차를 이미 완료한 상태였는데 동년 11월에 합병취소의 판결에 따라 당해 합병을 백지철회할 수밖에 없었다(para. 57). 또한 2004년부터 2006년 동안 Yukos 및 그 관련 회사는 과세당국으로부터 여러 가지 시정처분을 받기에 이르렀다(para. 59). 러시아 당국은 상기의 조치들을 이유로 Yukos 및 그 관련 회사의

---

9) 중재판정에서는 특별한 설명이 없지만 신청인 또는 Yukos의 관련 회사로 추정된다.

자산을 동결하고 2004년 7월에는 러시아법원이 Yukos 보유자산의 처분을 일절 금지하였
다. Yukos는 이에 대하여 부과된 세금을 지불하기 위한 것이라고 주장하였으나 기각되었
고 역으로 체납을 이유로 2억 4,100만 달러의 가산세를 부과받게 되었다(para. 61). 또한 러
시아 천연자원부는 2003년 10월부터 2004년 12월에 걸쳐 관련 법규위반을 이유로 Yukos
에 부여되었던 석유생산허가의 재고를 검토하였고 이를 취소해야 하는지에 대해서 조사하
였다(para. 64). Yuganskneftegaz는 Yukos의 석유나 천연가스 등을 생산하는 주요 자회사 3
사 중 하나인데(para. 46), 2004년 7월에 이르러 러시아 당국은 Yuganskneftegaz을 조세채
권 회수를 위해서 매각한다고 발표하였다. 그 가격은 동 당국이나 투자은행의 견적을 훨씬
하회하였고 최종적으로는 같은 해 12월 93억 7,000만 달러에 매각되었다(paras. 65, 66).[10]

(4) Yukos의 도산절차

2006년 3월, 은행단이 Yukos의 파산절차 개시신청을 하였다. 동월 Yukos에 파산절차
가 개시되었다. 동년 8월 Yukos는 파산선고를 받았고 그 다음 해 11월에 Yukos는 청산되
어 회사등기가 말소되었다(paras. 67-68).[11]

(5) 신청인에 의한 투자중재 등의 신청

본건은 신청인이 투자자와 당사국간의 사이의 분쟁해결에 대한 ECT 제26조에 근거한
것으로 상기한 러시아의 모든 조치가 ECT 제13조로 금지되는 수용에 해당하고(para. 5),
ECT 제10조에 규정된 투자재산에 대하여 공정하고 공평한 대우를 할 의무에 위반하는 것
(para. 11)으로서 이에 의하여 입은 손해의 금전배상 및 기타 적절한 구제조치를 구하며
(para. 74), 2005년 2월 3일에 UNCITRAL 중재를 네덜란드 소재의 헤이그 상설중재재판소
에 신청한 것이다(paras. 4, 75).

---

10) 또한 Yuganskneftegaz사를 매수한 Baikal Finance Group은 그 직후에 러시아 국영기업인 Rosneft에 흡수
    되었다(para. 66).
11) Yukos의 잔여재산은 국영기업인 Gazprom과 Rosneft가 취득하였다.

Ⅱ. 판정요지

1. 준거법에 대하여

중재판정부는 준거법에 대하여 다음과 같이 판단하였다. 절차법규로서 ECT의 관련조항(즉 제26조) 및 UNCITRAL 중재규칙, 그리고 중재지가 네덜란드라는 점에서 네덜란드 중재법도 적용되는 것으로 하였다. 본건 중간판정도 네덜란드 중재법 제1049조에 기초하여 내려진 것이다(para. 75).

중재판정부는 적용하여야 할 실체법규가 ECT의 실체법규, 조약법에 관한 비엔나협약(이하 'VCLT') 및 기타 적용 가능한 국제법이라고 하였다. 이에 더하여 러시아의 관련법규와 신청인을 비롯한 관련된 기타 사업체가 설립된 지역의 관련법규도 판단과 관련성을 가지고 있고, 그 내용을 검토한다고 하고 있다(para. 76).

2. 쟁점과 판단

(1) ECT 제45조에 규정된 잠정적 적용이 관할권의 근거가 되는가

(a) ECT 제45조 1항의 제한조항을 원용하기 위하여 동조 2항의 선언이 필요한가

ECT 제45조 1항은 ECT가 효력을 발휘하기까지 서명국이 ECT를 자국의 헌법 또는 법령에 저촉되지 않는 범위 내에서 잠정적으로 적용할 것을 규정하고 있다. 다른 한편 동조 2항은 서명국이 서명시에 잠정적 적용을 받아들일 수 없다는 뜻의 선언을 할 수 있으며 해당 선언을 한 서명국은 원칙적으로 ECT를 잠정적으로 적용할 의무를 지지 않음을 규정하고 있다. 전술한 바와 같이 러시아는 서명시에 잠정적 적용을 받아들일 수 없다는 선언을 하지 않았다.

이에 러시아가 ECT 제45조 1항의 "자국의 헌법 또는 법령에 저촉되지 않는 범위 내에서"라는 문언(limitation clause, 이하 '제한조항')을 원용하기 위해서는 동조 2항에서 규정된 선언을 할 필요가 있는지가 우선 문제되었다.

이 점에 대해서 중재판정부는 다음과 같이 말하면서 ECT 제45조 1항의 제한조항을 원용하고 동조 2항의 잠정적 적용을 받지 않는다는 선언은 필요 없다고 판단하였다. "VCLT 제31조에 따라 중재판정부는 우선은 문맥과 그 대상·목적에 비추어 주어진 용어의 통상적 의미에 따라 ECT 제45조의 문언을 해석한다. …… 그리고 ECT 제45조 1항의 어떠한 문언도 동항의 제한조항이 동조 2항에 의한 선언에 의존하고 있음을 나타내지 않는다. 도리어 러시아가 주장하는 바와 같이 동조 2항(a)가 '하는 것으로 한다(shall)'라는 문언을 사용하지 않았으며 '할 수 있다(may)'라는 문언을 사용한 것은 선언을 할지 여부는 서명국의 자유이며 의무가 아님을 명확히 보여주고 있다. 또한 동조 2항의 '…에도 불구하고(notwithstanding)'라는 문언은 동조 2항(a)의 선언이, 잠정적인 적용이 자국의 헌법 또는 법령에 저촉하는지 여부와 상관없이 가능하다는 것을 보여주고 있다. …… 즉 용어의 통상의 의미에 따라 ECT 제45조 1항 및 2항을 해석하면 동조 2항에 규정된 선언은 ECT 제45조 1항의 제한조항과는 필연적으로 관계되어 있는 것은 아니다(paras. 262-264). 그리고 다른 ECT 서명국의 국가실행도 이러한 결론을 지지한다. 특히 중재판정부로서는 잠정적 적용을 배제하기 위해서 12개 국이 ECT 제45조 2항의 선언을 한 것과 달리 오스트리아, 룩셈부르크, 이탈리아, 루마니아, 포르투갈, 터키의 6개국은 동조 2항에 기초한 선언을 하지 않고 제한조항에 의거하고 있다는 점에 주목하였다(para. 265)."

신청인은 ECT를 위한 조약의 준비문서 등을 근거로 ECT 제45조 1항이 잠정적 적용의 원리를 규정하고 있는 것에 반해 동조 2항은 잠정적 적용에서 배제하기 위한 절차에 대해서 규정한 것이며 ECT 제45조 1항의 제한조항을 원용하기 위해서는 동조 2항의 잠정적 적용을 받지 않는다는 뜻의 선언이 필요하다고 주장하였다. 그러나 중재판정부는 이 점에 대해서 다음과 같은 이유로 부정하였다. "신청인은 ECT 제45조 1항과 2항이 관련되어 있다는 주장에 대한 근거로서 조약의 준비문서를 원용한다. …… 중재판정부로서는 조약의 준비문서에서 ECT 제45조 1항과 2항을 관련지으려고 했던 시도가 없지는 않다는 것을 인정한다. …… 그러나 본건은 VCLT 제32조에 규정된 준비문서를 고려할 수 있는 경우, 즉 VCLT 제31조에 의한 해석만으로는 의미가 애매하거나 불명확한 경우, 동조의 규정에 따른 해석으로는 명백하게 상식에 반하거나 불합리한 결과가 오는 경우에는 해당하지 않는다 (paras. 266-268). 중재판정부의 결론은 선행한 *Kardassopoulos* 사건[12]에서의 ICSID 중재에 의한 중재판정과도 일맥상통한다(para. 269)."

(b) ECT 제45조 1항의 제한조항을 원용하기 위해서는 선언이 필요한가

다음으로 ECT 제45조 1항과 동조 2항이 각각 독립한 것이라고 해도 동조 1항에 의하면 러시아가 제한조항을 원용하기 위해서는 사전선언 내지는 통지가 필요한지가 문제되었다.

---

12) *Kardassopoulos v. Georgia*, ICSID Case No.ARB/05/18, Decision on Jurisdiction, 6 July 2007.

이 점에 대하여 중재판정부는 다음과 같이 어떠한 선언이나 통지도 불필요하다고 판시하였다. "신청인이 인용하는 증거에 따르면 조약의 교섭과정에서 복수의 국가에서 통지 또는 선언이 이루어지는 것이 바람직하다는 논의가 있었던 것은 명백하다. …… 하지만 교섭이 타결된 뒤, 최종적으로 러시아에 의해서 서명된 조약의 문언에 따르면 ECT 제45조 1항에는 제한조항을 원용하기 위해서는 명시적으로 어떠한 선언이나 통지가 필요하다고도 규정되어 있지 않다. …… 따라서 중재판정부는 …… ECT 제45조 1항의 용어의 통상적인 의미에서 …… 어떠한 선언이나 통지 없이 제한조항을 원용할 수 있는 것으로 결론 내린다(paras. 282-284)."

또한 신청인은 금반언의 원칙에 의하여 러시아는 제한조항에 의거할 수 없다고도 주장하였다. 즉 러시아는 ECT의 교섭과정에서 일관적으로 ECT가 잠정적으로 적용되는 것에 대하여 어떠한 유보 없이 무조건적으로 지지하고 있었으므로 러시아가 제한조항을 원용하는 것은 금반언의 원칙에 반하여 허용되지 않는다고 주장하였다.

이 점에 대해서 중재판정부는 국제사법재판소의 선례인 북해대륙붕 사건[13]에서 금반언의 적용을 위해서 ① 행위자의 명확하고 일관된 태도, ② 이러한 태도를 신뢰한 결과 관계자가 자신에게 손실을 야기한 태도의 변화가 있었거나 손실을 입었다는 점이 필요하다고 하였다. 또한 다음과 같이 러시아에 금반언을 적용할 수 없다고 하였다. "ECT의 교섭과정에서 러시아의 잠정적 적용의 지지는 '일관적'이었다고 할 수 있을지도 모르지만, 이것은 러시아가 제한조항의 운용에 대해서 잠정적 적용이 배제 또는 제한된다는 해석에 의거하려고 했었다는 가능성을 '명확하게' 배척하지는 않으므로 중재판정부는 신청인에 의한 금반언의 주장을 받아들일 수 없다고 판단한다(paras. 286-288)."

(c) '자국 헌법 또는 법령에 저촉되지 않는 범위 내에서'의 의미

이상과 같이 중재판정부는 러시아가 선언 또는 통지 없이도 제한조항을 원용할 수 있다고 판단하였다. 이에 다음으로 제한조항의 '자국의 헌법 또는 법령에 저촉되지 않는 범위 내에서 (잠정적으로 적용된다)'는 문언의 의미가 문제가 되었다. 즉 ECT의 각 조항에 대해서 러시아의 헌법 또는 법령과의 저촉유무를 검토하고 저촉되지 않은 조항만이 잠정적 적용되는 것인지(일부적용설: piecemeal approach, 러시아의 입장), 아니면 잠정적 적용의 원리 그 자체가 러시아의 헌법 또는 법령에 저촉되지 않는 것이어야 하는지를 검토하고 잠정적 적용의 원리가 러시아의 헌법 또는 법령에 저촉되지 않는 것이라면 ECT 전체가 잠정적으로 적용

---

13) *North Sea Continental Shelf Cases (Germany v. Denmark/Germany v. Netherlands)*, ICJ Judgment of 20 February 1969, ICJ Reports 1969, p. 3, Exhibit, R-415, p. 26, para. 30.

되는 것인지(전체적용설: all or nothing approach, 신청인의 입장)가 문제되었다.

이 점에 대해서 중재판정부는 ECT의 문언 및 국제법의 기본원리에 비추어 전체적용설이 타당하다고 하였다.

우선 중재판정부는 ECT의 문언을 참조하여 다음과 같이 언급하였다. "제한조항은 서명국이 '자국의 헌법 또는 법령에 저촉되지 않는 범위 내에서(to the extent that such provisional application is not inconsistent with its constitution, law or regulations)' 조약을 잠정적으로 적용할 것을 규정하고 있다. …… 중재판정부의 입장에서는 제한조항을 해석할 때 열쇠가 되는 '잠정적으로 적용하는 것(such provisional application)'이라는 문언에서 사용된 'such'라는 말은 Black's Law Dictionary(7th edition)에 의하면 '상기 언급된 무언가(that or those having just been mentioned)'를 말한다고 하며 Merriam-Webster Collegiate Dictionary(10th edition)에 의하면 '이전에 지시/표시된 특징, 성질, 정도(of the character, quality, or extent previously in-dicated or implied)'를 말한다고 하였다. 따라서 ECT 제45조 1항에서 사용된 'such provisional application'이라는 문구는 동조에서 이미 언급된 'provisional application'을 말하며 즉 '이 조약'의 잠정적 적용(the provisional application of "this Treaty")을 의미한다(para. 304). 중재판정부는 'such provisional application'이라는 문언은 동조의 문맥에 따른 특정한 의미를 가지며 그 의미는 동조에서 언급된 잠정적 적용이라는 말의 고유의 사용법에서 유래된다고 생각한다(para. 305). 동조에서의 고유의 사용법이란 'such provisional application'이라는 문언을 '이 조약'의 잠정적 적용으로 읽은 것이다. …… 그리고 '이 조약'이란 '이 조약 전체'이고 '이 조약의 일부분'이라고 읽을 수 있다. 중재판정부는 동조의 문맥에서는 '이 조약 전체'라고 읽는 편이 VCLT 제31조에 의하여 요구되는 용어의 통상의 의미에 합치된다고 생각한다. (문언에) 특히 한정되어 있지 않다는 상황으로 미루어볼 때 '이 조약'이란 '이 조약의 일부분'이 아니라 '이 조약 전체'를 의미하는 것으로 추측한다(para. 308). 이러한 판단은 선행하는 Kardassopoulos 사건[14])에서의 ICSID 중재의 중재판정과도 일맥상통한다(para. 309)."

이러한 문언해석에 더하여 중재판정부는 다음과 같이 국내법을 원용하여 국제법의 불이행을 정당화할 수 없다는 기본원칙에 비추어서도 전체적용설이 타당하다고 하였다. "또한 그렇게 해석하지 않으면 ECT의 취지, 나아가 국제법적인 측면(grain of international law)에 반하게 된다(para. 312). 약속은 지켜져야 한다는 원칙(pacta sunt servanda) 및 VCLT 제27조에 의하면 국가는 조약상의 의무의 불이행을 정당화하기 위해서 국내법을 원용할 수 없

---

14) Kardassopoulos v. Georgia, supra note 12.

다(para. 313) …… 국가가 조약의 특정 조항과 관련된 국내법의 내용에 의거하여 잠정적 적용에 의한 의무의 범위를 조작(때로는 소멸)하는 것을 가능하게 하는 것은 조약의 잠정적 적용이 구속적 의무를 가져올 수 있다는 원칙을 해하는 것이다(para. 314) …… 불일치조항이나 제한조항이라는 조항을 이용하여 국제법과 국내법을 통합함으로써 국내법이 직접적으로 국제법상 의무의 내용을 통제할 수 있게 하는 혼합체(hybrid)를 형성하는 것은 허용되지 않는다. 그렇게 될 경우 허용될 수 없는 불확실성이 국제정세 중에 나타나게 되기 때문이다(para. 315)."

또한 중재판정부는 다음과 같이 국가실행 측면에서도 전체적용설이 타당하다고 한다. "국가실행도 이러한 결론을 지지한다. …… 즉 오스트리아, 룩셈부르크, 이탈리아, 루마니아, 포르투갈, 터키의 6개국은 잠정적 적용으로 인하여 ECT 전체(entire)를 적용하지 않기 위해 명시적으로 ECT 제45조 1항의 제한조항에 의한 잠정적 적용을 배제하고 있다(para. 321, 이탤릭체 원문)."

따라서 중재판정부는 잠정적 적용의 원리 그 자체가 러시아의 헌법 또는 법령에 저촉하고 있는지를 검토하면 된다고 하였다.

(d) 잠정적 적용의 원리가 러시아 법령과 저촉되는가

중재판정부는 전체적용설을 취한 후 잠정적 적용의 원리가 러시아의 헌법 또는 법령에 저촉되는지에 대한 검토를 하였다. 이 점에 대해서 러시아 국내의 조약체결권한의 소재 등과 관련하여 러시아의 국제조약에 관한 연방법(FLIT)은 대략 다음과 같은 내용의 규정을 두고 있다.

- 조약의 '서명'이란 당해 조약이 서명에 의해 서명국을 구속하는 뜻을 정하고 있는 때에는 러시아가 당해 조약에 구속되는 것에 동의한다는 것을 의미한다(FLIT 제2조)(para. 381).
- 러시아가 어떤 국제조약에 구속되는 것에 동의함을 표시하는 방법으로는 서명을 포함한 여러 가지 방법이 있다(FLIT 제6조)(para. 381).
- 러시아에서 조약의 서명은 대통령을 포함하는 행정부의 권한하에 이루어진다(FLIT 제1조)(para. 383).
- 조약에 잠정적 적용의 규정이 있는 경우 또는 조약을 잠정적으로 적용한다는 뜻의 합의가 성립한 때에는 러시아는 당해 조약이 발효되기 전부터 당해 조약을 잠

정적으로 적용할 수 있다(FLIT 제23조 1항)(para. 332).
- 조약의 잠정적 적용에 대한 결정은 FLIT 제11조에 따라 당해 조약에 서명할 권한을 가진 기관이 내린다(FLIT 제23조 2항)(para. 333).

중재판정부는 이러한 FLIT의 규정에 비추어 러시아 법률전문가의 의견이나 증인심문결과도 고려하여 러시아에서 조약의 잠정적 적용은 완전히 합헌이며 러시아의 법령에도 위반되지 않는다고 문제없이 결론내릴 수 있다고 하였다(para. 338).

또한 중재판정부는 잠정적 적용이 국내법령과 저촉하는지를 판단함에 있어 어떤 시점의 잠정적 적용이 국내법령에 저촉하지 않아야 하는지에 대한 점(판단기준 시)에 대해서는 조약의 서명 시라고 하였다(para. 343). 그렇지 않으면 서명국이 서명 후에 사후적으로 국내법을 변경하여 잠정적 적용에 의한 의무를 잠탈할 수 있게 되어 불합리하기 때문이다(para. 344). 실제로도 러시아의 행정부는 ECT의 승인을 위해서 동 조약을 의회에 제출할 때 ECT가 적어도 서명 시에 러시아의 관련법령과 저촉하지 않는다고 기재된 주석(explanatory note)을 의회에 제출하였다. 중재판정부는 이것도 판단기준이 조약서명시라는 것을 나타낸다고 하였다(para. 345).

그리고 중재판정부는 러시아가 잠정적 적용을 종료하겠다는 뜻의 통보를 한 것에서 잠정적 적용의 기한에 대해서 다음과 같이 정리하였다. 즉 러시아는 2009년 8월 20일 ECT 제45조 3항(a)에 의하여 기탁자인 포르투갈에게 ECT의 당사국이 되지 않겠다는 의사를 통보하였는데 어디까지나 잠정적 적용이 종료되는 시점까지는 ECT 전체가 러시아에 잠정적으로 적용된다(para. 338). 그리고 ECT 제45조 3항(a)는 이러한 통보로부터 60일이 경과하면 잠정적 적용이 종료된다고 규정하고 있으므로 2009년 10월 19일에 60일이 종료된다(para. 338). 또한 ECT 제45조 3항(b)에 의하면 ECT 제5부에 규정된 투자에 관한 의무(투자중재에 응할 의무를 포함)에 대해서는 잠정적 적용이 종료되고 나서 20년간은 효력을 가진다고 하였으므로 러시아의 경우에는 2009년 10월 19일 이전에 러시아에서 이루어진 어떠한 투자라도 2029년 10월 19일까지는 ECT에 의한 보호에 근거한 이익을 향유할 수 있게 된다(para. 339).

(e) ECT 분쟁해결에 관한 조항(특히 ECT 제26조)이 러시아 국내법령에 저촉되는가
중재판정부는 ECT 제45조 1항에 대해서 전체적용설을 취하면서 굳이 ECT의 개별조항에 대해서 러시아의 헌법 및 법령과의 저촉 유무를 검토할 필요는 없다고 하면서도 별도로

투자자 대 국가의 국제중재를 규정하는 ECT 제26조의 분쟁해결조항이 러시아 국내법에 저촉하지는 않는다는 것을 러시아의 국내 관련법령을 참조하여 확인하였다.

러시아 국내법인 1991년 외국인투자법은 외국인투자자의 정의 및 외국인투자의 중재에 대해서 다음과 같은 규정을 두고 있다.

- '외국인투자자'의 정의에는 회사 등의 법인이 포함된다(1991년 외국인투자법 제1조) (para. 371).
- '외국인투자재산'의 정의에는 지식재산 등 여러 가지 재산이 포함된다고 본다(1991년 외국인투자법 제2조)(para. 371).
- 외국인투자자와 러시아 국가기관 기타 공적 기관과의 사이에 발생한 외국인투자재산에 관한 분쟁은 당사자 간의 합의에 의하여 중재로 해결할 수 있다(1991년 외국인투자법 제9조)(para. 370).

또한 외국인투자자 및 외국인투자재산에 관한 동일한 규정은 1999년 외국인투자법에도 존재하며, 이에 더하여 1999년 외국인투자법은 외국인투자자가 관여하고 해당 외국인투자자가 러시아에 투자하거나 사업활동에 관한 여러 가지 분쟁은 국제중재로 해결할 수 있다고 규정하고 있다(1999년 외국인투자법 제10조)(para. 370).

중재판정부는 러시아의 1991년 외국인투자법 및 1999년 외국인투자법에 따르면 본건과 같은 투자자와 국가와의 사이의 분쟁은 중재에 회부될 수 있다고 하며, 1999년 외국인투자법 제10조에는 명확하게 국제중재에 회부될 수 있다고 한 것 등을 근거로 러시아에도 외국인투자자 대 국가의 분쟁을 국제중재에 회부하는 것을 인정하는 제도가 존재한다고 하였다(paras. 370-371).

또한 중재판정부는 러시아가 잠정적 적용을 포함하는 조약에 서명하는 것으로 러시아가 당해 조약과 관련하여 발생한 분쟁에 대해서 국제중재에 응하는 것에 동의한 것이라고 평가할 수 있는가에 대하여 FLIT 제2조 · 제6조 · 제11조 · 제23조를 근거로 이를 긍정하였다. 또한 조약은 서명후 잠정적 적용 개시로부터 6개월 이내에 의회에 제출되어 비준되어야 한다는 FLIT 제23조 2항은 단순한 국내적 요청에 지나지 않으며 국제적인 의무에는 영향을 미치는 것은 아니라고 하였다(paras. 379-387).

(f) 소결

이상과 같이 중재판정부는 ECT 제45조에 규정된 잠정적 적용이 본건에서의 중재판정부의 관할권의 근거가 된다고 판단하였다(para. 397).

(2) 투자자 해당성과 투자재산 해당성

(a) 신청인은 ECT상의 보호받아야 할 '투자자'에 해당하는가

ECT 제26조는 당사국의 지역에서의 '다른 당사국의 투자자의 투자재산'에 관한 분쟁의 해결에 대해서 규정하고 있으며 러시아는 신청인이 '다른 당사국의 투자자'에 해당하지 않는다면서 관할권을 부정하였다. 보다 구체적으로는 ECT 제1조 7항이 ECT에서의 '투자자'의 정의를 규정하고 있는데, 러시아는 신청인이 실체가 없으며 경제적으로는 러시아 국민에 의하여 소유되고 있는 회사이므로 동항에서 정의되고 있는 '투자자'에는 해당하지 않는다고 주장하였다.

이 점에 대해서 중재판정부는 다음과 같이 신청인의 투자자 해당성을 긍정하였다. "VCLT 제31조에 의하면 조약은 우선은 그 문언의 통상의 의미대로 해석되어야 한다(para. 411). ECT 제1조 7항(a)(ii)은 투자자의 요건으로서 '당해 체약국에서 관계법령에 따라 조직된 회사 기타 조직'이면 족하다고 하였고 다른 요건을 요구하고 있지 않다(para. 411) …… 신청인은 이 요건을 충족하므로 '투자자'에 해당한다(para. 413). …… 그리고 이러한 결론은 *Plama v. Bulgaria* 사건[15]의 중재판정과도 일맥상통한다(para. 416)."

러시아가 설립이라는 형식적인 근거뿐만 아니라 설립된 지역에서의 활동실적 등의 실질을 심사해야 한다고 주장했던 점에 대해서는 "중재판정부는 중재판정에서 적용되는 조약이 회사 기타 조직에 대해서 단순히 당사국의 관계법령에 따라 조직되어 있으면 된다고 규정하고 있는 경우에 당해 회사 기타 조직이 어떠한 형태로 운영되고 있는지까지 검토할 의무를 지우는 일반적인 국제법상의 원칙은 없다. 국제법상의 원칙은 조약의 해석에서 중요하지만 그 국제법상의 원칙에 의해서도 조약의 기초자가 포함하지 않았던 새로운 추가적인 요건을 중재판정부가 더하는 것은 용납되지 않는 것(para. 415)"이라면서 이를 채택하지 않았다.

또한 신청인을 실질적으로 지배하고 있는 것은 누구인가 하는 문제는 중요하지만 이 점에 대해서는 "투자자 해당성이 아닌, 이른바 혜택의 부인 조항인 ECT 제17조의 해석에서 검토해야 한다"고 하였다(para. 412).

(b) 신청인은 ECT 제1조 6항에서 말하는 투자재산을 '소유 또는 지배'하고 있는가

ECT 제1조 6항은 ECT에서 말하는 '투자재산'이 투자자가 직접 또는 간접적으로 '소유

---

15) *Plama Consortium Limited v. Republic of Bulgaria*, ICSID Case No. ARB/03/24, Decision on Jurisdiction, 8 February 2005, 20:1 *ICSID Review* 262, para. 128.

또는 지배하고 있는' 모든 종류의 자산을 말한다고 규정하고 있다. 러시아는 신청인이 형식적인 명의상으로는 Yukos의 주주라는 것을 인정하면서도 Yukos의 경제적인 이익 및 자산은 Khodorkovsky 및 Lebedev에 속해 있으므로 신청인은 Yukos 주식의 진정한 소유자가 아니며 신청인이 가진 Yukos의 주식은 '투자재산'에는 해당하지 않는다고 주장하였다. 이 점에 대해서 중재판정부는 다음과 같이 러시아의 주장을 배척하였다. "ECT는 그 문언상 자격 있는 '투자자'에 의하여 단순히 형식적인 명의상으로 소유되는 '투자재산'에 적용된다. 단순한 법적인 주식의 소유로는 ECT 제1조 6항(b)에 규정된 '투자재산'에 해당하지 않는다는 러시아의 주장은 조약상의 문언에 비추어 이유가 없다(para. 430)."

　또한 러시아는 신청인이 Yukos의 주식을 소유하는 것은 원래대로라면 Yukos의 경영진이라는 러시아인에 의한 투자에 지나지 않으며 실제로는 러시아에 외국자본의 유입이 이루어진 것은 아니라고 주장하고, 러시아 국내법상 '외국인투자재산'이란 외국자본으로 형성된 투자재산을 지칭한다는 것과 외국인투자의 촉진이라는 ECT의 목적을 근거로 이러한 투자는 ECT에서의 '투자재산'에는 해당하지 않는다고 주장하였다. 이 점에 대해서 중재판정부는 다음과 같이 러시아의 주장을 받아들일 수 없다고 하였다. "중재판정부는 ECT의 목적이 외국의 투자의 촉진, 특히 서유럽에서 러시아 및 구소련 기타지역에 대한 투자를 촉진하는 것에 있다는 것은 인정한다(para. 434). 그러나 중재판정부는 어디까지나 규정되었어야 할 문언이 아니라 실제로 규정된 문언에 구속된다(para. 435). ECT 제1조 6항의 실제 문언은 투자자에 의하여 직접 또는 간접으로 '소유되거나 지배되고 있는' 모든 종류의 자산을 말한다고 규정하고 있을 뿐이다. 따라서 신청인은 ECT의 보호를 받는 '투자재산'을 가지고 있다고 인정한다(para. 435)."

　(c) 신청인의 청구는 ECT 제17조(혜택의 부인 조항)에 의해 방해받는가
　ECT 제17조 1항은 제3국의 국민이 소유 또는 지배하는 법인으로 당해 법인이 조직된 당사국의 지역에서 실질적인 사업활동을 하지 않고 있는 것에 대해서 당사국이 ECT 제3부의 규정에 의한 혜택을 부정할 수 있는 권리를 유보한다고 규정하고 있다(혜택의 부인 조항). 신청인의 청구가 이러한 혜택의 부인 조항으로 지장을 받을 것인가가 문제가 되었다.

　중재판정부는 혜택의 부인 조항의 문제는 본건 국재중재에서 중재판정부가 관할권을 가지는가라는 논점과는 직접적으로 관계가 없다고 하였다. 왜냐하면 ECT 제17조는 '이 부의 규정에 의한' 혜택의 부인을 규정하고 있고 분쟁해결에 관한 것은 ECT 제17조가 규정

하고 있는 '제3부'가 아니라 '제5부'이기 때문이다. 이는 *Plama v. Bulgaria* 사건16)의 중재판정에서도 이러한 점이 명백하게 드러난다. 특히 중재판정부는 양 당사자 모두 이 논점을 수리가능성의 문제17)로 다루고 있으므로 여기에서 ECT 제17조의 해석에 대한 현 단계에 있어서의 최종적인 판단을 내린다면서 다음의 논점에 대해서 개별검토를 하였다(paras. 441-443).

(i) 형식요건 ─ 혜택을 부인하기 위해서는 통지 내지 선언이 필요한가

러시아는 ECT 제17조에 의한 권리를 행사할 것인지에 대한 명확한 통지 내지는 의사표시를 하지 않았다(para. 456.) 이에 ECT 제17조에 규정된 혜택을 부인하기 위해서는 당사국이 이를 통지 내지는 선언을 할 필요가 있는지가 다투어졌다.

이 점에 대해서 중재판정부는 다음과 같이 러시아가 혜택의 부인 조항에 의할 수는 없다고 판단하였다. "ECT 제17조는 ECT 제3부에 규정된 투자자의 이익을 절대적으로 부정하려는 것이 아니다. …… 동조는 도리어 각 당사국이 혜택을 부인할 수 있는 '권리를 유보'하고 있다. 이 때문에 유효하게 혜택을 부인하기 위해서는 당사국은 동조에 의한 권리를 행사할 필요가 있다. 따라서 중재판정부는 러시아가 현재까지도 당해 권리를 행사하였다고 인정할 수 없다(para. 456)."

(ii) 실질요건 ─ 신청인은 '제3국의 국민이 소유 또는 지배하는 법인'(ECT 제17조 1항)인가
① 신청인을 소유·지배하는 것은 누구인가

혜택의 부인 조항을 행사하기 위해서는 투자자가 제3국의 국민이 소유 또는 지배하는 법인이어야 함을 요건으로 한다. 이미 설명한 바와 같이 투자자에 해당하는 신청인의 주식은 GML이 100% 소유하고 있으며 GML의 주식은 건지섬에 설정된 각기 다른 7개의 신탁이 소유하고 있다(상기 제I절 1 (2) '신청인'의 항목을 참조). 7개의 신탁은 각기 Auriga, Draco, Mensa, Tucana, Pictor, Southern Cross, Palmus라는 이름을 가지고 있었다(para. 463). 그 중 Auriga, Draco, Mensa, Tucana, Pictor는 유사한 구조를 가지고 있다(이하 이들 신탁을 총칭하여 'Auriga형 신탁'이라 함)(para. 465). Auriga형 신탁과 Southern Cross 신탁, Palmus 신탁이라는 3종류의 신탁의 특징은 각기 미묘하게 다르지만 다음과 같은 공통점을 가지고 있다.

---

16) *Ibid.*, p. 148.
17) '수리가능성의 문제'에 대해서는 중재판정부가 제소된 분쟁에 대하여 관할권을 가지는 경우라도 이를 실제로 행사하는 것의 적법성에 대한 것이 검토되고, 신청인적격의 유무 등이 문제가 된다. 岩月直樹,「管轄權と受理可能性」, 小寺彰編著,『國際投資協定─仲裁による法的保護』(三省堂, 2010)(한국어로 번역한 것으로 박덕영·오미영 공역,『국제투자협정과 ISDS』(한국학술정보, 2012), 215면 참조.

- 어느 신탁이나 Khodorkovsky를 시작으로 하는 Yukos 관계자나 실력자가 상기 신탁의 위탁자 내지는 수익권자로 그 이름을 등재하고 있으며 신탁과 이들 내지는 그 관계자와 깊은 관계를 가지고 있었다.
- 한편 GML의 주식 자체는 적어도 형식상으로는 신탁의 수탁자 또는 그 관계자가 이를 소유하는 형식을 가지고 있었다.
- 어느 신탁에도 Anti-Bartlett 조항이 들어가 있다. 이는 수탁자가 형식상 소유하는 신탁재산인 주식에 대하여 그 대상 회사의 주주로 당해 회사의 정보를 취득하거나 경영에 대해서 발언할 의무를 면제하는 뜻의 조항이다(para. 469).[18]
- 어느 신탁이나 건지섬의 법률에 따라 유효하고 진정하게 성립되어 있다고 인정된다(paras. 515, 517).
- 건지섬의 신탁법 제48조 3항에는 수익권자가 공동으로 신탁을 끝낼 권리가 있다고 규정하고 있는데 어느 신탁에 대해서도 당해 권리는 판단의 시점에서는 아직 행사되지 않았다(paras. 499, 530-532, 534).

한편 상기 세 종류의 신탁에는 다음과 같은 차이점도 보인다.

- Auriga형 신탁 및 Palmus 신탁에는 각기 재산관리후견인(protector)[19] 규정이 존재했지만 Southern Cross 신탁에는 재산관리후견인이 존재하지 않았다. 수탁자에게는 수익권자에의 재산분배에 대해서 광범위한 재량권을 인정하고 있는데 일정한 행위에 대해서는 재산관리후견인의 동의가 필요하다고 규정된 곳도 있다. 본건에서도 Auriga형 신탁의 경우 수탁자가 GML에 관한 유가증권을 거래할 때에는 상기 재산관리후견인의 동의가 필요하다고 하였다(para. 467).[20]
- Auriga형 신탁 및 Southern Cross 신탁에 대해서는 수탁자가 형식상 소유하는 GML 주식에 취득조항(call option)이 규정된 주식이 포함되어 있었는데 Palmus 신

---

18) 판례법상 수탁자는 이에 반대되는 규정이 없는 한 의결권이 붙은 주식을 가진 경우에는 적절한 경영개입을 가능하게 하는 회사정보를 충분히 취득해야 할 의무가 있다고 한다(*Bartlett* 사건에서 그 이름이 유래됨)(para. 469, 각주 132).
19) "Protector"는 통상적으로 위탁자가 정한 신탁의 목적을 실현하기 위해서 수탁자의 행위를 제한하거나 때로는 수탁자를 해임하는 등의 권한을 가진 자라고 한다. Black's Law Dictionary, 9th ed., "Protector."
20) 이 외에도 가령 신탁의 존속기간을 정하거나 신탁재산을 다른 신탁으로 이전, 수익권자를 추가하거나 제외하는 때에는 재산관리후견인의 동의가 필요하다고 규정되어 있었다(para. 467). 또한 Palmus 신탁에서는 GML과 관련된 유가증권에 수탁자가 재산관리후견인의 동의 없이 이를 매각하는 것만이 금지되어 있었던 점은 Auriga형과 다르다(Auriga형의 경우 매각뿐만 아니라 거래일반이 금지되어 있었다)(para. 476).

탁의 GML 주식은 어느 것이나 취득조항이 부가되어 있지 않았다(paras. 471, 475).

　　러시아는 GML을 소유하고 있는 신탁의 특징으로 볼 때 GML의 소유자는 실제적으로
는 Khodorkovsky 또는 그 관계자로 이들이 직접 또는 신탁을 통해서 GML을 실질적으로
소유하고 있었다고 평가할 수 있다고 주장하고 이 때문에 상기 신탁은 명의상 GML을 형식
적으로 소유하고 있는 데 지나지 않으며 진실한 소유자는 아니라고 주장하였다(para. 483).
또한 러시아는 신청인과의 관계에 있어 신청인이 GML의 100% 자회사이며 신청인의 정관
상으로는 신청인의 업무결정권이 GML에 있는 것으로 규정하고 있다고 주장하였다. 그리고
GML의 정관에는 신청인을 포함하는 자회사에 관한 중요사항의 결정에는 주주의 동의가
필요함을 규정하고 있으므로 Khodorkovsky 등이 상기 신탁구조를 사용하여 사실상 GML
을 지배하고 있어 결국 이들이 신청인을 지배하고 있었다고 주장한다(paras. 488-492).

　　중재판정부는 이미 러시아는 ECT 제17조의 권리행사에 필요한 통지를 하지 않았다고
인정한 이상 반드시 혜택의 부인 조항의 실질요건으로서의 검토가 결론을 좌우하는 것은
아니라고 한 뒤에 다음과 같이 판단하였다(para. 500). "건지섬에서 설립된 7개의 신탁은 건
지섬의 신탁법에 따라 어느 것이나 법적으로 유효하며 당해 신탁의 구조에 따라 그 소유권
내지 관리권은 수탁자에게 주어진다(para. 517). 또한 상기 신탁에서의 재산관리후견인의 역
할에 대해서는 통상의 신탁과는 크게 다르지 않으며(para. 516), 그 권한은 무제한의 재량에
의한 절대적인 거부권이 있는 것이 아니라 어디까지나 수익자에 대한 신인의무라는 제약이
따른다(para. 521). 또한 Anti-Bartlett 조항이 있다고 해서 수탁자가 주식을 소유하고 있는
대상 회사의 이사선임권이나 의결권을 잃는 것이 아니라 단순히 수탁자가 경영에의 발언이
나 참가를 할 의무를 면제한다는 성질을 갖는 것에 지나지 않는다(para. 525). 따라서 중재
판정부로서는 각 신탁에 Anti-Bartlett 조항이 규정되어 있는 것만으로 수탁자가 신탁재산
의 소유 또는 지배를 방기한 것으로 되지는 않는다고 받아들인다(para. 525). 또한 수탁자가
가지는 GML 주식에 취득조항이 있었다고 해도 신탁에서 확립된 기본원칙인 수탁자가
GML 주식의 소유자라는 점에 대해서는 변함이 없다. 취득조항이 발동되기까지는 소유권의
이전이 일어날 일은 없으며 수탁자가 GML 주식의 소유자로 머물게 된다(para. 528). 건지섬
신탁법 제48조 3항에 의해서도 신탁을 종료할 권리는 아직 행사되지 않았다는 점이 중요하
다. 신탁을 종료할 권리가 존재한다는 것만으로 수탁자가 신탁된 재산을 소유 또는 지배하
고 있지 않다고 결론 내릴 수는 없다(para. 532). 결론적으로 GML을 소유하고 있는 것은 상
기 7개의 신탁(의 수탁자)이다(para. 536). 그리고 신청인은 지브롤터의 법인인 GML 또는 건

지섬의 GML의 주식의 과반을 소유하고 있는 Palmus 신탁에 의해서 소유 지배되고 있다고 할 수 있다(para. 537)."

그리고 이미 설명한 바와 같이 건지섬 및 지브롤터는 영국이 ECT 가입시에 선언한 대로 ECT와 관련하여 영국령에 포함하는 이상, 중재판정부는 신청인이 제3국의 국민이 소유 또는 지배하는 법인은 아니라고 판단했다고 볼 수 있다.

② 러시아는 '제3국'이 될 수 있는가

러시아는 신청인을 실질적으로 지배하고 있는 것은 Khodorkovsky 등의 러시아 국민이며 러시아는 ECT 제17조에서 말하는 '제3국'에 해당하고 신청인에게 ECT에 의한 보호의 혜택을 거부할 수 있다고 주장한다. 즉 ECT 제7조 제10항(a)(i)의 단서에 "단, 당해 타국 또는 당해 제3국의 어느 쪽 일방이 당사국인 경우에 한한다"고 하였으므로 동 조약은 당사국이 '제3국'이 되는 경우도 상정하고 있다는 등으로 러시아도 ECT 제17조에서 말하는 '제3국'이 될 수 있다고 주장하였다(para. 542).

이에 대해서 중재판정부는 러시아가 ECT 제17조의 권리를 행사한 사실을 인정할 수 없다고 판단한 이상, 이 논점은 본건에 있어 현실적인 의미를 가질 수 없다고 하면서도 다음과 같은 판단을 내렸다. "ECT는 분명히 '당사국(내지는 서명국)'이라는 말과 당사국이 아닌 국가라는 의미로서 '제3국'이라는 말을 구분하여 사용하고 있다. 러시아가 말하는 수송에 대한 ECT 제7조 제10항(a)(i)의 기재는 ECT의 다른 조항의 경우와는 분명히 다른 의미로 문언을 사용하고 있다. 동항에서의 '제3국'이란 동항의 특수한 문맥에서만 사용되는 용법으로 수송과의 관계에서 필연적으로 포함되는 3개국 중에서 3번째의 국가를 지칭하기 위한 말로 사용된 것이며 당사국과는 다른 종류로서의 '제3국'을 지칭하는 것이 아니다. 프랑스어판의 조문에서는 제7조 제10항(a)(i)에 'troisième Etat'이라는 문언을 사용하고 있는 것에 반해 다른 조항에서는 'Etat tiers'라는 문언을 사용하고 있다는 것도 ECT 제7조 제10항(a)(i)에서의 '제3국'이라는 말의 의미가 다른 조항에서의 '제3국'이라는 말의 의미와는 다르다는 것을 확실히 보여주고 있다(paras. 544-545)."

따라서 중재판정부는 러시아가 ECT 제17조에서 말하는 '제3국'에는 해당하지 않는다고 하였다.

③ 신청인은 이스라엘 국민이 소유·지배하고 있다고 할 수 있는가

러시아는 또한 신청인을 지배하고 있는 것이 러시아 국민이 아니라고 해도 Nevzlin, Brudno 및 Dobov 등의 Yukos 관계자들은 현재 이스라엘에 거주하고 있으며 당해 관계자들이 이스라엘 국적을 취득하는 것이 용이할 뿐 아니라 실제로 그 국적을 취득하였다면

서 신청인이 현재는 이스라엘 국민에 의하여 지배되고 있었을 것이라고 하였다. 따라서 신
청인은 ECT 제17조 제1항에서 말하는 '제3국의 국민이 소유 또는 지배하고 있는 법인'에
해당한다고 주장하였다(para. 547).

   이 점에 대해서 중재판정부는 우선 혜택의 부인 조항과의 관계에서 국적판단 기준시에
대해서 다음과 같이 중재신청시를 기준으로 한다고 하였다. "상기 관계자들에 대하여 어느
시점을 기준으로 국적을 확정할 것인가가 문제로 되지만, …… 이를 중재판정의 시점으로
한 과거의 선례21)는 계속적인 비판의 대상이 되고 있다(para. 551). …… 또한 UN국제법위
원회의 특별보고자였던 John Dugard 교수에 의한 유력한 학설을 고려하면(para. 551),
…… 중재판정부로서는 상기 관계자들의 국적을 판단하는 시점을 중재신청시인 2005년 2
월을 기준으로 하는 것이 타당하다고 생각한다(para. 552)."

   특히 중재판정부는 이미 판시한 바와 같이 러시아가 ECT 제17조의 권리를 행사하지
않고 있으며 나아가 신청인을 지배하고 있는 것은 어디까지나 지브롤터 법인인 GML 또는
건지섬의 Palmus 신탁이며, 러시아는 본건 중재에 대해서는 혜택의 부인 조항을 원용할 수
없음이 명확한 이상 Yukos 관계자의 국적에 대해서 판단할 실익은 없다고 하면서 판단을
하지 않았다(paras. 551−555).

   (d) 신청인의 청구 전부 또는 일부는 러시아가 채택한 조치가 ECT 제21조에서 말하는
   '과세조치' 제외에 의해 방해받게 되는가

   ECT 제21조 제1항은 동항에서 규정하는 경우를 제외하는 한편 ECT의 다른 어떠한 규
정에도 당사국의 과세조치에 대한 권리를 창설하거나 의무를 부과하는 것은 아니라고 규정
하고 있다. 동조에서 러시아는 '과세조치'란 단순한 세법 내지는 조세조약상의 특정조항뿐
만 아니라 집행이나 징수행위 등도 폭넓게 포함하는 개념이라고 주장하며 그 근거로서
ECT 제21조 제7항이 널리 여러 가지 조치를 포함한 규정으로 이루어져 있음을 든다(paras.
559−560). 신청인은 이에 대하여 '과세조치'란 세법상의 특정 조항만을 말한다고 주장하였
다(para. 563).

   양당사자는 이외에도 ECT 제21조의 해석에 대해서 여러 가지 주장을 하고 있는데 중
재판정부는 과세에 관한 러시아에 의한 조치의 배경이나 동기는 본건의 핵심을 다루는 문
제라고 하면서 본 논점의 현시점에서의 판단을 유보하였다(paras. 584−586).

---

21) *The Loewen Group, Inc. and Raymond L. Loewen v. United States of America*, ICSID Case No. ARB
   (AF)/98/3, Award, 26 June 2003, 42 *ILM* 811 (2003), 7 *ICSID Rep.* 442 (2005), para 225.

(e) 신청인의 청구 전부 또는 일부는 ECT 제26조 3항(b)(i)에서 말하는 선택조항(중복절
    차방지 규율)에 의해 배척될 것인가

ECT 제26조 3항(b)(i)는 일부 당사국에 대하여[22] 동항 (a)에 의한 분쟁을 중재 또는 조
정을 요청하는 것에 대해서 무조건적인 동의를 사전에 하고 있는 경우라 하더라도 투자자
가 분쟁을 이미 당사국의 법원 내지는 이미 합의한 분쟁해결절차에 맡기고 있는 경우에는
ECT 제26조 3항(a)에서 규정하고 있는 동의를 하지 않은 것으로 규정하고 있다(선택조항,
'fork−in−the−road' clause). 러시아는 신청인 또는 신청인을 지배하고 있는 자는 이미 본건
과 동일한 사실관계에 기초한 분쟁을 러시아의 법원 및 유럽의 인권법원에 제소하고 있으
므로 ECT 제26조 3항(b)(i)에서 규정된 선택조항에 따라 관할권이 부정된다고 주장하였다
(paras. 589−591).

중재판정부는 선택조항으로 관할권이 부정되는가를 판단하기 위해서는 당사자·청구원
인·청구취지가 동일해야 한다는 3가지 동일성 테스트(triple identity test)가 적용되며 선택조
항의 적용을 인정하기 위해서는 당사자·청구원인·청구취지가 일치해야 한다고 하였다.
그리고 예시한 러시아의 소는 어느 것이나 당사자 및 청구원인이 본건과 상이하므로 상기
테스트가 규정한 요건을 충족하지 않았다고 하였다. 따라서 본건에서 상기 선택조항에 의
하여 관할권이 부정되는 일은 없다고 하였다(para. 598).

3. 결론

결론적으로 중재판정부는

- 러시아가 주장했던 ECT 제1조 6항·7항, 제17조, 제26조 3항(b)(i), 제45조에 의
  한 관할권에 대한 이의를 기각하고,
- 러시아가 주장한 ECT 제21조에 의한 주장에 대한 판단을 연기하였으며,
- 러시아가 주장한 'Unclean−Hands 원칙', '법인격부인'에 대한 판단을 연기하
  였고,[23]
- 본건에 대한 관할권을 가지며 또는 본건은 수리가능한 성질의 분쟁이라고 판단하

---

22) ECT 제26조 3항(b)(i)는 ECT 부속서 ID에서 기재된 체약국에 대해서도 적용된다. 러시아는 이 부속서 ID에
   기재된 체약국에 포함되어 있다.
23) 러시아는 Khodorkovsky 등이 기망적 또는 범죄적 목적으로 GML의 주식을 각 신탁으로 이전하고 당해 주
   식에 대한 지배를 했다면서 신청인의 청구는 '더러운 손(unclean hands)'에 의한 것이며 신청인은 범죄적
   사업의 도구로서 사용된 것이므로 그 법인격은 부인되어야 한다고 주장하였다. 2006년 10월에 중재판정부
   는 이들 주장에 대해서는 본안에서 검토한다는 결정을 내렸다(paras. 436, 509).

였고,

- 소송비용에 대한 판단을 보류하였고,
- 양당사자에 대해서 본안단계의 절차상의 진행에 대해서 협의할 것을 촉구하고, 이 중간판정을 수령한 날로부터 60일 이내에 당해 협의의 결과를 중재판정부에 보고할 것을 요구하였다.

Ⅲ. 잠정적 적용

1. 잠정적 적용이 인정된 점의 의의

본건 중재판정은 러시아가 ECT의 잠정적 적용을 받은 결과 설사 ECT를 비준하지 않았다고 해도 투자자가 신청한 중재에 응할 의무가 있음을 인정하였다. 반대로 러시아는 ECT 제45조 3항(a)의 규정에[24] 의해 ECT의 잠정적 적용을 종료시켰으므로 그 종료의 효력은 2009년 10월 19일에 발생한다고 주장하였다. 다만 ECT 제45조 3항(b)는 ECT 제3부 및 제5부의 규정에 관한 서명국의 의무가 잠정적 적용 기간 중에 자국의 영역에서 다른 서명국의 투자자가 성립한 투자재산에 원칙적으로 '잠정적 적용의 종료가 효력을 발생하는 날로부터 20년' 동안 효력을 가진다고 규정하고 있으므로 2009년 10월 19일까지 러시아에서 성립된 투자재산은 2029년 10월 19일까지 ECT로 보호를 받을 수 있게 되어 있다.

다만 2009년 10월 19일의 단계에서 계속 중이었던(전체 투자가 완료되지 않은) 투자나 투자계약은 체결했지만 투자실행이 아직 이루어지지 않은 투자 등이 어디까지 ECT로 보호될 것인가가 향후 문제가 될 수 있다.

2. 조약의 잠정적 적용이란 무엇인가

VCLT에 의하면 조약의 효력은 "조약에서 규정되거나 또는 교섭국이 합의하는 바에 따라 조약에서 규정한 날 또는 교섭국이 합의한 날에" 발생하는 것으로 규정하고 있다(VCLT 제24조 1항). 그리고 조약의 잠정적 적용이란 조약을 조약 자체가 효력을 발생하기까지의 기간 동안에 잠정적으로 적용하는 것을 말하며 VCLT 제25조에 일반적인 규정을 두고 있다.

---

24) ECT 제45조 3항(a)는 "서명국은 당사국이 되지 않을 의도를 기탁자에게 서면으로 통보하는 것으로 잠정적 적용을 종료시킬 수 있다"고 규정하고 있다.

동조 1항은 (a) "조약에 규정이 있는 경우" 또는 (b) "교섭국이 다른 방법으로 합의한 경우"에는 조약이 "효력을 발생하기까지 잠정적으로 적용된다"고 규정하고 있다. 어떤 조약이 잠정적으로 적용되는 경우 조약의 효력이 발생하지 않아도 조약이 잠정적으로 이행된다고 해석되고 있다.[25] 또한 VCLT 제25조 1항은 명문으로 "조약 또는 조약의 일부는 …… 효력을 발휘하기까지 잠정적으로 적용된다"고 규정하고 있어 잠정적 적용이 조약 전체가 아니라 조약의 일부에 대해서 이루어지는 경우가 규정하고 있다.

조약에서 잠정적 적용을 두는 경우로 다음 세 가지 경우를 꼽을 수 있다.[26] 즉 ① 조약을 신속하게 이행하려는 요청과 조약의 체결에 대해서 입법기관의 동의를 얻기 위해서 걸리는 시간을 고려하여 그 필요성이 있다고 생각되는 경우, ② 조약의 내용에 비추어 잠정적 적용을 하는 것이 강하게 요청되며 당해 조약이 비준되는 것에 의문의 여지가 없는 경우, ③ 당사국이 조약 전체의 효력이 발생하기까지 준비기간을 갖기를 바라는 경우이다.

원래 국가에게 어떤 조약에 대해서 잠정적 적용의 규정을 둘 의무는 없으며 자국의 헌법에 비추어 당해 조약을 잠정적으로 적용하는 것이 인정되지 않는 경우에는 잠정적 적용의 규정을 두지 않을 수 있다.[27] 또한 VCLT 제25조에서도 자국의 헌법이나 법제도가 잠정적 적용을 인정하지 않는 이유 등으로 주로 라틴아메리카 국가들을 중심으로 유보를 두는 나라가 여럿 존재한다.[28] 이들 국가들은 서명국이 된 때에 입법기관의 동의 없이 조약을 이행할 의무를 지게 될 것을 두려워하고 있다고 지적되고 있다.[29] 실제로 잠정적 적용은 조약에 서명한 국가가 국내에서 입법기관의 동의를 얻을 수 있는 보장이 없는 때에 때때로 이용되어 왔다는 지적도 있다.[30] 또한 지금까지 일본이 잠정적 적용을 한 예로서는 양자간 항공협정이나 국제상품협정을 들 수 있고 어느 것이나 의회의 동의를 요하는 조약이었다고 한다.[31]

또한 조약의 잠정적 적용의 규정이 없는 경우에도 잠정적 적용의 유무나 범위를 한정·제한하는 장치를 두는 경우도 있다. 가령 "자국의 법제도에 따라 이행가능한 범위"라는 제한이나 본건에서 문제가 된 ECT 제45조 1항과 같이 "자국의 헌법 또는 법령에 저촉하지

25) 杉原高嶺『國際法學講義』(有斐閣, 2008), 129면.
26) Mark E. Villiger, *Commentary on the 1969 Vienna Convention on the Law of Treaties* (Martinus Nijhoff Publishers, 2009), p. 352.
27) *Ibid.*, p. 358.
28) *Ibid.*, p. 356.
29) *Ibid.*, p. 353.
30) René Lefeber, "The Provisional Application of Treaties", *Essays on the Law of Treaties: A Collection of Essays in Honour of Bert Vierdag* (Martinus Nijhoff Publishers, 1998), p. 82.
31) 國際法事例研究会, 『日本の國際法事例研究(5)-條約法』(慶應義塾大學出版会, 2001), 95면(小寺彰).

않는 범위"라는 등의 제한이 붙여지는 것이 많다고 지적되고 있다.32) 잠정적 적용에 제한을 붙이는 경우 국가의 기대는 어디에 있는 것인가라는 관점은 본건 중재판정의 의의를 검토하는 데에도 유익하다.

3. ECT와 잠정적 적용

(1) 본건(*Yukos* 사건) 중재판정

ECT에도 잠정적인 적용을 정한 규정이 존재한다. ECT 제45조 1항은 서명국은 "이 조약이 자국에서 효력을 발생하기까지 자국의 헌법 또는 법령에 저촉되지 않는 범위 내에서 이 조약을 잠정적으로 운용하는 것에 합의한다"고 규정하고 있다. ECT에서는 다음과 같이 잠정적 적용의 유무 및 범위를 제한하는 장치를 두고 있었다. 그 하나가 ECT 제45조 1항에 있는 '자국의 헌법 또는 법령에 저촉하지 않는 범위'에서 잠정적 적용을 한다는 제한이다. 다른 하나가 ECT 제45조 2항이며 서명국은 서명시에 잠정적 적용을 받을 수 없다는 뜻의 선언을 할 수 있다고 하였고 당해 선언을 한 서명국에 대해서는 잠정적 적용의 의무는 통용하지 않는다고 규정하고 있다.

러시아는 ECT 제45조 2항의 선언을 하지 않았다. 이에 본건에서는 우선 이들 ECT 제45조 1항과 동조 2항의 관계가 문제시되었다. 이 점에 대해서는 동조 2항에 의한 선언을 하지 않은 서명국은 동조 1항의 제한조항에 의거할 수 없다고 해석해야 한다는 견해도 주장되고 있으며33) 신청인도 ECT 제45조 1항의 제한조건을 원용하기 위해서는 동조 2항의 선언이 필요하다고 주장하였다. 그러나 중재판정부는 상기와 같이 문언해석의 관점에서 이러한 주장을 부정하였다.

게다가 ECT 제45조 1항의 '자국의 헌법 또는 법령에 저촉되지 않는 범위'라는 제한조항의 의의가 문제시되었다. 이 점에 대해서 러시아는 ECT의 각 조항에 대해서 러시아의 헌법 또는 법령과의 저촉유무가 검토되었고 저촉되지 않는 조항만이 잠정적 적용되게 된다(일부적용설)고 주장하였고, 신청인은 잠정적 적용의 원리 그 자체가 러시아의 헌법 또는 법령에 저촉되지 않은가가 검토되고 잠정적 적용의 원리가 러시아의 헌법 또는 법령에 저촉되

---

32) Anthony Aust, *Modern Treaty Law and Practice, 2nd ed.* (Cambridge University Press, 2007), p. 174.
33) W. Michael Reisman, "The Provisional Application of the Energy Charter Treaty" in G. Coop and C. Ribeiro (eds.), *Investment Protection and the Energy Charter Treaty* (JurisNet, 2008), pp. 59−61; Matthew Belz, "Comment: Provisional Application of the Energy Charter Treaty: *Kardassopoulos* v. *Georgia* and Improving Provisional Application in Multilateral Treaties," *Emory International Law Review*, vol. 22 issue 2 (2008), pp. 744−746.

지 않는다면 ECT 전체가 잠정적 적용된다(전체적용설)고 주장하였다. 이 점에 대해서 중재판정부는 상기와 같이 ECT의 문언해석의 관점과 조약의 불이행을 정당화하는 근거로서 자국의 국내법을 원용할 수 없다는 원칙 등을 근거로 전체적용설을 채택하였다. 그리고 이에 따라 잠정적 적용의 원리가 국내법에 반하지 않는 한 ECT 전체가 잠정적으로 적용된다고 하였다.

이러한 중재판정부의 판단은 ECT 제45조 1항의 제한조항을 원용할 여지를 서명국의 법제상 잠정적 적용이 인정되지 않는 경우에 한정하는 것으로 동조 2항의 선언을 하지 않은 서명국이 이후에 잠정적 적용에 기초한 의무의 이행을 면탈할 여지를 엄격하게 제한하고 있는 것이다.

ECT의 원래 취지는 서구유럽의 동구 CIS국가에 대한 에너지투자를 촉진하려는 것이었는데,[34] 중재판정부의 판단은 이러한 취지에 부합하는 것이다. 또한 중재판정부가 지적하는 바와 같이 러시아의 국내법인 1999년 외국인투자법이 투자분쟁에 있어서 국제중재의 이용을 적법하게 한 것이라면 러시아가 조약상 투자분쟁에 대해서 국제중재에 응하는 것에 동의하는 것도 러시아 국내법에 반하는 것은 아니라고 생각된다. 이러한 의미에서는 러시아가 ECT 제45조 1항의 제한조항에 어떠한 기대를 가지고 있는지는 불분명하지만, 가령 러시아가 일부적용설에 당초부터 의거하고 있었다고 해도 투자중재에 응할 의무를 가진다는 것은 러시아의 기대를 크게 해하는 것은 아니라고도 할 수 있다. 이를 보여주기 위해서도 중재판정부는 전체적용설을 채택하면서도 굳이 투자자 대 국가의 국제중재를 규정하는 ECT 제26조의 분쟁해결조항에 대해서 러시아의 국내법에 저촉하는 것은 아니라는 점을 확인한 것이라고 생각한다.[35]

---

34) 이 점에 대해서는 본서 제1장을 참조.
35) 중재판정부가 전체적용설을 채택한 것에 대해서는 ECT 제45조의 제한조항의 문언 특히 'to the extent(~의 범위 내에서)'라는 문언과 부합하지 않는 해석이라는 비판도 존재한다. Thomas Roe and Matthew Happold, *Settlement of Investment Disputes under the Energy Charter Treaty* (Cambridge University Press, 2011), pp. 76−77; Mahnoush H. Arsanjani and W. Michael Reisman, "Provisional Application of Treaties in International Law: The Energy Charter Treaty Awards", in Enzo Cannizzaro (ed.), *The Law of Treaties Beyond the Vienna Convention* (Oxford University Press, 2011), pp. 92−93 등을 참조. 또한 후자의 논문에서는 ECT 제45조의 제한사항을 채택하기 위해서는 동조 2항(a)의 선언이 필요하다는 입장을 취하고 있어(동 논문 96−97면) 투자자의 예측가능성을 보호할 필요성과의 균형을 맞추고 있다고도 생각한다(전게주 33)도 참조).

(2) *Kardassopoulos* 사건[36]

Yukos 사건의 중재판정부는 ECT의 잠정적 적용의 나아갈 방향을 판단함에 있어 *Kardassopoulos* 사건을 빈번하게 인용하고 그 판단내용이 동 사건에 부합한다는 것을 강조하고 있다.[37]

Kardassopoulos 사건의 사실관계는 다음과 같다. 즉 동 사건의 신청인인 Kardassopoulos 는 그리스공화국(이하 '그리스')의 국민이며 파나마법인의 회사인 Tramex International Inc.(Tramex Panama)의 지분 50%를 소유하고 있었다. Tramex Panama는 1992년 3월 조지아의 국영석유회사와 합병계약을 체결하고 이에 따라 Kardassopoulos는 동국에서의 파이프라인 건설을 비롯한 석유개발사업에 투자를 시작하였다(para. 27). 당해 합병계약이 의해서 설립된 회사(GTI)에게 조지아의 주요한 파이프라인의 유일하고도 배타적인 소유 및 지배 등 여러 가지 권익이 주어졌다(para. 25). 그러나 1995년에 들어서자 각 석유 메이저 회사들이 조지아에 관심을 가지게 되었고 이들 회사 중의 몇몇이 컨소시엄(AIOC)을 조직해서 동국의 석유운송사업에 참가하려고 하였다(para. 29). 조지아도 이즈음 석유산업에 있어서의 종전의 계약을 수정하려고 하였고 이에 1996년 2월 20일 관계법령(제178호령)을 채택하였다. 동령에서는 그 채택보다 이전에 조지아 정부에서 관계 당사자에게 주어진 권리로서 동령의 내용에 반하는 것은 모두 취소한다고 하였다(para. 33). 또한 조지아는 원래 GTI가 예정하고 있었던 파이프라인(Samgori-Batumi pipeline)의 건설을 새로이 설립한 국영석유회사(GIOC)가 이행한다는 계약을 GIOC와 체결하였다(para. 35). 이 때문에 Kardassopoulos는 조지아가 그리스·조지아 간의 양자간투자협정 및 ECT에 규정된 의무를 위반하였다고 하여 2005년 8월 2일 조지아에 대해서 ICSID 중재를 신청하였다(paras. 1-2).

Kardassopoulos 사건에서는 ECT의 잠정적 적용에 대해 다음과 같은 논의가 이루어졌다.

ECT 제39조에는 ECT가 서명국에 의해 비준, 수락 또는 승인되어야 함을 규정하고 제44조 1항에서 ECT의 발효일이 30번째의 비준서, 수락서, 승인서 또는 가입서의 기탁의 날로부터 90일째 되는 날이라고 규정되어 있다.[38] 조지아 및 그리스는 공히 1994년 12월 17일에 ECT에 서명하였으나 ECT가 양국에 대해 발효된 것은 1998년 4월 16일이었다(para. 239). 본건에서 신청인이 주장하는 ECT 제3부에 규정된 의무에 위반하였다고 보이는 조지아의 행위의 대부분은 상기의 1994년 12월 17일(서명시점)과 1998년 4월 16일(발효시점) 사

---

36) *Kardassopoulos v. Georgia, supra* note 12. 이 항목에 표시된 단락번호는 모두 *Kardassopoulos* 사건의 단락번호이다.

37) 상기 II. 2. (1)(a) 및 II. 2. (1)(c) 등을 참조.

38) 나아가 ECT 제44조 2항은 30번째의 비준서, 수락서 또는 승인서의 기탁 후에 이를 비준하려는 경우 등에 대해서 규정하고 있다.

이에 이루어졌다고 한다(para. 72).

ECT 제1조 6항에는 "이 조약은 유효로 되는 날 이후로 당해 투자에 영향을 미치는 사항에 대해서만 적용한다"는 문언이 규정되어 있다. 조약의 잠정적 적용은 조약의 발효와는 다르다고 한 것에서 조지아는 당해 문언에 따르면 가령 조지아가 ECT 제3부에 규정할 의무에 위반한 행위를 조지아 및 그리스가 ECT에 서명한 1994년 12월 17일 이후에 한 것이라고 하여도 상기의 '유효로 되는 날'이란 1998년 4월 16일이므로 조지아의 행위는 '유효로 되는 날로부터 해당 투자에 영향을 끼치는 사항'이라고는 할 수 없다고 주장하였다(paras. 71-72).

이에 대하여 중재판정부에서는 ECT 제45조 1항은 서명국이 ECT가 발효되기 전의 단계에서도 ECT 전체를 이미 발효된 것처럼 적용해야 한다는 것을 규정하고 있다고 지적하였다(para. 223). 그 뒤에 어떤 조약이 잠정적으로 적용될 것을 당사자가 의도하고 있다고 명백히 간주되는 경우에는 그러한 당사자의 의도가 (ECT 제1조 6항의) 엄격한 문언해석으로 인하여 몰각되어서는 안 된다고 하였다. 따라서 ECT 제1조 6항에서의 '유효로 되는 날'이란 ECT가 발효한 날이 아니라 그리스와 조지아에 ECT가 잠정적으로 적용가능하게 된 날을 의미한다고 해석해야 한다고 하였다(paras. 223-224).

그리고 중재판정부는 양국이 ECT에 서명한 1994년 12월 17일로부터 실제로 ECT를 잠정적으로 적용하는 것이 가능했는지를 ECT 제45조 1항의 제한조항과의 관계에서 검토할 필요가 있다고 하였다. 그리고 그리스 및 조지아의 각 국내법을 검토한 뒤에 ECT를 잠정적으로 적용하는 것은 어떤 국가의 국내법에도 저촉되지 않는다고 하며 ECT는 양국에 대해 서명이 이루어진 1994년 12월 17일부터 잠정적 적용된다고 하였다(paras. 239, 246). 이러한 검토를 한 뒤에 중재판정부는 ECT 제45조 1항의 제한조항에 대해서 일부적용설인지 전체적용설 중 어느 것을 채택해야 하는 것인지에 대해 전면적인 문제제기를 하고 있지 않다. 특히 중재판정부는 단순히 조약의 잠정적 적용이라는 원리가 양국의 국내법에 반하지 않는가를 검토하고 있으며 사실상 전체적용설을 채택하고 있는 것으로도 생각된다(paras. 210-221, 219, 232-246).

이러한 검토를 거쳐 중재판정부는 1994년 12월 17일(서명시=잠정적 적용시=ECT 제1조 6항의 '유효로 되는 날') 이후에 이루어진 조지아의 행위와의 관계에 있어서도 관할권을 가진다고 결론지었다(para. 252).

이와 같이 *Kardassopoulos* 사건의 중재판정부는 ECT 제45조 1항에 대해서 전체적용설을 이미 따르고 있는 듯한 판시를 하고 있다고도 보인다. *Yukos* 사건과 *Kardassopoulos*

사건의 문맥의 차이를 대강 정리해보면 *Yukos* 사건에서는 ECT에 서명했지만 비준하지 않았던 러시아에 ECT의 효력이 미치는가(ECT 제26조의 투자중재의 관할권이 미치는가)라는 문맥에서 잠정적 적용이 다루어졌다. 한편 *Kardassopoulos* 사건에서는 조약의 서명 후 발효 전의 시점에서의 조지아의 행위에 ECT의 효력이 미치는가(ECT 제26조의 투자중재 관할권이 미치는가)라는 문맥 속에서 잠정적 적용이 다루어졌다.

(3) *Yukos* 사건 및 *Kardassopoulos* 사건의 중재인에 대하여

Yukos 사건 및 *Kardassopoulos* 사건 모두 의장중재인이 캐나다의 저명한 변호사인 L. Yves Fortier이다. 그는 국제중재사건의 중재인을 수없이 담당하였고 저명한 중재판정에 관여한 경험도 있다. 1988년부터 1992년에는 캐나다의 UN대사로 근무하였다.

Yukos 사건의 러시아 지명 중재인인 Stephen M. Schwebel은 현재 주로 중재인으로 활동하는 미국의 법률가이다. 1960년대부터 1980년대까지 미국 국무성 법률고문실의 요직을 역임하였으며, 1977년부터 1980년까지 UN국제법위원회의 위원으로 활동하였다. 1981년에 국제사법재판소의 재판관이 되었고 1997년부터 2000년까지는 동 재판소의 소장을 역임하였다.

Kardassopoulos 사건의 조지아 지명 중재인인 Arthur Watts는 영국변호사이며 외교관이었다. 1956년부터 1991년까지 영국외무부의 법률고문(Legal Adviser)으로 근무하였고 1987년부터 1991년까지는 최고법률고문(Chief Legal Adviser)이 되었다. 영국 외무부 퇴직 후에는 국가간 재판분쟁에 많이 관여하였으며 국제사법재판소에서 각국 정부의 대리인으로 활약하였다. 그는 2007년 11월에 사망하였다.[39]

Yukos 사건 및 *Kardassopoulos* 사건의 관할권 판단은 ECT의 잠정적 적용의 의의, 범위를 넓게 다루었고 ECT에 의한 투자보호, 국제중재에 의한 분쟁해결의 범위를 확보한 것이라고 할 수 있다. 이러한 중대한 판단이 국제중재, 국가간 분쟁, 국제법에 있어서의 경험과 지식이 풍부한 중재인들에 의해서 이루어진 것이라는 점을 짚어둘 필요가 있을 것이다.

---

39) 또한 L. Yves Fortier 및 Arthur Watts는 노무라 증권 그룹의 자회사인 Saluka Investments BV(네덜란드 법인)가 체코 정부를 제소한 국제투자협정중재사건으로서 알려진 *Saluka* 사건 (*Saluka Investment BV v. The Czech Republic*, UNCITRAL (Dutch/Czech BIT), Partial Award, 17 March 2006)의 중재인도 담당한 바 있다.

4. 본건 중재판정의 범위

이미 말한 것처럼 본건의 중재판정부는 ECT 제45조 1항의 제한 조항에 규정된 '자국의 헌법 또는 법령에 저촉되지 않는 범위 내'라는 문언의 해석을 둘러싸고 잠정적 적용의 원리가 국내법에 반하지 않는다면 ECT 전체가 잠정적 적용된다고 하는 전체적용설을 채택하고 있다. 이러한 해석은 전술한 바와 같이 *Kardassopoulos* 사건에서도 사실상 채택되고 있다고 볼 수 있으며 또한 유력한 중재인에 의해서 제출된 것이다. 그러한 의미에서는 ECT의 해석으로 ECT 제45조 1항의 제한조항에 대해서 전체적용설이 타당하다는 해석은 극히 유력한 것이 되었다고 할 수 있을 것이다.[40]

그렇다면 본건의 판단이 ECT 이외의 조약에 미치는 영향은 어떠한 것인가. 가령 일본에 있어서도 많은 조약의 잠정적 적용이 의회동의조약에 대해서 의회의 동의를 거치지 않고 이루어지는 것이기 때문에 조약의 잠정적 적용과 일본헌법 제73조 3호에 규정된 의회의 조약동의권과의 관계가 이전부터 문제되어 왔다.[41] 이 점에 대해서 일본정부는 잠정적 적용이 이루어지는 조약에 서명할 때에는 현행 법령 및 예산의 범위 내에서 집행할 수 있는 한 당해 조약을 잠정적으로 적용할 의무를 부담한다고 하였고 따라서 잠정적 적용이 의회의 조약동의권을 침해하는 것은 아니라는 견해를 보이고 있다.[42] 이러한 견해는 일본헌법 제73조 3호와 잠정적 적용과의 관계와 부합되기 때문에, 잠정적 적용이 이루어지는 경우에는 조약 전체를 적용할 의무를 진다는 입장을 취하지 않고 사실상 본건에서 말하는 일부적

---

40) 이후 ECT 제45조 1항의 해석이 문제가 되는 국제중재가 신청된 경우에는 본건과 *Kardassopoulos* 사건에서 판단을 내린 중재인이 신청인의 지명을 받을 가능성이 있으며, 그러한 경우에는 동일한 결론이 내려질 가능성이 높다. 또한 어떤 중재인이 특정의 논점에 대해서 과거에 일정한 결론으로 판단한 경우, 같은 논점에 대해서 쟁점이 된 다른 중재에서 당해 결론에 보다 유리한 지위를 얻은 당사자가 당해 중재인을 지명할 수 있는가 하는 문제가 특히 국제투자중재상 다루어지는 경우도 늘어나고 있는 듯하다(이른바 'issue conflict'의 문제).

41) 일본헌법 제73조 3호는 조약을 체결할 때에는 사전 또는 사후에 의회의 동의를 얻어야 한다고 규정하고 있다. 여기서 말하는 '조약'의 해석을 둘러싸고 모든 조약을 포함하는 것으로는 해석하지 않으며 이른바 '의회동의조약'과 행정부 단독으로 체결할 수 있는 '행정협정(行政取極)'의 구별이 있다고 받아들여지고 있다.(樋口陽一 외, 『註解法律學全集3 憲法Ⅲ「第41條~第75條」』(青林書院, 1998), 246면(中村睦男)). 그리고 정부의 공식견해에 따르면 양자를 구별하는 기준으로서는 '의회동의조약'은 '국민의 권리의무에 관계되는 의회의 법률사항에 관련된 조약', '재정지출을 수반하는 조약', '국가간의 일반적 기본관계를 규정하는 것과 같은 정치적 중요성을 가지는 조약'이 해당된다고 한다.(杉原, 전게주 25) 128면).

42) 外務委員會議錄 8호, 1975년 3월 7일, 8면(伊達政府委員答辯). 또한 동 위원회의 다른 회의에서는 같은 정부위원이 "잠정적용이라고 하는 것은 지난주에도 설명한 것처럼 각각의 조약 자체의 의무를 지는 것이 아니라 조약의 전부, 즉 100개라면 100개의 의무를 지는 것이 아니라 그때그때 정부에 주어지는 행정권의 범위 내에서 그 조약의 규정을 적용해 나가면 되는 것입니다"라고 설명하고 있다. 外務委員會議錄 9호, 1975년 3월 14일, 13면). 어느 회의에서는 "1971의 국제소맥협정을 구성하는 소맥무역규약 및 식량원조규약의 유효기간의 연장에 관한 의정서"가 논의의 대상이 되었다.

용설을 채택하고 있는 것처럼 보인다.

특히 본건의 중재판정은 어디까지나 ECT와의 관계에서 도출된 것이며(첨언하자면 본건 Yukos 사건과의 관계에서 도출된 것이며) ECT 이외의 조약의 해석에 직접 효력을 갖는 것은 아니다.

이 점에 대해서는 본건 중재판정부도 전체적용설을 채택하면서 주목한 ECT 제45조 1항의 'such provisional application(이 조약을 잠정적으로 적용하는 것)'이라는 문언의 의미는 동항에 특유한 것이라고 지적하고(para. 305), ECT 제45조 1항의 제한조항에 대해서 전체적용설을 채택하는 해석은 동항의 문맥에서의 특유한 문언에 의한 것이라고 강조하고 있다 (para. 320).

다른 한편으로 중재판정부는 전체적용설을 긍정하면서 VCLT 제27조를 언급하고 조약의 불이행을 정당화하는 근거로서 자국의 국내법을 원용할 수 없다는 원칙에 비추어 일부 적용설이 가져오는 국제법과 국내법의 '혼합화(hybridation)'라는 귀결이 바람직하지 않다는 것을 명확하게 보여주었다. 이 점은 국내법에 반하지 않는 범위에서 잠정적 적용을 정한 다른 조약 일반에도 타당할 수 있는 것이다.

중재판정부의 생각을 추측해보면 조약의 문언에 따라서는 잠정적 적용에 대해서 일부적용설이 채택되는 일도 있을 수 있지만 일부적용설을 채택하는 것 또는 전체적용설을 배척하는 것이 조약의 문언상 명확하지 않은 경우에는 전체적용설이 채택될 것으로 생각된다.

본건 중재판정은 조약의 잠정적 적용의 의의, 특히 그 설계와 해석의 나아갈 방향에 대해서 효시가 되었다고 할 수 있다.[43]

---

43) 본건 중재판정이 가지게 되는 선례적 가치의 중요성을 지적한 것으로 Alex M. Niebruegge, "Comment: Provisional Application of the Energy Charter Treaty: The Yukos Arbitration and the Future Place of Provisional Application in International Law," *Chicago Journal of International Law*, vol. 8 (2007), p. 372가 있다. 여기에서 Niebruegge는 중재판정이 실무상 완화된 선례(soft precedent)로 다루어지는 경향이 있으며 본건 중재판정은 장래의 ECT에 기초한 중재뿐만 아니라 국제법에 있어서 잠정적 적용의 지위, 특징 및 의무에 대해서 직접적으로 영향을 끼칠 수 있다고 하였다.

제9장 중재신청의 남용과 중재신청 취소의 취급

Europe Cement Investment and Trade S.A. (Poland) *v. Republic of Turkey* [1]

豊永晋輔 (토요나가 신스케)

서론

본건은 어느 투자자(폴란드 법인인 Europe Cement 사, 이하 'Europe Cement 사')가 터키공화국과 체결한 발전 등에 관한 양허계약을 터키 정부가 해지한 것에 대하여 에너지헌장조약에 위반되는 위법한 재산의 수용에 해당하며 또한 '공정하고 공평한 대우' 의무를 위반하였다고 주장하며 거액을 지불할 것을 청구한 사건으로서, 중재판정부가 신청인의 청구에 대하여 판단할 권한(이하 '관할권(jurisdiction)')이 없다는 이유로 각하하면서 비용을 신청인 부담으로 한 사건이다(이하 '본건' 또는 'Europe Cement 사건').

이하 제I절에서는 본건의 특징을 보여주기 위하여 사안의 개요를 시간순서로 상세히 기재하였고, 제II절에서는 쟁점 및 쟁점에 대한 당사자의 주장을 기재하였으며, 제III절에서는 중재판정의 개요를 기재한 후에 제IV절에서 소결로 마무리하였다.

I. 사실관계

1. 당사자와 중재판정부

본건의 신청인은 폴란드공화국법을 설립준거법으로 하는 법인인 Europe Cement

---

1) *Europe Cement Investment & Trade S.A. (Poland) v. Republic of Turkey*, ICSID Case No. ARB(AF)/07/2, Award, 13 August 2009.

Investment and Trade S.A.(이하 '신청인')이며 피신청인은 터키공화국(이하 '피신청인')이다.

본건 분쟁은 국제투자분쟁해결센터(International Centre for Settlement of Investment Disputes, 이하 'ICSID')의 중재에 의해 다투어졌으며 중재인은 3명이었다(이 중재인들에 의해 구성된 중재판정부를 이하 '본건 중재판정부').

2. 신청인이 주장하는 사실개요

신청인에 의하면 본 사안의 개요는 아래와 같다(아래의 그림 참조).

2003년 5월 신청인은 주식양도계약(share transfer agreement)을 체결하여 주식을 취득하고 터키법인 Curarova Eletrik Anonim Sirketi(이하 'CEAS') 및 터키법인 Kepez Eletrik T.A.S.(이하 'Kepez')의 주식을 보유하게 되었다.

1998년 CEAS 및 Kepez와 터키공화국 에너지장관은 터키공화국의 특정 지역에서 발전, 송전, 배전 및 전력의 판매에 관한 양허계약을 체결하였으나, 2003년 6월 11일 터키공화국은 이 양허계약을 해지하였다. 동시에 경찰에 의한 CEAS 및 Kepez 건물에 대한 강제수사, 경찰에 의한 CEAS, Kepez의 피고용자에 대한 신체적 폭력, 그리고 장부·기록·파일·기타 서류의 압수가 이루어졌다.

신청인은 관련 양허계약의 해지가 에너지헌장조약 제13조에 위반되는 위법한 재산의 수용에 해당하고 에너지헌장조약 제10조 1항의 '공정·공평대우' 의무를 위반하였다고 하여 관련된 피신청인의 행위에 의하여 발생한 손실은 미화 38억 달러[2]가 넘는다고 주장하면서 피신청인에 대하여 그 지불을 청구하였다.

---

2) 2008년도 터키공화국의 국가예산은 미화로 약 1,919억 달러였기 때문에 이 청구액은 터키공화국 국가예산의 2%에 상당하는 금액이며, 상황파악을 위하여 일본의 2013년도 국가예산(약 92조 6,000억 엔, 일반회계, 2013년 5월 15일 성립)에 적용하여 계산하면 어느 외국인투자자가 일본정부에 약 18조 4,600억 엔의 청구를 한 것에 상당한다.

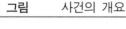 **그림   사건의 개요**

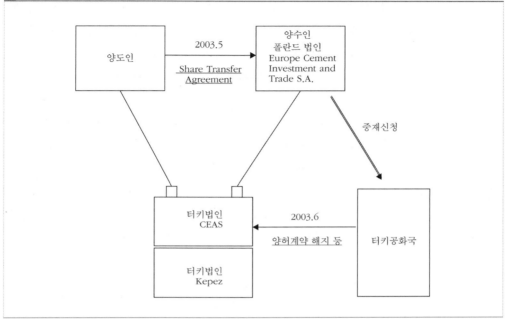

3. 절차 경위

본건에서는 신청인이 어떠한 절차를 따랐고 이에 대하여 피신청인 및 본건 중재판정부가 어떠한 대응, 절차진행을 하였는지가 중요하다고 생각되며 또한 이것은 실제 중재절차의 진행을 이해하는 데 참고가 될 수 있을 것이다. 이하에서는 중재신청에서 중재규칙에 근거하여 중재절차의 종료3)까지 기재한다.

또한 비교적 중요하다고 생각되는 사실에 대해서는 굵은 글씨로 기재하였다.

2007.3.6.　　　ICSID 사무국은 신청인이 제출한 중재신청서를 수령하였다.

2007.9.10.　　이날까지 ICSID Arbitration (Additional Facility) Rules 소정의 절차를 거쳐 중재인으로 지명된 3명이 중재인이 되는 것을 수락하였다.

2007.12.19.　**피신청인은 본건 중재판정부에 대하여,**

　　　　　　　① 신청인은 허위서류에 근거하여 터키 국내에 청구의 기초가 되는 '투

---

3) ICSID Arbitration (Additional Facility) Rules 제44조 1항 참조.

자'가 있다고 주장하고 있기 때문에 신청인에 대하여 당해 투자를 입증하는 문서제출을 명령할 것,

② 신청인에게 본건 중재절차에서 요하는 자금력이 없고, 또한 잠재적으로 절차의 남용이 있기 때문에 중재절차 종료 후의 손해 등의 예방을 목적으로 신청인에 대하여 절차비용과 관련된 담보 제공을 명할 것,

③ 적절한 시기에 신청인이 주식을 소유한 사실은 전혀 존재하지 않기 때문에 신청인이 '투자(주식)'의 소유를 증명하기까지의 절차를 연기할 것을 요청하였다.

2007.12.19.   신청인은 본건 중재판정부에 대하여 CEAS 및 Kepez 건물에서 압류되어 현재 피신청인의 점유 또는 관리하에 있는 관련문서의 보존과 보호를 명령할 것을 요청하였다.

2008.1.22.   본건 중재판정부는 Procedural Order No. 1을 발하여, 터키공화국에서는 터키공화국 내의 모든 문서를 보존하는 정책이 있는 점과 본건에 이 정책이 적용된다는 보증이 있다는 것을 이유로 신청인의 요청을 각하하였다.

본건 중재판정부는 신청인이 에너지헌장조약에서 필요한 '투자'를 보유하고 있는지의 문제는 통상적으로는 신청인의 Memorial[4]에서 증명되는 것임을 이유로, ① 투자를 입증하는 문서의 제출명령 및 ② 피신청인의 연기에 관한 요청을 각하하였다. 또한 본건 중재판정부는 절차비용을 위한 담보제공에 대해서는 판단을 보류하였다.

2008.3.18.   신청인은 피신청인에 의해 신청인 대표자 및 그 대리인의 전화 및 이메일이 도청·감청되는 것에 의해 중재절차에 관한 활동이 방해받고 있기 때문에 Memorial의 제출연기 및 피신청인에 의한 방해의 정지를 명령할 것을 본건 중재판정부에 요청하였다.

2008.3.20.   피신청인은 상기 2008년 3월 18일 신청인의 요청에 대하여, 본건 중재판정부에 대하여 2004년 신청인과 관련 있는 터키 국민에 대한 형사조사를 개시하기는 하였지만 당해조사는 본건 중재절차와 관련이 없다고

---

4) Memorial이란 서면절차의 일환으로 ICSID 중재절차규칙에서 요구되는 것으로서, 신청인이 제출하는 일종의 준비서면으로 관련사실에 관한 주장, 법령에 관한 주장 및 중재요청합의서를 내용으로 한다(ICSID Rules of Procedure for Arbitration Proceedings (Arbitration Rules) 제31조 1항 a호·동조 3항).

응답하였다.

또한 피신청인은 본건 중재판정부에 대하여, 본건에서 신청인이 자신의 '투자'의 기초라고 주장하는 CEAS 및 Kepez의 주권(이하 '본건 주권')의 보전을 위하여 본건 중재판정부에 기탁하도록 명령할 것을 요청하였다.

2008.5.15. 본건 중재판정부는 Procedural Order No. 2에 의해 2008년 5월 15일까지 Memorial 제출기한을 연기할 것과 신청인의 주장에 관한 Memorial에 투자의 보유에 대한 적절한 증거를 붙여야 한다는 것을 명하였다.

또한 본건 중재판정부는 신청인에 대하여, 본건 주권의 보전을 위해 본건 중재판정부에 대하여 기탁하는 취지의 명령은 필요하지 않는 반면 주식의 양도를 모두 기록하여 적절히 보존하도록 명하였다.

아울러 본건 중재판정부는 피신청인에 의한 이메일 및 전화의 감청에 관하여, 수사에 의해 취득된 이메일, 문서 등은 폐기된 점, 형사수사에서 취득된 자료는 본건 중재와 관련된 담당자로부터 격리한 것 등의 Sisli 지구주임검사의 보고서가 제출된 점을 절차기록에 기재하였다.

2008.5.15. 신청인은 본건 중재신청에 관할권이 있다는 점 및 피신청인에게 지불의무가 있다는 점에 관한 Memorial을 제출하였다. 그 개요는 '신청인에 의한 사안의 개요'이다.

또한 신청인은 동 Memorial에서 주식보유의 증거로서, 2003년 5월 30일주식양도계약서의 사본, CEAS 및 Kepez의 주주였던 점을 증명하는 2005년 1월 10일에 발행된 무기명주권의 사본, 그리고 CEAS 및 Kepez의 주식을 매각한 것으로 여겨지는 Kemal Uzan의 진술서를 제시하였다.

2008.5.22. 피신청인은 본건 중재판정부에 대하여, 주권의 원본 및 2003년 5월에 구입한 것으로 여겨지는 주권의 원본 또는 사본, 그리고 그 주식에 관한 회사의 기록을 제출하는 명령을 할 것을 요청하였다.

또한 피신청인은 신청인이 제출한 증거서류에 대하여 법과학적(forensic) 분석[5]을 할 것을 요청하였다.

---

5) 법과학적(forensic) 분석이란 명확한 정의가 있는 것은 아니나 대체로 디지털 정보에 관하여 과학적인 수법을 이용하여 컴퓨터나 네트워크 시스템의 기록, 그 상태 등을 분석하여 과거 현상을 조사하는 것을 말한다. 정보누설이나 부정한 액세스 등 최근 디지털 범죄의 증가 등에 수반하여 표면적으로는 흔적이 없는 디지털

　　　　　　　　그리고 피신청인은 본건 중재판정부에 대하여 신청인이 취득했다고 하
　　　　　　　　는 무기명주권에 대해서 이것이 신청인에게 교부되어진 때의 기록을 제
　　　　　　　　출하도록 명할 것을 요청하였다.
　　　　　　　　아울러 피신청인은 본건 중재판정부에 대하여, 새로 중재절차비용보전
　　　　　　　　을 위한 담보제공명령을 발할 것을 요청하였다.
2008.5.25.　　신청인 대리인 및 피신청인 대리인이 출석하여 hearing(이하 '구두변론')
　　　　　　　　이 이루어졌다.
　　　　　　　　본건 중재판정부는 이 구두변론 결과에 근거하여 아래와 같이
　　　　　　　　Procedural Order No. 3 및 Procedural Order No. 4를 발하였다.
2008.5.29.　　본건 중재판정부는 Procedural Order No. 3에 의해, 신청인에 대하여
　　　　　　　　주식보유를 증명하는 문서를 제출하도록 명령하였다.
2008.6.4.　　　본건 중재판정부는 Procedural Order No. 4에 의해, 신청인이 요청하
　　　　　　　　였던 피신청인에 의한 신청인의 활동에 대한 방해배제에 대하여, 피신
　　　　　　　　청인에 의한 방해가 이루어지지 않을 것에 대하여 피신청인의 대리인에
　　　　　　　　의해 충분히 입증되었다고 판단하였다.
2008.6.23.　　신청인 대리인은 본건 중재판정부에 대하여 본건 중재신청인 대리인을
　　　　　　　　사임하였다는 것을 통지하였다.
2008.7.9.　　　신청인의 대표이사인 비세로프가 새로운 대리인을 선임하기 위하
　　　　　　　　여 Procedural Order No. 3 및 Procedural Order No. 4에 대한 응
　　　　　　　　답·대응 기한의 90일 연기를 희망한다는 취지를 본건 중재판정부에 통
　　　　　　　　지하였다.
2008.7.23.　　본건 중재판정부는 Procedural Order No. 5에 의해, 신청인에 대하여
　　　　　　　　Procedural Order No. 3 및 Procedural Order No. 4에 대한 2008년
　　　　　　　　9월 8일까지 45일의 연기를 인정하였고 새로운 대리인 선임으로 인한
　　　　　　　　2008년 8월 22일까지의 연기를 인정하였다.
　　　　　　　　또한 본건 중재판정부는 신청인에 대하여 신청인이 점유하고 있는 것으
　　　　　　　　로 여겨지는 주권의 원본에 대하여, 당초 피신청인의 대리인 변호사 명
　　　　　　　　의로 터키공화국 밖에서 개설된 구좌에 즉시 예탁하도록 명령하였다.

데이터를 분석하여 범죄조사 등을 할 수 있는 조사방법으로 주목을 받고 있다.
본건에서는 신청인은 주식이전의 증거로서 주식이전계약서나 주권의 원본이 아니라 그 사본을 제출하였기
때문에 피신청인으로서는 사본과 원본의 동일성을 과학적으로 확인할 것을 요청한 것으로 추측된다.

피신청인의 대리인 변호사가 관리자(custodian)[6]로서 행동하는 것을 희망하지 않는다면 적절한 관리자를 추천하도록 명령하였다.

2008.9.2.   피신청인은 본건 중재판정부에 대하여 JP 모건 사와의 Custodian Agreement안을 제출하여 관리자로서 동 회사를 추천한다는 취지를 통지하였다.

2008.9.6.   신청인은 본건 중재판정부에 대하여, 새로운 대리인을 선임하기 위하여, 나아가 선임의 기한을 60일 연장할 것을 요청하였다.

2008.9.12.   본건 중재판정부는 Procedural Order No. 6에 의해, 신청인에 대하여 28일의 연장을 인정하였다.

또한 본건 중재판정부는 신청인에 대하여, 피신청인이 추천하는 관리자의 채용에 대한 반대 여부를 답변하도록 명하였다.

2008.10.8.   신청인은 본건 중재판정부에 대하여, 신청인에게 부과된 문제에 대응하기 위하여 11월 5일까지 연기를 요청하였다.

2008.11.12.   피신청인은 본건 중재판정부에 대하여, 신청인이 Procedural Order No. 6의 기한을 준수하고 있지 않다고 주장하였다.

2008.11.13.   신청인은 본건 중재판정부에 대하여, 새로운 대리인 선임을 위하여 45일 연기를 요청하였다.

2008.11.14.   본건 중재판정부는 신청인에 대하여, 본건 중재판정부가 관리인으로 JP 모건을 지명하는 데 대한 반대 여부를 판단하기 위하여 1주일의 유예를 부여하였다.

또한 본건 중재판정부는 신청인에 대하여, 2008년 12월 12일까지 Procedural Order No. 3 및 Procedural Order No. 5에 언급된 모든 문서 원본을 관리인에게 예탁하도록 명하였다.

아울러 본건 중재판정부는 신청인에 대하여, 새로운 대리인 선임을 위한 기한을 2008년 12월 29일까지 유예하였다.

2008.11.21.   본건 중재판정부는 신청인에게 부여된 관리인의 지명에 대한 반대 여부를 판단하기 위한 1주일이 경과하였기 때문에, Procedural Order No.

---

[6] 관리인(custodian)이란 타인을 위하여 유가증권을 보관하는 자를 말한다(관리인에 대해서는 能見善久, "現代信託法"(有斐閣, 2004), 114면 참조). 주로 해외투자활동의 일환으로 관리인에게 주권 등의 유가증권의 보관을 위탁하는 경우가 많으나 본건에서는 중재절차와 관련하여 본건 주권이 훼손되거나 자구가 바뀌는 것을 방지할 목적으로 관리인을 이용하고 있다.

8에 의해 JP 모건을 관리인으로 지명하였다.

동시에 본건 중재판정부는 신청인에 대하여, 2008년 12월 12일까지 주식 소유를 입증하는 문서를 지명된 관리인에게 예탁하도록 명령하였다.

2008.12.4.　(신청인의 대표이사인) 비세로프는 서한으로, 신청인은 신청인의 종전 관리 실패로 인해 본건 중재판정부에서 제출을 명령 받은 문서를 제출하지 못하였고, 또한 신청인의 이익을 최대화하기 위하여 신청인의 권리를 해하는 일 없이 본건 중재절차를 종료하는 것을 희망한다는 취지를 밝혔다.

2008.12.5.　피신청인은 상기 2008년 12월 4일 신청인이 본건 중재절차를 종료하는 것을 희망하는 것에 대하여, ICSID Arbitration(Additional Facility) Rules 제50조[7])에 근거하여 반대를 표명하였다.

또한 피신청인은 본건 중재판정부에 비세로프에 대하여, 신청인을 대표하는 권한이 있는지를 확인하도록 요구하였다.

아울러 피신청인은 본건 중재판정부에 대하여, 신청인에게 절차계속의 의사가 없기 때문에 종국판단을 구하였다.

2008.12.23.　본건 중재판정부는 Procedural Order No. 9에 의해, 신청인의 본건 중재절차 종료요청에 대하여, ICSID Arbitration (Additional Facility) Rules 제50조에 근거하여 중재절차는 계속된다고 판단하였다.

또한 본건 중재판정부는 신청인에 대하여, 2009년 1월 15일까지 비세로프에게 신청인을 대표하는 권한이 있는 점을 증명할 것을 명하였고, 아울러 피신청인에 대하여, 본건 중재절차에서 신청인에 대하여 요구하는 보상의 내용을 주장할 것을 명하였다.

2009.1.30.　**피신청인은 본건 중재판정부에 대하여, 이하의 내용을 신청 또는 주장하는 Counter－Memorial[8])을 제출하였다.**

---

7) ICSID Arbitration (Additional Facility) Rules 제50조는 다음과 같이 규정한다.

  If a party requests the discontinuance of the proceeding, the Tribunal, or the Secretary－General if the Tribunal has not yet been constituted, shall in an order fix a time limit within which the other party may state whether it opposes the discontinuance. If no objection is made in writing within the time limit, the Tribunal, or if appropriate the Secretary－General, shall in an order take note of the discontinuance of the proceeding. If objection is made, the proceeding shall continue.

8) Counter－Memorial이란 신청인에 의한 Memorial 등의 준비서면에 대하여 피신청인이 제출하는 일종의 준비서면으로 신청인이 주장하는 관련사실에 관한 인부, 필요성이 있으면 추가의 사실, 신청인의 주장에 관련된 법령에 관한 주장에 대한 의견, 신청인의 주장에 관련된 법령에 관한 주장에 대한 응답 및 중재요청합의

① 신청인의 청구를 모두 각하할 것

② 신청인의 청구가 명백히 악의로 제출되었으며 신청인에 의한 중재신청이 허위문서를 이용하여 주장되었다는 것을 선언할 것

③ 신청인에게 피신청인에 대한 금전보상을 명할 것

④ 본건과 관련된 비용(및 그 이자)을 전액 지불하도록 명할 것

2009.3.24.	비세로프는 서한으로, 피신청인의 Counter-Memorial을 읽었으나 새운 대리인을 선임할 수 없어서 신청인으로서 반론하는 것이 가능하지 않은 점, 신청인은 확실히 주식을 보유하고 있었지만 신청인에 적용된 법령으로 인하여 신청인이 주식을 취득한 사실을 증명하는 것은 불가능하다는 사실로 인해, 본건 중재신청의 각하를 구하였다.
2009.3.24.	본건 중재판정부는 관할권을 결한 것을 이유로 중재신청의 각하를 해야한다는 신청인의 의견을 들었다.
2009.3.31.	피신청인은 ICSID Arbitration (Additional Facility) Rules 제49조 2항9)에 근거하여, 관할권을 결한 것을 이유로 하는 절차의 각하에 대한 반대를 표명하였다.
2009.4.27.	피신청인은 본건 중재판정부에게 대리인을 선임하여 구두심리에 출석할 의사를 밝혔다.
2009.5.3.	양 당사자의 대리인이 출석하여 구두심리가 이루어졌다. 본건 중재판정부는 신청인 및 피신청인에 대하여, 절차비용에 관한 서면을 4주 이내에 제출하도록 요구하였다.
2009.6.4.	비세로프는 본건 중재판정부에 대하여, 서한으로 '2009년 6월 16일까지 고귀한 본건 중재판정부에 대하여 매우 중요한 주장을 제출할 예정이다'라는 취지를 전달하였다. 본건 중재판정부는 2009년 6월 15일까

서를 내용으로 한다(ICSID Rules of Procedure for Arbitration Proceedings (Arbitration Rules) 제31조 1항 b호, 동조 3항).

9) ICSID Arbitration (Additional Facility) Rules 제50조는 다음과 같이 규정한다.

(1) If, before the award is rendered, the parties agree on a settlement of the dispute or otherwise to discontinue the proceeding, the Tribunal, or the Secretary-General if the Tribunal has not yet been constituted, or has not yet met, shall, at their written request, in an order take note of the discontinuance of the proceeding.

(2) If requested by both parties and accepted by the Tribunal, the Tribunal shall record the settlement in the form of an award. The Tribunal shall not be obliged to give reasons for such an award. The parties will accompany their request with the full and signed text of their settlement.

지 주장을 제출하는 것을 인정하였다.

피신청인은 신청인에 의한 주장의 제출을 본건 중재판정부가 허용하는 점에 대해 반대를 표명하였다.

2009.6.16.   동일까지 신청인으로부터 어떠한 주장·입증의 제출은 없었다.

2009.6.18.   비세로프는 본건 중재판정부에 대하여, 서한으로 신청인은 관할권에 관한 핵심적인 문서를 포함한 새로운 수천 개 문서에 접근하는 것이 가능해졌기 때문에 35일의 유예를 요망하는 취지를 연락하였다.

2009.6.23.   본건 중재판정부는 신청인에 대하여, Procedural Order No. 10에 의해, 2009년 7월 7일까지 주식을 보유하고 있는 것을 증명하는 문서를 제출할 것을 허락하였다.

2009.7.7.   신청인은 동일까지 주식을 보유하고 있다는 점을 증명하는 문서를 제출하지 않았다.

2009.7.8.   본건 중재판정부는 신청인에 대하여, 서한으로 최후의 기회를 주었지만 신청인은 그 어떠한 것도 제출하지 않았다.

2009.7.13.   본건 중재판정부는 ICSID Arbitration (Additional Facility) Rules 제44조 1항에 근거하여 절차를 종결하였다.

II. 쟁점과 쟁점에 대한 당사자 주장

1. 쟁점

본건의 주요 쟁점은 다음과 같다.

쟁점①   양 당사자가 관할권의 부재를 주장하고 있는 것을 이유로 본건 절차를 종료시켜야 하는가.

쟁점②   ①에서 본건절차를 종료시키지 않는다면 본건에서 관할권이 있는가.

쟁점③   본건 중재판정부는 신청인의 청구가 명백히 악의적으로 제기된 것과 신청인에 의한 중재신청이 허위문서를 사용하여 주장되었다는 것을 선언하여야 하는가.

쟁점④   피신청인이 신청인으로 인하여 받은 악의의 중재신청에 의한 손해에 대한 배상을 인정하여야 하는가.

쟁점⑤   절차비용에 대하여 전액 신청인의 부담으로 하여야 하는가.

2. 주장 및 판단

상기 각 쟁점에 관한 신청인 및 피신청인의 주장 그리고 본건 중재판정부의 판단은 다음과 같다.

(1) 쟁점 ①: 양 당사자가 관할권의 부재를 주장하고 있는 점에서 본건 절차를 종료시켜야 하는가

이 점에 대하여 신청인은 신청인의 권리를 해하지 않고 중재절차종료를 구한다고 주장하였다.

이에 대하여 피신청인은 ICSID Arbitration(Additional Facility) Rules 제50조에 근거하여 절차를 종료시켜야 하는 것은 아니라고 주장하였다.

이 점에 대한 본건 중재판정부의 판단은 다음과 같다.

본건 중재판정부는 확실히 신청인과 피신청인이 본건 중재판정부에 관할권이 없다는 결론에는 동의하고 있다는 것을 인지한다. 그러나 결론이 일치하고 있는 것이 당사자간에 절차종료의 합의가 있다는 것을 의미하지는 않는다. 즉, 신청인은 적절한 서류를 제출하는 것이 불가능하다는 것을 이유로 하는 것에 반해, 피신청인은 신청인이 주식을 보유한 적이 없다는 것을 이유로 하고 있는 점에서 다르며, 따라서 ICSID Arbitration(Additional Facility) Rules 제49조에 근거하여 당사자간에 합의가 있으면 절차를 종료하여야 하지만 그러한 합의는 없기 때문에 ICSID Arbitration(Additional Facility) Rules 제50조에 근거하여 절차는 계속된다(Procedural Order No. 9 참조)고 판단하였다.

따라서 양 당사자가 관할권의 부재를 주장하고 있다고 하여 본건에서 바로 본건 절차를 종료하는 것에 이르지 않았기 때문에 다음으로 본건에 관할권이 있는지(쟁점 ②)가 문제된다.

(2) 쟁점 ②: 관할권

다음으로 쟁점 ②는 본건 중재판정부에 관할권이 있는지 여부가 문제된다.

이 점에 대하여 신청인은 신청인이 적절한 서류를 제출할 수 없기 때문에 관할권이 없다고 주장한 데 반해, 피신청인은 신청인이 주식을 소유한 적이 없기 때문에 관할권이 없다고 주장하였다.

본건 중재판정부는 다음의 이유에서 본건 중재판정부에 관할권이 없다고 판단하였다.

에너지헌장조약 제26조 1항에 의해, 신청인은 에너지헌장조약 위반이 있다고 주장한 시점, 즉 2003년 6월 12일보다 이전 시점에 투자에 대한 소유권을 취득한 점을 증명하여야 한다.

신청인이 제출한 문서는 2003년 5월 30일자 주식양도계약서 사본과 CEAS, Kepez의 주주였던 점을 증명한 '것으로 여겨지는 2005년 1월 10일에 발행된 무기명주권의 사본인 점, 피신청인이 상기 서류의 진정성에 대하여 이의를 제기하였기 때문에 본건 중재판정부는 원본 제출이나 증거서류의 진정성을 보여주는 관련문서의 제출을 명하였다. 그러나 신청인은 ① '우리 회사가 합법적으로 취득된 주식을 공개하는 것은 우리 회사의 능력 밖에 있다'는 점을 이유로 관련서류를 제출하지 않은 점, ② 비세로프는 12개월의 기간 동안 증거서류의 진정성을 보여주는 관련문서를 제출할 수 있다고 하였으나 실제로는 관련문서를 제출할 수 없었다는 점에서 신청인이 에너지헌장조약 제26조 1항의 요건을 증명할 수 없다는 점을 보여주고 있다.

(3) 쟁점 ③: 신청인의 청구가 명백히 악의로 제기된 경우와 신청인에 의한 중재신청이 허위문서를 이용하여 이루어진 경우의 선언

이 쟁점은 피신청인에 의해 제기된 문제이다.

즉 피신청인은 본건 중재판정부에 대하여 신청인의 청구가 명백히 악의적으로 제기된 경우(manifestly ill-founded)와 신청인에 의한 중재신청이 허위문서를 사용하여 이루어진 경우를 선언하도록 요구한바, 그 의도는 본안에 관한 것이 아니라 단순히 중재신청이 명백히 악의적으로 제기된 경우와 신청에 의한 중재신청이 허위문서를 사용하여 주장되었다는 경우의 선언을 구하는 것이라고 주장하였다(다만 이러한 선언을 구하는 것은 피신청인에게 필수적인 것은 아니며, 선언을 구하는 것을 포기할 준비도 되어 있다는 점도 덧붙였다).

이에 대하여 신청인은 신청인이 주식을 보유하고 있으며 따라서 악의적인 것은 아니라고 주장하였다.

이 점에 대하여 본건 중재판정부는 다음과 같이 판단하였다.

우선, 선언적 구제는 국가 대 국가의 국제중재에서는 자주 이용되는 형식이지만 ICSID 기타 투자협정 중재절차에서는 일반적이지 않다. 그러나 신청인 대리인은 그러한 선언이 가능하다는 것을 인정하였기 때문에 첫째로 본건이 남용에 해당하는 사안인지를 검토하고, 만일 그러하다면 둘째로 그 효과로서 선언을 하여야 하는 것에 대하여 검토하기로 하였다.

이를 전제로 본건 중재판정부는 우선 직접적인 증거는 없지만 신청인에 의한 남용을 추정할 수 있는 사정들로서 다음의 사정에서 적어도 2003년 6월 이전에 주식양도계약은 없었으며 신청인은 적절한 시기에 주식을 보유하고 있지 않았다는 점이 강하게 추정되며 따라서 신청인은 허위문서에 근거하여 관할권이 있다고 중재를 신청하게 되었다고 판단하였다.

① 원본을 제출할 수 없는 이유를 설명할 수 없다는 점

2008년 5월 15일의 Memorial에 주식양도계약서 및 주권의 사본이 첨부되어 있음에도 원본을 제출할 수 없는 이유에 대하여, 신청인은 충분한 이유를 제시하지 않은 점(본건 중재판정부는 신청인이 그것을 가지고 있지 않고 법과학적 분석으로 거짓임이 드러날 수도 있다는 이유라고 추정한다).

② 대금지급기일의 불합리성

주식양도계약서에 의하면 대금지급기일은 2009년 1월 10일로 되어 있는바, 이것은 새로운 터키 리라에 의한 교환일(2005년 1월 10일)로부터 4년 뒤의 일로 주식구입일과는 관계없는 날이다. 이 점은 신청인이 관할권의 요건을 만족시키기 위하여, 날짜를 소급해서 적은 것(backdate)이며 2005년에 체결된 것임을 시사한다는 점.

③ 거래형식의 불합리성

주권은 '신뢰받는 Rumeli 그룹의 종업원'에 의해 직접 다양한 은행구좌에 송부되었다고 주장하고 있으나, 당해 종업원의 정보, 주권을 폴란드에 운반한 기록, 주권을 보관하는 은행구좌의 기록도 제공되지 않은(거래가 실제로 일어났다는 증거가 어디에도 없다는) 점.

④ 터키법의 규제에 부합하지 않음

전문가의 의견서에 따르면 터키법에 의해 주식양도가 유효하게 되기 위해서는 당국의 승인이 필요한데, 신청인이 승인을 받지 않은 점.

⑤ 신청인의 2003년 및 2004년 재무자료

신청인 재산의 가장 많은 부분을 차지함에도 불구하고 신청인의 2003년 및 2004년의 재무자료에 본건 거래의 기재가 없는 점(신청인의 이사가 빠뜨렸다는 주장은 설득적이지 않음).

⑥ 동일인에 의한 서명

Rauf Ozcan씨는 주식양도계약서에 서명하였는데, 주식취득에 대하여 기재가 없는 2003년의 재무자료에 서명하였고 또한 동일한 Rauf Ozcan씨가 주식의 수령에 대하여 서명한 다음, 4일 후의 일자의 (주식양도에 대하여 기재가 없는) 재무자료에 서명한 점.

⑦ 주식의 수량 불일치

신청인은 취득한 주식의 수량에 대하여, Memorial에서 2003년 5월 CEAS의 102,500 주, Kepez의 27,825주를 취득하였다고 주장하는 반면, 주식양도계약서에는 각각 51,300 주, 14,075주 취득하였다는 취지가 기재되어 있다는 점.

⑧ 매매가격의 경제적 불합리성

신청인의 주장에 의하면 본건에서 주식의 매매대금은 미화 4,500달러로 되어 있으나, 이러한 주식은 미화 수백만 달러의 가치가 있으며 이러한 매매계약은 경제적으로 불합리하다는 점.

상기와 같이 본건 중재판정부는 신청인이 허위문서에 근거하여 관할권이 있다고 청구를 한 것이라고 판단한 후에 다음으로 신청인의 행위가 절차 남용에 해당하는지에 대하여 다음과 같이 판단하였다.

즉 선례로서 *Inceysa v. El Salvador* 사건[10] 및 *Phoenix v. Czech Republic* 사건(이하 'Phoenix 사건')[11]을 참조하면서, 신의성실(good faith) 원칙이 투자협정하의 의무해석 및 적용에 대하여 적용되는 국제법 원칙인 점은 국제중재에서 용인되고 있고, 에너지헌장조약에 대해서도 그러하며, 본건에 대하여 상기 선례의 사안에서는 악의적으로 투자를 취득한 것인 바, 본건에서는 적어도 어느 특정 시기에 투자가 존재한 사실은 전혀 없으며 투자라고 주장된 것은 허위의 증거에 근거한 것으로 신청인이 악의이며 또한 *Phoenix* 사건과 같이 중재 제기만을 위하여 투자(주식)를 취득한 것이라면 절차의 남용인 바, 본건과 같이 투자(주식)를 보유하고 있다는 허위의 주장에 근거한 청구도 여기에 상당하는 것으로서 절차의 남용으로 판단하였다.

---

10) 엘살바도르법하에서 엘살바도르 공화국이 차량검사시설의 건설·운영에 관한 계약을 위반하였다는 것을 이유로 투자자가 스페인 및 엘살바도르 공화국 간의 투자협정에 근거하여 엘살바도르 공화국에 대하여 중재를 제기한 사안에서, 신의성실의 원칙(good faith)을 포함하는 법의 일반원칙이 적용된다면서 그것을 하나의 근거로서 신청인의 투자가 '법에 따른 투자'라는 것을 부정하였다. *Inceysa Vallisoletana S. L. v. Republic of El Salvador*, ICSID Case No. ARB/03/06, Award, 2 August 2006.

11) *Phoenix Action, Ltd. v. Czech Republic*, ICSID Case No. ARB/06/5, Award, 15 April 2009. 이 사건은 신청인이 체코 국내법 하에서 제기할 수 없는 청구를 체코 공화국에 대하여 중재를 신청하기 위하여 체코의 2개 회사의 주식을 취득하는 것이 유일한 목적인 이스라엘 회사를 설립하여 체코 공화국에 대하여 중재를 제기한 사안에서, 중재판정부는 "신청인은 경제활동을 촉진할 목적이 아닌 체코 공화국에 대한 청구를 하기 위하여 중재절차를 제기하였다'는 것이며, 악의의 거래로 신의성실의 원칙에 위반하여 ICSID 제도하에서 보호될 수 있는 투자가 아니며, 절차의 남용으로 관할권이 없다"고 판단하였다.
伊藤-賴, 「投資家·投資財産」小寺彰編著『国際投資協定-仲裁による法的保護』(三省堂, 2010), 18면; 伊藤-賴, 「投資財産および投資家の定義に関する論点の検討」財団法人国際貿易投資研究所公正貿易センター「『投資協定仲裁研究会』報告書(平成21年度)」(2010), 1면 참조.

다만 피신청인은 분명히 절차의 남용을 선언하는 것에 얽매이는 것은 아니며, 실질적으로 선언과 동일하다면 그것으로 만족한다고 하였고, 본건 중재판정부에 의해 신청인이 본건 주식을 취득한 것은 아니며, 중재제기의 기초를 결여한다고 인정한 것이기 때문에, 실질적으로 피신청인이 구하는 선언과 동일하여 따라서 관련 선언을 하지 않을 것이라고 판단하였다.

(4) 쟁점 ④: 정신적 손해배상

이 점에 대하여 피신청인은 신청인에 의한 본건 중재절차가 근거 없이 개시되었고, 조작된 문서에 의해 기초하여 행해졌으며 피신청인은 신청인으로 인하여 평판 및 국제적인 지위에 정신적 손해(moral damage)를 입어 손해배상을 구하기로 하였다.[12]

이에 대하여 신청인은 피신청인이 정신적 손해에 대하여 입증하지 않았고 또한 피신청인은 Desert Line 사건과 같이 신체적 구속(감금)과 같은 공격을 받지 않았으므로 본건에는 적용되지 않는다고 반론하였다.

이 점에 대하여 본건 중재판정부는 다음과 같이 판단하였다.

즉 본건은 신청인이 CEAS, Kepez의 주식을 소유하고 있다는 것을 증명하는 서류를 (관할권 요건을 만족시키기 위하여) 날짜를 소급해서 기재(backdate)하였으며, 따라서 기망하였다는 점, 신청인은 주식양도계약서의 원본을 갖고 있지 않았기 때문에 거듭 연기신청을 하였고 그 결과 5개월이 연기된 점에서 신청인의 행위는 절차의 남용이며 비난받을 만하다. 그렇다고 하더라도 Desert Line 사건과 같은 신체적 구속(감금) 정도의 예외적 상황이 있다고는 할 수 없는 점, 피신청인이 받은 잠재적 평판의 손해는 비용을 전액 신청인 부담으로 한 판단을 포함하여 이 중재판정에 의한 이유 및 결론에 의해 보충되었다는 점에서 손해배상을 명하지 않는다.

(5) 쟁점 ⑤: 절차비용 부담

다음으로 피신청인은 신청인이 악의로 본건 중재절차를 개시한 것이라 하여 피신청인의 변호사 비용을 포함한 모든 비용을 신청인 부담으로 하여야 한다고 주장하였다.

이에 대하여 신청인은 균등부담하여야 한다고 반론하였다.

---

12) 피신청인은 이 점을 보강하여 손해배상을 인용한 예로서 ICSID 중재의 Desert Line 사건(Desert Line Projects LLC v. The Republic of Yemen, ICSID Case No. ARB/05/17, Award, 6 February 2008)이 있으며, 여기에서 중재판정부는 특히 신청인의 임원에 대한 신체적 구속(감금)에 대하여 미화 1억 달러의 지불을 명하여 본건에서도 손해배상이 인정되어야 한다고 주장하였다.

이 점에 대하여 본건 중재판정부는 다음과 같이 판단하였다. 즉, 신청인은 신청인이 중재절차를 개시하여 적절한 시기에 주식을 소유하고 있다는 것을 증명하여야 한다는 것을 알고 있었고 본건의 사정에 비추어 보면 주식의 보유에 대한 주장은 기망적인 증거에 근거하여 주장했다는 점, 신청인이 제출한 증거는 기망적이며 피신청인의 비용 전액을 신청인에게 부담시키는 것은 관할권이 없는 청구에 대하여 방어한 피신청인에 대한 보상이 되며, 남용적인 청구를 예방하는 것이 되기 때문에 절차비용은 전액 신청인의 부담으로 한다.

Ⅲ. 중재판정 개요

상기 내용과 함께 본건 중재판정부는 다음과 같이 판시하였다.
(1) 신청인의 청구는 관할권을 흠결하였기 때문에 모두 각하한다.
(2) 신청인은 피신청인에 대하여 피신청인의 법률비용(legal fee)으로 미화 3,907,383.14 달러를 지불하여야 한다.
(3) 신청인은 피신청인에 대하여 피신청인의 중재절차 비용으로 미화 129,740달러를 지불하여야 한다.
(4) 신청인이 본건 중재판정의 통지일부터 30일 이내에 상기 (2) 및 (3)을 지불하지 않는 경우에는 신청인은 연 5% 이자를 지불하여야 한다.
(5) 그 외의 구제를 구하는 신청인 및 피신청인의 청구는 각하한다.

Ⅳ. 소결

1. 본건 중재판정에 대하여

본건 중재판정과는 별도로 본건과 동일한 배경을 가지는 것으로 보이는 사건이 있다. 즉 이 사건은 투자자(폴란드 법인인 Cementownia사)가 터키공화국에 대하여 당해 투자자와 터키공화국간에 체결된 발전 등에 관련된 양허계약을 터키공화국이 해지한 것에 대하여, 에너지헌장조약에 위반되는 위법한 재산수용에 해당하고 또한 '공정 · 공평대우' 의무에 위반한다고 하여 거액의 손해배상을 청구한 사안(이하 'Cementownia 사건')13)이 있는데, 이 *Cementownia* 사건의 ICSID 중재판정은 *Europe Cement* 사건의 중재판정을 검토할 때 참고가 된다.

(1) 쟁점 1에 대하여

Cementownia 사건 중재판정의 특징은 통상적으로 피신청인이 관할권의 흠결 등을 주장하는 데 반해, *Cementownia* 사건에서는 신청인, 피신청인 쌍방이 중재신청의 각하를 구하였다는 점을 들 수 있다.

이 점과 관련하여 ICSID Arbitration(Additional Facility) Rules 제49조는 신청인, 피신청인 모두가 중재신청의 각하에 대하여 합의하는 경우, 중재절차를 종료하는 것으로 규정하고 있지만, 그 취지는 그러한 경우에 중재판정을 할 필요가 없으며 또한 적절하지도 않기 때문에 실체적인 중재판정을 하지 않으며, 신청인과 피신청인 모두가 중재신청의 각하에 대하여 합의하고 있다는 것을 이유로 절차를 종료시키는 것이 바람직하기 때문이라고 생각된다.

그렇다고 한다면 *Cementownia* 사건과 같이 중재신청의 종료를 구하는 이유가 신청인과 피신청인이 서로 다른 경우에는 상기 합의가 존재하지 않는다고 볼 수 있으며, *Cementownia* 사건 중재판정부도 그러한 취지로 해석하였다.

Cementownia 사건에서도 중재판정부는 피신청인(터키공화국)이 'Cementownia사가 당사자적격이 없다는 점에 대하여 기판력 있는 중재판정을 구하고 있기 때문에 중재신청을 각하하지 않는다'고 판단하였다.14)

이와 같이 본건 중재판정부는 신청인, 피신청인 모두가 중재신청 각하에 대하여 합의하고 있는 점을 이유로 하는 절차의 종료를 인정하지 않았기 때문에 다음으로 관할권의 유무 등 피신청인이 구한 구제에 관한 신청에 관한 판단을 하게 되었다.

---

13) *Cementownia "Nowa Huta" S. A. v. Republic of Turkey*, ICSID Case No. ARB(AF)/06/2(ECT), Award, 17 September 2009. *Cementownia* 사건은 1998년 투자자의 투자대상이 된 CEAS 및 Kepez와 터키 공화국의 에너지장관이 터키공화국의 특정 지역에서의 발전, 송전, 배전 및 전력의 판매에 관한 컨세션 계약을 체결하였는데, 터키공화국이 이 양허계약을 해지하였다고 주장하고 있는 점에서 동일하며, 투자자라고 여겨지는 회사만 다른 점이라고 말할 수 있을 정도로 유사하다(중재신청이 등록되어 ICSID에서 절차가 개시된 날은 *Europe Cement* 사건이 2007년 3월 6일인 점에 반해, *Cementownia* 사건은 2008년 4월 19일이다). 신청인 대리인의 법률사무소 및 피신청인 대리인도 동일하다. 그 외 중재절차 도중에 신청인 대리인이 사임한 점 등 중재절차의 진행에서도 유사한 점이 많지만, 중재인은 다르다.

14) *Cementownia* 사건 (para. 109).

(2) 쟁점 2: 관할권 유무에 대하여

관할권 유무에 대하여는 *Europe Cement* 사건 중재판정부는 신청인이 ① 본건 주식을 보유한 점을 입증할 수 없다는 점을 자백한 점, ② 본건 주식을 보유한 것을 입증하는 증거를 제출하지 못한 점에서 신청인은 본건 주식을 취득한 적이 없다고 판단하였다.

이에 대하여 *Cementownia* 사건의 중재판정부는 Cementownia사는 본건 주식을 취득한 점을 입증할 수 없었기 때문에 에너지헌장조약 소정의 '투자자'에 해당하지 않는다고 하였다.[15][16]

여기서 양 사건의 중재판정의 이유가 약간 다르게도 보이지만 결국에는 신청인이 투자자에 해당하지 않는다고 판단한 것이며, 실질적으로는 같은 취지라고 보아도 좋다고 생각된다.

(3) 쟁점 3: 신청인의 청구가 명백히 악의적으로 제기된 경우와 신청인에 의한 중재신청이 허위문서를 이용하여 이루어진 경우의 선언에 대하여

관련 선언에 대해서 *Europe Cement* 사건의 중재판정부는 신청인이 본건 주식을 취득하지 않았고 중재신청의 기초를 결하였다고 인정을 하였기 때문에 실질적으로 피신청인이 구하는 선언과 동일한 구제를 얻을 수 있어서 관련 선언은 행하지 않는다고 하였다.

이에 대하여 *Cementownia* 사건의 중재판정에서 중재판정부는, 중재를 신청한 것이 신청인이며 투자가 없는데도 투자가 있다고 하여 중재신청을 한 것은 국제중재 절차의 명백한 남용이기 때문에, 중재판정에서 정식으로 선언하는 것으로 인해 신청인이 다른 국제사법기관이나 ICSID에 동종의 근거가 없는 신청을 다시 제기하는 것을 방지하기 위하여, 완전히 정당화되는 구제라고 하여,[17] 중재판정에 '신청인의 청구는 기망적이며 신의성실

---

15) *Cementownia* 사건 (para. 109).

16) *Cementownia* 사건의 중재절차 중에서 선행하는 동종 사안인 *Europe Cement* 사건이 ICSID 중재에 계속 중인 점, 동 사안은 관할권 흠결을 이유로 각하되었다는 점에 대하여 기록하고 있다. 실제의 중재절차는 거의 동시병행으로 행해졌다.
두 사건은 실질적으로 터키공화국 정부의 CEAS 및 Kepez의 주식에 대한 수용행위가 본안의 문제가 된 점에서 공통점이 있고, 소위 병행적 절차문제가 생길 수 있다. 다만 두 사건의 신청인이 다르기 때문에 병행적 절차 중 주관적 병합형의 문제이지만 주관적 병합형은 어느 투자자 A와 A의 자회사 B가 별개로 중재를 제기하는 경우를 가리키는 바(中村達也, 「並行的手続の規則、調整」, 小寺編著, 전게주 11) 244면), 본건에서는 형식적으로는 두 사건의 신청인에게 자본관계는 없기 때문에 주관적 병합형이 아니라고 생각된다. 다만 실질적으로 두 사건의 신청인도 Uzan 가문이 지배하는 법인이기 때문에 주관적 병합형의 일종으로도 생각할 수 있다. 그렇다면 *Cementownia* 사건에 대해서도 중복절차를 제기하는 것을 파악하여 권리남용으로 구성하는 것도 가능하다고 생각한다.

17) *Cementownia* 사건 (para. 109).

원칙에 반하는 것이다'라고 판단 및 선언하였다.18)19)

　　이와 같이 유사한 두 사건에서 선언의 요부에 대하여 판단이 나눠진 것은 피신청인이 상기 선언에 얽매였는지 여부도 생각해 볼 수 있지만, 다음과 같은 이유가 아닐까 추측된다. 즉 *Cementownia* 사건의 중재판정은 일부러 *Europe Cement* 사건 중재판정을 인용하면서,20) *Europe Cement* 사건의 중재판정이 상기 선언을 하지 않은 점을 인식하면서 굳이 상기 선언을 한 것은 실제로 남용적인 중재제기가 행해지고 상기 선언 대신에 이유 중에서 신청인의 중재신청에 근거가 없는 점을 보이는 것만으로는 부족하다고 판단했기 때문이라고도 생각된다.

(4) 쟁점 4: 정신적 손해배상에 대하여

　　피신청인이 신청인의 기망적인 행동으로 중재신청을 남용한 것에 대한 정신적 손해배상을 구한 것에 대하여, *Europe Cement* 사건의 중재판정은 *Desert Line* 사건 정도의 예외적인 상황은 인정될 수 없다고 하여 이를 인정하지 않았다.

　　이에 대하여 *Cementownia* 사건의 중재판정은 *Europe Cement* 사건의 중재판정과 같이 *Desert Line* 사건 정도의 예외적인 상황은 인정할 수 없다고 하면서, 절차의 남용과 같은 법의 일반원칙에 근거한 정신적 손해배상을 인정하는 데는 의문이 있으며 또한 ICSID Arbitration (Additional Facility) Rules 제58조 1항 소정의 제재에서 명백히 일탈하고 있는 점, 피신청인은 중재제기의 남용에 의해 입은 피해구제를 구하고 있는 바, 그것은 앞의 (3) 선언 및 뒤의 (5) 비용분담에 의해 충족되고 있기 때문에 정신적 손해배상을 인정하는 것까지는 필요하지 않다고 판단하였다.21)

　　이와 같이 두 사건의 중재판정이 중재제기의 남용에 대한 정신적 손해배상을 인정하지 않았기 때문에 앞의 (3) 선언의 채택 여부도 관련되긴 하지만 앞으로는 동종의 사건에서 정신적 손해배상이 인정되지 않을 가능성이 있다.

---

18) *Cementownia* 사건 (para. 109), "the finding by the Tribunal that the Claimant's claim is fraudulent and was brought in bad faith."

19) 이 선언의 채택 여부가 *Europe Cement* 사건 중재판정과 *Cementownia* 사건 중재판정에서 실질적으로 다른 거의 유일한 점이다. 향후 동종의 중재신청이 남용되어 제기된 경우에 관련 선언이 행해질 수 있을지가 주목된다.

20) *Cementownia* 사건 (para. 109).

21) *Cementownia* 사건 (paras. 170, 171).

(5) 쟁점 5: 절차비용 부담에 대하여

절차비용의 부담에 대해서는 *Europe Cement* 사건의 중재판정은 법률비용을 포함한 전액에 대하여 신청인의 부담으로 하고 있다.

이 점에 대하여 *Cementownia* 사건의 중재판정은 ICSID에 관한 절차비용에 대해서는 *Europe Cement* 사건의 중재판정과 동일하게 전액을 신청인의 부담으로 하고, 법률비용 등 그 외 비용에 대해서도 대부분을 신청인의 부담으로 하고 있다.

중재신청의 남용에 대해서는 그것이 분명하다면 피신청인이 승소하는 결과가 되지만, 그러한 신청에 대응해야 한다는 것 자체가 피신청인의 부담이 되기 때문에 법률비용 또한 신청인의 부담으로 하는 강한 요청이 있다고 생각한다.[22]

2. 중재신청의 남용에 대한 대응책

이상, 본건 중재판정에 대하여 살펴보았는데, 이러한 중재신청의 남용이나 중재취소 신청에 대하여 어떻게 대처할 수 있는지에 대하여 아래에서 검토한다.

(1) 투자협정의 규정 — 혜택의 부인 조항

투자협정에 근거한 중재신청의 남용에 대하여 어떠한 대처가 가능한지와 관련하여 사전예방조치로 투자협정의 규정을 원용하는 것을 생각할 수 있다.[23][24]

즉 중재신청의 남용에 대한 사전 대응책·예방책으로 투자유치국은 투자협정을 체결할 때에 소위 혜택의 부인 조항을 마련하는 것을 생각할 수 있다. 여기에서 혜택의 부인 조항이란 체약국이 일정한 경우에 상대국이 투자자 및 그 투자재산에 대하여 투자협정상의 전부 또는 일부의 혜택을 부인하는 것이 가능하다는 취지를 정하는 규정이며, 대체적으로 ① 본국의 투자자(기업)가 제3국의 투자자에 의해 소유되거나 또는 지배되며 그리고 ② 당해 기업이 본국의 영역 내에서 실질적인 영업활동(substantial business activities, SBA)을 하고 있지

---

22) 그렇다고 하더라도 신청인에게 비용을 부담할 수 있는 자금력이 있는지 또한 본건 중재판정을 집행할 수 있는지는 별도로 논의될 부분이고, 각각의 경우에도 문제점이 있다.

23) 사실상의 예방책이지만 투자협정에 근거한 중재신청의 남용에 대하여 철저하게 다투는 자세를 보이는 것도 일정 억제효과를 기대할 수 있을 것이다. 다만 후술하듯이 중재신청을 남용하는 신청인의 동기는 다양하며 본건과 같이 정치적인 대립을 배경으로 하는 분쟁의 경우에는 실효성이 없을 가능성이 있을 것이다.

24) 일본은 원칙적으로 EPA(경제제휴협정) 등의 투자협정에서 혜택의 부인 조항을 규정해 왔다고 하지만, 스위스와의 EPA와 같이 혜택의 부인 조항을 마련하지 않은 예도 있다. 杉原大作, 「日·スイス経済連携協定投資章－既存協定との比較による一考察」, 外務省調査月報 2009年 第2号, 23면.

않을 것을 그 요건으로 정하고 있다.25)26) 예를 들어, 투자자가 제3국의 투자자에 의해 소유 또는 지배되며 당해 기업이 본국의 영역 내에서 실질적인 영업활동을 하지 않는 경우에 혜택을 부인하도록 할 수 있다. 에너지헌장조약에는 혜택의 부인 조항이 존재하며,27) 동 조약과 같은 다자투자협정에서 회원국 이외의 국가가 해당 조약에 가입하는 인센티브를 주는 것도 혜택의 부인 조항을 규정하는 취지라고 할 수 있다.28)29)

중재신청의 남용에서는 다음과 같이 몇 가지 동기가 존재한다고 생각되지만, 신청인이 본국과 피신청인 간에 중재조항을 포함한 투자협정이 없는 경우에 투자협정을 찾아서(쇼핑하여) 페이퍼 컴퍼니를 설립 · 매수하는 경우도 있을 수 있다고 생각되기 때문에, 그러한 경우에는 혜택의 부인 조항에는 일정 중재신청의 남용 억제효과가 있다고 생각된다.

본건에서 신청인 Europe Cement사가 소위 서류상 회사(paper company)인지는 결과적으로 관할권이 부정되어 *Europe Cement* 사건의 중재판정에서는 쟁점이 되지 않았다. 하지만 판정문에는 명확하게 나타나지는 않았지만 뒤에서 기술하는 것과 같이 터키공화국 내의 정치적 대립이 그 배경에 있다고 여겨지고, *Cementownia* 사건의 중재판정에 의하면 *Cementownia* 사건의 중재신청은 Uzan가의 경제적 혜택을 보호하고 국제재판에 대한 접근(access)권을 손에 넣는 것을 목적으로 하고 있고,30) Europe Cement사 또는 Cementownia사가 소위 서류상 회사일 가능성은 있다고 생각한다.

---

25) 松本加代,「投資協定における利益不認条項」財団法人国際貿易投資研究所公正貿易センター,「『投資協定仲裁研究会』報告書(平成20年度)」(2009), 23면.

26) 혜택의 부인 조항에 대해서는 규정의 취지 · 목적, 소유 또는 지배요건의 내용, 실질적 영업활동의 요건, 부인권 행사의 효과, 부인권의 행사에서의 요건 유무 또는 내용, 입증책임이라는 논점이 있다. 이때까지의 중재판정에서는 혜택을 부인하기 위해서는 그 권리를 행사하여야 하고 또한 혜택의 부인권의 효과는 소급적으로 적용되지 않는다고 지적되어 왔다. ECT 제17조의 해석이 문제가 된 Yukos를 둘러싼 일련의 중재판정(*Hulley* 사건 판정, *YUL* 사건 판정 및 *Veteran* 사건 판정)에서도 그 취지가 확인되고 있다(坂卷靜佳,「2009年投資協定仲裁判断動向-管轄権および本案判断」, 財団法人国際貿易投資研究所公正貿易センター,「『投資協定仲裁研究会』報告書(平成21年度)」(2010年), 133면). *Yukos* 사건에 대해서는, 藤井康次郎 · 菅悠人, '잠정적 적용-*Yukos Universal Ltd. (UK-Isle of Man) v. The Russian Federation*', 본서 제8장도 참조.

27) 법인투자자의 요건을 회원국에서 설립되게 할 것과 요건해당성을 입증해야 하는 자를 명시하고 있는 점이 특징이다(松本, 전게주 25), 26면).

28) 松本, 전게주 25), 25면.

29) 혜택의 부인 조항을 GATS형, EC형, 및 NAFTA형의 3종류로 분류하여 중재판정예나 입증책임 분배에 대하여 검토하는 것으로, 渡邊伸太郎, 'サービス貿易の自由化を伴うFTAにおける利益不認条項-FTAの非柔軟性に直面する締約國のための " 裏口 " は開くのか?', RIETI Discussion Paper Series 07-J-036, 1면 참조.

30) *Cementownia* 사건 (para. 109).

(2) 중재절차 내부의 대응책31)

중재신청의 남용에 대한 대응책으로 신속히 절차를 종료시키는 것이 중요하다. 왜냐하면 중재절차에 필요한 시간이 길면 길수록 비용이 증대되고 비용 전액을 신청인이 부담하더라도 회수 전망이 높지 않기 때문에, 중재신청의 남용일 경우 본안에서 승리하는 것은 큰 의미가 없으며 어떻게 신속하게 중재절차를 종료할 것인지가 보다 중요하기 때문이다. 이를 위해서는 중재절차에 소요되는 시간을 제한하는 것을 생각할 수 있다. 즉 중재 개시에서 종료까지의 기간제한32)이나 당사자의 주장에 필요한 기간을 제한하여 당해 기간을 도과한 경우에 주장을 허락하지 않는 등의 대처를 생각할 수 있다. 본건 중재절차에서도 소위 Redfern 스케줄을 채택하여 절차의 신속한 진행을 도모하고 있다.33)

(3) 신청인의 동기 검증

신청인이 중재신청을 남용하는 동기는 다양하다고 추측되며 그 동기에 따라 대응책도 달라진다고 생각한다.

앞에서 기술한 것과 같이 본건의 소송액은 현저히 거액이었다. 신청인이 이러한 청구를 한 배경에는 정치적인 대립이 있었다고 하고,34) 이러한 경우 피신청인인 국가가 중재판정부로부터 당해 청구가 명백히 악의적인 것이라고 선언을 구하는 것도 선택지가 된다고 생각한다. 이 사안과 관련하여 본건 중재신청 외에 복수의 중재절차 및 소송절차가 계속되고 있다. 이와 같이 정치적인 대립을 배경으로 하는 외에 국가로부터 어떠한 혜택을 얻고자 하는 목적 등을 생각할 수 있다.

---

31) 그 외, 실제로 중요한 것은 대리인의 선정이라고 생각된다. 왜냐하면 신속하게 중재절차를 종료하는 것이 중요하다고 하더라도 많은 경우 중재판정부가 스스로 소송지휘하는 것보다도 당사자의 직권발동을 촉구하는 등의 행동이 필요하며, 본건 대리인과 같이 신청인의 행동에 대한 즉시 대처가 필요한 경우가 많고, 따라서 그러한 대처를 적시에 하는 것이 가능한 대리인의 선정이 중요하게 되기 때문이다.

32) 高橋宏志, 「仲裁における期間」 松浦馨=靑山善充編, 『現代仲裁法の論点』(有斐閣, 1998), 257면.

33) *Cementownia* 사건도 동일하다. *Cementownia* 사건 (para. 109)

34) Kemal Uzan씨 본인이 유럽인권재판소에 터키공화국을 상대방으로 하는 구제신청을 하였다. *Cementownia* 사건 (para. 109).

에너지헌장조약(영문)

PREAMBLE

The Contracting Parties to this Treaty

Having regard to the Charter of Paris for a New Europe signed on 21 November 1990;

Having regard to the European Energy Charter adopted in the Concluding Document of the Hague Conference on the European Energy Charter signed at The Hague on 17 December 1991;

Recalling that all signatories to the Concluding Document of the Hague Conference under－took to pursue the objectives and principles of the European Energy Charter and implement and broaden their co－operation as soon as possible by negotiating in good faith an Energy Charter Treaty and Protocols, and desiring to place the commitments contained in that Charter on a secure and binding international legal basis;

Desiring also to establish the structural framework required to implement the principles enunciated in the European Energy Charter;

Wishing to implement the basic concept of the European Energy Charter initiative which is to catalyse economic growth by means of measures to liberalize investment and trade in energy;

Affirming that Contracting Parties attach the utmost importance to the effective im－plementation of full national treatment and most favoured nation treatment, and that these commitments will be applied to the Making of Investments pursuant to a supplementary treaty;

Having regard to the objective of progressive liberalization of international trade and to the principle of avoidance of discrimination in international trade as enunciated in the General Agreement on Tariffs and Trade and its Related Instruments and as otherwise provided for in this Treaty;

Determined progressively to remove technical, administrative and other barriers to trade in Energy Materials and Products and related equipment, technologies and services;

Looking to the eventual membership in the General Agreement on Tariffs and Trade of those Contracting Parties which are not currently parties thereto and concerned to provide interim trade arrangements which will assist those Contracting Parties and not impede their preparation for such membership;

Mindful of the rights and obligations of certain Contracting Parties which are also parties to the General Agreement on Tariffs and Trade and its Related Instruments;

Having regard to competition rules concerning mergers, monopolies, anticompetitive practices and abuse of dominant position;

Having regard also to the Treaty on the Non—Proliferation of Nuclear Weapons, the Nuclear Suppliers Guidelines and other international nuclear non—proliferation obligations or under—standings;

Recognizing the necessity for the most efficient exploration, production, conversion, storage, transport, distribution and use of energy;

Recalling the United Nations Framework Convention on Climate Change, the Convention on Long—Range Transboundary Air Pollution and its protocols, and other international environ—mental agreements with energy—related aspects; and

Recognizing the increasingly urgent need for measures to protect the environment, including the decommissioning of energy installations and waste disposal, and for internationally—agreed objectives and criteria for these purposes,

HAVE AGREED AS FOLLOWS:

PART I

DEFINITIONS AND PURPOSE

ARTICLE 1

DEFINITIONS

As used in this Treaty:

(1) "Charter" means the European Energy Charter adopted in the Concluding Document of the Hague Conference on the European Energy Charter signed at The Hague on 17 December 1991; signature of the Concluding Document is considered to be signature of the Charter.

(2) "Contracting Party" means a state or Regional Economic Integration Organization which has consented to be bound by this Treaty and for which the Treaty is in force.

(3)~(5) 생략

(6) "Investment" means every kind of asset, owned or controlled directly or indirectly by an Investor and includes:

(a) tangible and intangible, and movable and immovable, property, and any property rights such as leases, mortgages, liens, and pledges;

(b) a company or business enterprise, or shares, stock, or other forms of equity partic－ipation in a company or business enterprise, and bonds and other debt of a company or business enterprise;

(c) claims to money and claims to performance pursuant to contract having an economic value and associated with an Investment;

(d) Intellectual Property;

(e) Returns;

(f) any right conferred by law or contract or by virtue of any licences and permits granted pursuant to law to undertake any Economic Activity in the Energy Sector.

A change in the form in which assets are invested does not affect their character as invest－ments and the term "Investment" includes all investments, whether existing at or made after the later of the date of entry into force of this Treaty for the Contracting Party of the Investor making the investment and that for the Contracting Party in the Area of which the investment is made (hereinafter referred to as the "Effective Date") provided that the Treaty shall only apply to matters affecting such investments after the Effective Date.

"Investment" refers to any investment associated with an Economic Activity in the Energy Sector and to investments or classes of investments designated by a Contracting Party in its Area as "Charter efficiency projects" and so notified to the Secretariat.

(7) "Investor" means:

(a) with respect to a Contracting Party:

(i) a natural person having the citizenship or nationality of or who is permanently re－siding in that Contracting Party in accordance with its applicable law;

(ii) a company or other organization organized in accordance with the law applicable in that Contracting Party;

(b) with respect to a "third state", a natural person, company or other organization which fulfils, mutatis mutandis, the conditions specified in subparagraph (a) for a Contracting Party.

(8) "Make Investments" or "Making of Investments" means establishing new Investments,

acquiring all or part of existing Investments or moving into different fields of Investment activity.

(9) "Returns" means the amounts derived from or associated with an Investment, irrespective of the form in which they are paid, including profits, dividends, interest, capital gains, royalty payments, management, technical assistance or other fees and payments in kind.

(10) "Area" means with respect to a state that is a Contracting Party:

(a) the territory under its sovereignty, it being understood that territory includes land, internal waters and the territorial sea; and

(b) subject to and in accordance with the international law of the sea: the sea, sea-bed and its subsoil with regard to which that Contracting Party exercises sovereign rights and jurisdiction.

With respect to a Regional Economic Integration Organization which is a Contracting Party, Area means the Areas of the member states of such Organization, under the provisions con-tained in the agreement establishing that Organization.

(11)~(14) 생략

ARTICLE 2

PURPOSE OF THE TREATY

This Treaty establishes a legal framework in order to promote long-term cooperation in the energy field, based on complementarities and mutual benefits, in accordance with the ob-jectives and principles of the Charter.

PART II

COMMERCE

ARTICLE 3~9 생략

PART III

INVESTMENT PROMOTION AND PROTECTION

ARTICLE 10

PROMOTION, PROTECTION AND TREATMENT OF INVESTMENTS

(1) Each Contracting Party shall, in accordance with the provisions of this Treaty, encourage and create stable, equitable, favourable and transparent conditions for Investors of other Contracting Parties to make Investments in its Area. Such conditions shall include a commit—ment to accord at all times to Investments of Investors of other Contracting Parties fair and equitable treatment. Such Investments shall also enjoy the most constant protection and se—curity and no Contracting Party shall in any way impair by unreasonable or discriminatory measures their management, maintenance, use, enjoyment or disposal. In no case shall such Investments be accorded treatment less favourable than that required by international law, in—cluding treaty obligations. Each Contracting Party shall observe any obligations it has entered into with an Investor or an Investment of an Investor of any other Contracting Party.

(2) Each Contracting Party shall endeavour to accord to Investors of other Contracting Parties, as regards the Making of Investments in its Area, the Treatment described in paragraph (3).

(3) For the purposes of this Article, "Treatment" means treatment accorded by a Contracting Party which is no less favourable than that which it accords to its own Investors or to Investors of any other Contracting Party or any third state, whichever is the most favourable.

(4) A supplementary treaty shall, subject to conditions to be laid down therein, oblige each party thereto to accord to Investors of other parties, as regards the Making of Investments in its Area, the Treatment described in paragraph (3). That treaty shall be open for signature by the states and Regional Economic Integration Organizations which have signed or acceded to this Treaty. Negotiations towards the supplementary treaty shall commence not later than 1 January 1995, with a view to concluding it by 1 January 1998.

(5) Each Contracting Party shall, as regards the Making of Investments in its Area, endeavour to:

(a) limit to the minimum the exceptions to the Treatment described in paragraph (3);

(b) progressively remove existing restrictions affecting Investors of other Contracting Parties.

(6) (a) A Contracting Party may, as regards the Making of Investments in its Area, at any

time declare voluntarily to the Charter Conference, through the Secretariat, its intention not to introduce new exceptions to the Treatment described in paragraph (3).

(b) A Contracting Party may, furthermore, at any time make a voluntary commitment to accord to Investors of other Contracting Parties, as regards the Making of Investments in some or all Economic Activities in the Energy Sector in its Area, the Treatment described in paragraph (3). Such commitments shall be notified to the Secretariat and listed in Annex VC and shall be binding under this Treaty.

(7) Each Contracting Party shall accord to Investments in its Area of Investors of other Contracting Parties, and their related activities including management, maintenance, use, en—joyment or disposal, treatment no less favourable than that which it accords to Investments of its own Investors or of the Investors of any other Contracting Party or any third state and their related activities including management, maintenance, use, enjoyment or disposal, whichever is the most favourable.

(8) The modalities of application of paragraph (7) in relation to programmes under which a Contracting Party provides grants or other financial assistance, or enters into contracts, for en—ergy technology research and development, shall be reserved for the supplementary treaty described in paragraph (4). Each Contracting Party shall through the Secretariat keep the Charter Conference informed of the modalities it applies to the programmes described in this paragraph.

(9) Each state or Regional Economic Integration Organization which signs or accedes to this Treaty shall, on the date it signs the Treaty or deposits its instrument of accession, submit to the Secretariat a report summarizing all laws, regulations or other measures relevant to:

(a) exceptions to paragraph (2); or

(b) the programmes referred to in paragraph (8).

A Contracting Party shall keep its report up to date by promptly submitting amendments to the Secretariat. The Charter Conference shall review these reports periodically.

In respect of subparagraph (a) the report may designate parts of the energy sector in which a Contracting Party accords to Investors of other Contracting Parties the Treatment described in paragraph (3).

In respect of subparagraph (b) the review by the Charter Conference may consider the ef—fects of such programmes on competition and Investments.

(10) Notwithstanding any other provision of this Article, the treatment described in para—graphs (3) and (7) shall not apply to the protection of Intellectual Property; instead, the treat—

ment shall be as specified in the corresponding provisions of the applicable international agreements for the protection of Intellectual Property rights to which the respective Contracting Parties are parties.

(11) For the purposes of Article 26, the application by a Contracting Party of a trade−re−lated investment measure as described in Article 5(1) and (2) to an Investment of an Investor of another Contracting Party existing at the time of such application shall, subject to Article 5(3) and (4), be considered a breach of an obligation of the former Contracting Party under this Part.

(12) Each Contracting Party shall ensure that its domestic law provides effective means for the assertion of claims and the enforcement of rights with respect to Investments, investment agreements, and investment authorizations.

ARTICLE 11

KEY PERSONNEL

(1) A Contracting Party shall, subject to its laws and regulations relating to the entry, stay and work of natural persons, examine in good faith requests by Investors of another Contracting Party, and key personnel who are employed by such Investors or by Investments of such Investors, to enter and remain temporarily in its Area to engage in activities connected with the making or the development, management, maintenance, use, enjoyment or disposal of relevant Investments, including the provision of advice or key technical services.

(2) A Contracting Party shall permit Investors of another Contracting Party which have Investments in its Area, and Investments of such Investors, to employ any key person of the Investor's or the Investment's choice regardless of nationality and citizenship provided that such key person has been permitted to enter, stay and work in the Area of the former Contracting Party and that the employment concerned conforms to the terms, conditions and time limits of the permission granted to such key person.

ARTICLE 12

COMPENSATION FOR LOSSES

(1) Except where Article 13 applies, an Investor of any Contracting Party which suffers a loss with respect to any Investment in the Area of another Contracting Party owing to war or other armed conflict, state of national emergency, civil disturbance, or other similar event in that Area, shall be accorded by the latter Contracting Party, as regards restitution, in−

demnification, compensation or other settlement, treatment which is the most favourable of that which that Contracting Party accords to any other Investor, whether its own Investor, the Investor of any other Contracting Party, or the Investor of any third state.

(2) Without prejudice to paragraph (1), an Investor of a Contracting Party which, in any of the situations referred to in that paragraph, suffers a loss in the Area of another Contracting Party resulting from

(a) requisitioning of its Investment or part thereof by the latter's forces or authorities; or

(b) destruction of its Investment or part thereof by the latter's forces or authorities, which was not required by the necessity of the situation, shall be accorded restitution or compensation which in either case shall be prompt, adequate and effective.

ARTICLE 13

EXPROPRIATION

(1) Investments of Investors of a Contracting Party in the Area of any other Contracting Party shall not be nationalized, expropriated or subjected to a measure or measures having effect equivalent to nationalization or expropriation (hereinafter referred to as "Expropriation") except where such Expropriation is:

(a) for a purpose which is in the public interest;

(b) not discriminatory;

(c) carried out under due process of law; and

(d) accompanied by the payment of prompt, adequate and effective compensation.

Such compensation shall amount to the fair market value of the Investment expropriated at the time immediately before the Expropriation or impending Expropriation became known in such a way as to affect the value of the Investment (hereinafter referred to as the "Valuation Date").

Such fair market value shall at the request of the Investor be expressed in a Freely Convertible Currency on the basis of the market rate of exchange existing for that currency on the Valuation Date. Compensation shall also include interest at a commercial rate established on a market basis from the date of Expropriation until the date of payment.

(2) The Investor affected shall have a right to prompt review, under the law of the Contracting Party making the Expropriation, by a judicial or other competent and independent authority of that Contracting Party, of its case, of the valuation of its Investment, and of the

payment of compensation, in accordance with the principles set out in paragraph (1).

(3) For the avoidance of doubt, Expropriation shall include situations where a Contracting Party expropriates the assets of a company or enterprise in its Area in which an Investor of any other Contracting Party has an Investment, including through the ownership of shares.

ARTICLE 14

TRANSFERS RELATED TO INVESTMENTS

(1) Each Contracting Party shall with respect to Investments in its Area of Investors of any other Contracting Party guarantee the freedom of transfer into and out of its Area, including the transfer of:

(a) the initial capital plus any additional capital for the maintenance and development of an Investment;

(b) Returns;

(c) payments under a contract, including amortization of principal and accrued interest payments pursuant to a loan agreement;

(d) unspent earnings 26 and other remuneration of personnel engaged from abroad in connection with that Investment;

(e) proceeds from the sale or liquidation of all or any part of an Investment;

(f) payments arising out of the settlement of a dispute;

(g) payments of compensation pursuant to Articles 12 and 13.

(2) Transfers under paragraph (1) shall be effected without delay and (except in case of a Return in kind) in a Freely Convertible Currency.

(3) Transfers shall be made at the market rate of exchange existing on the date of transfer with respect to spot transactions in the currency to be transferred. In the absence of a market for foreign exchange, the rate to be used will be the most recent rate applied to inward in – vestments or the most recent exchange rate for conversion of currencies into Special Drawing Rights, whichever is more favourable to the Investor.

(4) Notwithstanding paragraphs (1) to (3), a Contracting Party may protect the rights of creditors, or ensure compliance with laws on the issuing, trading and dealing in securities and the satisfaction of judgements in civil, administrative and criminal adjudicatory proceedings, through the equitable, nondiscriminatory, and good faith application of its laws and regulations.

(5) Notwithstanding paragraph (2), Contracting Parties which are states that were constituent parts of the former Union of Soviet Socialist Republics may provide in agreements concluded between them that transfers of payments shall be made in the currencies of such Contracting Parties, provided that such agreements do not treat Investments in their Areas of Investors of other Contracting Parties less favourably than either Investments of Investors of the Contracting Parties which have entered into such agreements or Investments of Investors of any third state.

(6) Notwithstanding subparagraph (1)(b), a Contracting Party may restrict the transfer of a Return in kind in circumstances where the Contracting Party is permitted under Article 29(2)(a) or the GATT and Related Instruments to restrict or prohibit the exportation or the sale for ex‒port of the product constituting the Return in kind; provided that a Contracting Party shall permit transfers of Returns in kind to be effected as authorized or specified in an investment agreement, investment authorization, or other written agreement between the Contracting Party and either an Investor of another Contracting Party or its Investment.

ARTICLE 15

SUBROGATION

(1) If a Contracting Party or its designated agency (hereinafter referred to as the "Indemnifying Party") makes a payment under an indemnity or guarantee given in respect of an Investment of an Investor (hereinafter referred to as the "Party Indemnified") in the Area of another Contracting Party (hereinafter referred to as the "Host Party"), the Host Party shall recognize:

(a) the assignment to the Indemnifying Party of all the rights and claims in respect of such Investment; and

(b) the right of the Indemnifying Party to exercise all such rights and enforce such claims by virtue of subrogation.

(2) The Indemnifying Party shall be entitled in all circumstances to:

(a) the same treatment in respect of the rights and claims acquired by it by virtue of the assignment referred to in paragraph (1); and

(b) the same payments due pursuant to those rights and claims, as the Party Indemnified was entitled to receive by virtue of this Treaty in respect of the Investment concerned.

(3) In any proceeding under Article 26, a Contracting Party shall not assert as a defence, counterclaim, right of set‒off or for any other reason, that indemnification or other compen‒sation for all or part of the alleged damages has been received or will be received pursuant to

an insurance or guarantee contract.

ARTICLE 16

RELATION TO OTHER AGREEMENTS

Where two or more Contracting Parties have entered into a prior international agreement, or enter into a subsequent international agreement, whose terms in either case concern the sub─ject matter of Part III or V of this Treaty,

(1) nothing in Part III or V of this Treaty shall be construed to derogate from any provision of such terms of the other agreement or from any right to dispute resolution with respect thereto under that agreement; and

(2) nothing in such terms of the other agreement shall be construed to derogate from any provision of Part III or V of this Treaty or from any right to dispute resolution with respect thereto under this Treaty, where any such provision is more favourable to the Investor or Investment.

ARTICLE 17

NON-APPLICATION OF PART III IN CERTAIN CIRCUMSTANCES

Each Contracting Party reserves the right to deny the advantages of this Part to:

(1) a legal entity if citizens or nationals of a third state own or control such entity and if that entity has no substantial business activities in the Area of the Contracting Party in which it is organized; or

(2) an Investment, if the denying Contracting Party establishes that such Investment is an Investment of an Investor of a third state with or as to which the denying Contracting Party:

(a) does not maintain a diplomatic relationship; or

(b) adopts or maintains measures that:

(i) prohibit transactions with Investors of that state; or

(ii) would be violated or circumvented if the benefits of this Part were accorded to Investors of that state or to their Investments.

PART IV

MISCELLANEOUS PROVISIONS

ARTICLE 18~20 생략

ARTICLE 21

TAXATION

(1) Except as otherwise provided in this Article, nothing in this Treaty shall create rights or impose obligations with respect to Taxation Measures of the Contracting Parties. In the event of any inconsistency between this Article and any other provision of the Treaty, this Article shall prevail to the extent of the inconsistency.

(2) 생략

(3) Article 10(2) and (7) shall apply to Taxation Measures of the Contracting Parties other than those on income or on capital, except that such provisions shall not apply to:

(a) impose most favoured nation obligations with respect to advantages accorded by a Contracting Party pursuant to the tax provisions of any convention, agreement or ar—rangement described in subparagraph (7)(a)(ii) or resulting from membership of any Regional Economic Integration Organization; or

(b) any Taxation Measure aimed at ensuring the effective collection of taxes, except where the measure arbitrarily discriminates against an Investor of another Contracting Party or arbitrarily restricts benefits accorded under the Investment provisions of this Treaty.

(4) 생략

(5) (a) Article 13 shall apply to taxes.

(b) Whenever an issue arises under Article 13, to the extent it pertains to whether a tax constitutes an expropriation or whether a tax alleged to constitute an expropriation is discriminatory, the following provisions shall apply:

(i) The Investor or the Contracting Party alleging expropriation shall refer the issue of whether the tax is an expropriation or whether the tax is discriminatory to the relevant Competent Tax Authority. Failing such referral by the Investor or the Contracting Party, bodies called upon to settle disputes pursuant to Article 26(2)(c) or 27(2) shall make a referral to the relevant Competent Tax Authorities;

(ii) The Competent Tax Authorities shall, within a period of six months of such referral, strive to resolve the issues so referred. Where nondiscrimination issues are concerned, the Competent Tax Authorities shall apply the non—discrimination provisions of the relevant tax convention or, if there is no non—discrimination provision in the relevant tax convention applicable to the tax or no such tax convention is in force between the Contracting Parties concerned, they shall apply the non—discrimination principles under the Model Tax Convention on Income and Capital of the Organisation for Economic Co—operation and Development;

(iii) Bodies called upon to settle disputes pursuant to Article 26(2)(c) or 27(2) may take into account any conclusions arrived at by the Competent Tax Authorities regarding whether the tax is an expropriation. Such bodies shall take into account any conclusions arrived at within the six—month period prescribed in subparagraph (b)(ii) by the Competent Tax Authorities regarding whether the tax is discriminatory. Such bodies may also take into account any conclusions arrived at by the Competent Tax Authorities after the expiry of the six—month period;

(iv) Under no circumstances shall involvement of the Competent Tax Authorities, beyond the end of the six—month period referred to in subparagraph (b)(ii), lead to a delay of proceedings under Articles 26 and 27.

(6) For the avoidance of doubt, Article 14 shall not limit the right of a Contracting Party to impose or collect a tax by withholding or other means.

(7) For the purposes of this Article:

(a) The term "Taxation Measure" includes:

(i) any provision relating to taxes of the domestic law of the Contracting Party or of a political subdivision thereof or a local authority therein; and

(ii) any provision relating to taxes of any convention for the avoidance of double tax—ation or of any other international agreement or arrangement by which the Contracting Party is bound.

(b) There shall be regarded as taxes on income or on capital all taxes imposed on total income, on total capital or on elements of income or of capital, including taxes on gains from the alienation of property, taxes on estates, inheritances and gifts, or substantially similar taxes, taxes on the total amounts of wages or salaries paid by enterprises, as well as taxes on capital appreciation.

(c)~(d) 생략

ARTICLE 22~23 생략

ARTICLE 24

EXCEPTIONS

(1) This Article shall not apply to Articles 12, 13 and 29.

(2) The provisions of this Treaty other than

(a) those referred to in paragraph (1); and

(b) with respect to subparagraph (i), Part III of the Treaty shall not preclude any Contracting Party from adopting or enforcing any measure

(i) necessary to protect human, animal or plant life or health;

(ii) essential to the acquisition or distribution of Energy Materials and Products in con-ditions of short supply arising from causes outside the control of that Contracting Party, provided that any such measure shall be consistent with the principles that

(A) all other Contracting Parties are entitled to an equitable share of the international supply of such Energy Materials and Products; and

(B) any such measure that is inconsistent with this Treaty shall be discontinued as soon as the conditions giving rise to it have ceased to exist; or

(iii) designed to benefit Investors who are aboriginal people or socially or economically disadvantaged individuals or groups or their Investments and notified to the Secretariat as such, provided that such measure

(A) has no significant impact on that Contracting Party's economy; and

(B) does not discriminate between Investors of any other Contracting Party and Investors of that Contracting Party not included among those for whom the measure is intended, provided that no such measure shall constitute a disguised restriction on Economic Activity in the Energy Sector, or arbitrary or unjustifiable discrimination be-tween Contracting Parties or between Investors or other interested persons of Contracting Parties. Such measures shall be duly motivated and shall not nullify or impair any benefit one or more other Contracting Parties may reasonably expect under this Treaty to an extent greater than is strictly necessary to the stated end.

(3) The provisions of this Treaty other than those referred to in paragraph (1) shall not be construed to prevent any Contracting Party from taking any measure which it considers nec-essary:

(a) for the protection of its essential security interests including those

(i) relating to the supply of Energy Materials and Products to a military establishment; or

(ii) taken in time of war, armed conflict or other emergency in international relations;

(b) relating to the implementation of national policies respecting the nonproliferation of nuclear weapons or other nuclear explosive devices or needed to fulfil its obligations under the Treaty on the Non—Proliferation of Nuclear Weapons, the Nuclear Suppliers Guidelines, and other international nuclear non—proliferation obligations or under—standings; or

(c) for the maintenance of public order.

Such measure shall not constitute a disguised restriction on Transit.

(4) The provisions of this Treaty which accord most favoured nation treatment shall not oblige any Contracting Party to extend to the Investors of any other Contracting Party any preferential treatment:

(a) resulting from its membership of a free—trade area or customs union 38 or

(b) which is accorded by a bilateral or multilateral agreement concerning economic co—operation between states that were constituent parts of the former Union of Soviet Socialist Republics pending the establishment of their mutual economic relations on a definitive basis.

ARTICLE 25 생략

PART V

DISPUTE SETTLEMENT

ARTICLE 26

SETTLEMENT OF DISPUTES BETWEEN AN INVESTOR AND A CONTRACTING PARTY

(1) Disputes between a Contracting Party and an Investor of another Contracting Party re—lating to an Investment of the latter in the Area of the former, which concern an alleged breach of an obligation of the former under Part III shall, if possible, be settled amicably.

(2) If such disputes cannot be settled according to the provisions of paragraph (1) within a period of three months from the date on which either party to the dispute requested amicable

settlement, the Investor party to the dispute may choose to submit it for resolution:

   (a) to the courts or administrative tribunals of the Contracting Party party to the dispute;

   (b) in accordance with any applicable, previously agreed dispute settlement procedure; or

   (c) in accordance with the following paragraphs of this Article.

  (3) (a) Subject only to subparagraphs (b) and (c), each Contracting Party hereby gives its unconditional consent to the submission of a dispute to international arbitration or con－ciliation in accordance with the provisions of this Article.

   (b) (i) The Contracting Parties listed in Annex ID do not give such unconditional consent where the Investor has previously submitted the dispute under subparagraph (2)(a) or (b).

   (ii) For the sake of transparency, each Contracting Party that is listed in Annex ID shall provide a written statement of its policies, practices and conditions in this regard to the Secretariat no later than the date of the deposit of its instrument of ratification, accept－ance or approval in accordance with Article 39 or the deposit of its instrument of ac－cession in accordance with Article 41.

   (c) A Contracting Party listed in Annex IA does not give such unconditional consent with respect to a dispute arising under the last sentence of Article 10(1).

  (4) In the event that an Investor chooses to submit the dispute for resolution under sub－paragraph (2)(c), the Investor shall further provide its consent in writing for the dispute to be submitted to:

   (a) (i) The International Centre for Settlement of Investment Disputes, established pur－suant to the Convention on the Settlement of Investment Disputes between States and Nationals of other States opened for signature at Washington, 18 March 1965 (hereinafter referred to as the "ICSID Convention"), if the Contracting Party of the Investor and the Contracting Party party to the dispute are both parties to the ICSID Convention; or

   (ii) The International Centre for Settlement of Investment Disputes, established pursuant to the Convention referred to in subparagraph (a) (i), under the rules governing the Additional Facility for the Administration of Proceedings by the Secretariat of the Centre (hereinafter referred to as the "Additional Facility Rules"), if the Contracting Party of the Investor or the Contracting Party party to the dispute, but not both, is a party to the ICSID Convention;

   (b) a sole arbitrator or ad hoc arbitration tribunal established under the Arbitration Rules of the United Nations Commission on International Trade Law (hereinafter referred to as "UNCITRAL"); or

(c) an arbitral proceeding under the Arbitration Institute of the Stockholm Chamber of Commerce.

(5) (a) The consent given in paragraph (3) together with the written consent of the Investor given pursuant to paragraph (4) shall be considered to satisfy the requirement for:

(i) written consent of the parties to a dispute for purposes of Chapter II of the ICSID Convention and for purposes of the Additional Facility Rules;

(ii) an "agreement in writing" for purposes of article II of the United Nations Convention on the Recognition and Enforcement of Foreign Arbitral Awards, done at New York, 10 June 1958 (hereinafter referred to as the "New York Convention"); and

(iii) "the parties to a contract [to] have agreed in writing" for the purposes of article 1 of the UNCITRAL Arbitration Rules.

(b) Any arbitration under this Article shall at the request of any party to the dispute be held in a state that is a party to the New York Convention. Claims submitted to arbi-tration hereunder shall be considered to arise out of a commercial relationship or trans-action for the purposes of article I of that Convention.

(6) A tribunal established under paragraph (4) shall decide the issues in dispute in accord-ance with this Treaty and applicable rules and principles of international law.

(7) An Investor other than a natural person which has the nationality of a Contracting Party party to the dispute on the date of the consent in writing referred to in paragraph (4) and which, before a dispute between it and that Contracting Party arises, is controlled by Investors of another Contracting Party, shall for the purpose of article 25(2)(b) of the ICSID Convention be treated as a "national of another Contracting State" and shall for the purpose of article 1(6) of the Additional Facility Rules be treated as a "national of another State".

(8) The awards of arbitration, which may include an award of interest, shall be final and binding upon the parties to the dispute. An award of arbitration concerning a measure of a sub-national government or authority of the disputing Contracting Party shall provide that the Contracting Party may pay monetary damages in lieu of any other remedy granted. Each Contracting Party shall carry out without delay any such award and shall make provision for the effective enforcement in its Area of such awards.

ARTICLE 27~28 생략

PART VI

TRANSITIONAL PROVISIONS

ARTICLE 29~32 생략

PART VII

STRUCTURE AND INSTITUTIONS

ARTICLE 33~37 생략

PART VIII

FINAL PROVISIONS

ARTICLE 38

SIGNATURE

This Treaty shall be open for signature at Lisbon from 17 December 1994 to 16 June 1995 by the states and Regional Economic Integration Organizations which have signed the Charter.

ARTICLE 39

RATIFICATION, ACCEPTANCE OR APPROVAL

This Treaty shall be subject to ratification, acceptance or approval by signatories. Instruments of ratification, acceptance or approval shall be deposited with the Depository.

ARTICLE 40~44 생략

ARTICLE 45

PROVISIONAL APPLICATION

(1) Each signatory agrees to apply this Treaty provisionally pending its entry into force for such signatory in accordance with Article 44, to the extent that such provisional application is not inconsistent with its constitution, laws or regulations.

(2) (a) Notwithstanding paragraph (1) any signatory may, when signing, deliver to the Depository a declaration that it is not able to accept provisional application. The obli−gation contained in paragraph (1) shall not apply to a signatory making such a declaration. Any such signatory may at any time withdraw that declaration by written notification to the Depository.

(b) Neither a signatory which makes a declaration in accordance with subparagraph (a) nor Investors of that signatory may claim the benefits of provisional application under paragraph (1).

(c) Notwithstanding subparagraph (a), any signatory making a declaration referred to in subparagraph (a) shall apply Part VII provisionally pending the entry into force of the Treaty for such signatory in accordance with Article 44, to the extent that such provi−sional application is not inconsistent with its laws or regulations.

(3) (a) Any signatory may terminate its provisional application of this Treaty by written no−tification to the Depository of its intention not to become a Contracting Party to the Treaty. Termination of provisional application for any signatory shall take effect upon the expiration of 60 days from the date on which such signatory's written notification is re−ceived by the Depository.

(b) In the event that a signatory terminates provisional application under subparagraph (a), the obligation of the signatory under paragraph (1) to apply Parts III and V with respect to any Investments made in its Area during such provisional application by Investors of other signatories shall nevertheless remain in effect with respect to those Investments for twenty years following the effective date of termination, except as oth−erwise provided in subparagraph (c).

(c) Subparagraph (b) shall not apply to any signatory listed in Annex PA. A signatory shall be removed from the list in Annex PA effective upon delivery to the Depository of its request therefor.

(4)~(7) 생략

ARTICLE 46~50 생략

Done at Lisbon on the seventeenth day of December in the year one thousand nine hundred and ninety—four.

ANNEXES 1~14 생략

역자 약력

박덕영

연세대학교 법과대학 졸업
연세대학교 대학원 법학석사, 법학박사
영국 University of Cambridge 법학석사 (LL.M.)
교육부 국비유학시험 합격
(현) 연세대학교 법학전문대학원 교수

대한국제법학회 부회장
한국국제경제법학회 회장
산업통상자원부 통상교섭민간자문위원
대한민국 국회 입법자문위원
법제처 정부입법자문위원
연세대 SSK 기후변화와 국제법센터장

Legal Issues on Climate Change and International Trade Law, Springer, 2016
중국의 기후변화대응과 외교협상 / 일본의 환경외교, 한국학술정보, 2016
국제환경법, 박영사, 2015 / 국제환경법 주요판례, 박영사, 2016
국제투자법, 박영사, 2012 / 국제경제법의 쟁점, 박영사, 2014 외
국제통상법, 국제환경법 분야 국내외 저서와 논문 다수

김경우

서울대학교 법과대학 졸업
연세대학교 대학원 (법학석사)

(현) 요코하마국립대학 대학원 박사과정

기후변화시대 기업의 대응전략, 세창출판사, 2013

이서연

연세대학교 대학원 (박사과정 수료)
Global Ph.D Fellowship 수혜자
연세대학교, 서울여자대학교 강사

(현) 대한국제법학회 사무국장

Possibility of Counterclaims in Investment Treaty
    Arbitration, 동북아법연구, 2015
NAFTA 투자중재 사건에서의 국제환경협정의
    고려 −SD Myers과 Chemtura 사건을 중심으
    로−, 서울국제법연구, 2013
국제투자법, 박영사, 2012
NAFTA 환경관련 투자중재사건 분석과 한미
    FTA에의 시사점, 중재연구, 2012

박지은

성균관대학교 (법학학사)
연세대학교 대학원 (법학석사)

유럽인 유럽사람 유럽놈 (번역), 신인문사, 2015
일본의 환경외교, 한국학술정보, 2016

주현수

제45회 사법시험 합격
미국 Columbia University 통상법과정 수료
대법원 사법연수원 (35기, 2006)
연세대학교 대학원 (법학박사)

(현) 김·장 법률사무소 변호사
대한변호사협회 국제통상법 특별연수 강사
외교부 수입규제대책반 정부 법률대리인

에너지 투자중재 사례연구 – ISDS의 실제

초판인쇄	2016년 6월 15일
초판발행	2016년 6월 25일
편저자	小寺 彰 · 川合弘造 편
역 자	박덕영 · 김경우 · 박지은 · 이서연 · 주현수 공역
발행인	안종만
편 집	문선미
기획/마케팅	조성호
표지디자인	조아라
제 작	우인도 · 고철민
펴낸곳	(주) 박영사
	서울특별시 종로구 새문안로3길 36, 1601
	등록 1959. 3. 11. 제300-1959-1호(倫)
전 화	02)733-6771
f a x	02)736-4818
e-mail	pys@pybook.co.kr
homepage	www.pybook.co.kr
ISBN	979-11-303-2811-9 93360

* 잘못된 책은 바꿔드립니다. 본서의 무단복제행위를 금합니다.
* 역자와 협의하여 인지첩부를 생략합니다.

정 가   28,000원